Thomas W. Baumann   Beatrice Häsler

Tropenfrucht

Ein Streifzug durch eine Finca in Costa Rica zum 150. Geburtstag von Henri Pittier (1857–1950)

VILLACOFFEA

Bibliographische Information Der Deutschen Bibliothek

Die Deutsche Bibliothek verzeichnet diese Publikation in der Deutschen
Nationalbibliografie; detaillierte Angaben sind im Internet über
http://dnb.ddb.de abrufbar.

Baumann, Thomas W.:

Tropenfrucht – Ein Streifzug durch eine Finca in Costa Rica zum
150. Geburtstag von Henri Pittier (1857–1950) / Thomas W. Baumann;
Beatrice Häsler. –
CH-8247 Flurlingen: villacoffea Thomas Baumann, 2007
www.villacoffea.com

ISBN 978-3-9523293-0-6

© 2007 villacoffea
Illustrationen und Gestaltung: Beatrice Häsler
Satz und EBV: Alfred Frei
Produktion: Sailer Druck GmbH, CH-8400 Winterthur, www.sailerdruck.ch

Haftungsausschluss

Alle Hinweise zur Verwendung der erwähnten Pflanzen und Früchte,
insbesondere auch zu medizinellen Zwecken, basieren auf mündlichen oder
publizierten Quellen, die im Einzelnen nicht überprüft werden konnten.
Somit stellen die gemachten Angaben keine Rezepte dar, und die Autoren
lehnen daher jede Haftung ab. Eine grosse Zahl von tropischen Früchten ist
in bestimmten Reifestadien und/oder ohne Vorbehandlung giftig. Deswegen
sollten nur sicher bekannte Früchte nach Anleitung zubereitet werden.

Inhalt

Dank

Im Alleingang hätten wir es nie geschafft! Hinter einem banalen Titel versteckt sich eine komplexe Welt, die wir ein wenig beleuchtet haben und deren Geheimnisse mit allen zur Verfügung stehenden Mitteln der Wissenschaft und Praxis gelüftet werden wollen. Auf der einen Seite steht die riesige Vielfalt – die Entdeckungen sind in vollem Gange –, und auf der anderen wächst das Wissen in allen Disziplinen, die sich mit der Tropenwelt beschäftigen, exponentiell an. Da ist jede Unterstützung willkommen und hilfreich.

Als Erstes richtet sich unser Dank an jene, die uns die Türen zu drei Bereichen, die dieses Buch geprägt haben, in dieser Reihenfolge öffneten:

Estela und Felipe Pent führten uns mit grosser Herzlichkeit und fundiertem Wissen in die Vielfalt ihrer Finca La Fortuna in La Suiza, Costa Rica, ein und stellten Pflanzen und Früchte uneingeschränkt für die wissenschaftliche Illustration und zum Kosten zur Verfügung.

Buford Briscoe, Ramón Lastra, und Joe Saunders begleiteten uns mit Rat und Tat im Labyrinth der ‹Germplasm Collection› des CATIE bei Turrialba in Costa Rica (http://www.catie.ac.cr) und ermöglichten den ungehinderten Zugang zu den Pflanzen unserer Wünsche.

Die Sailer Druck GmbH in Winterthur (www.sailerdruck.ch) machte dieses Buch erst möglich: Rolf Schellenberg gewann unser Vertrauen mit seiner wohltuend pragmatischen Bereitschaft, die Pflanzen samt Text und Tieren zügig in die geeignete Form zu bringen und Alfred Frei verwirklichte unsere Vorstellungen mit souveräner Professionalität. Seine Hinweise zur Gestaltung waren uns eine grosse Hilfe.

Als Zweites danken wir jenen, die uns in ganz unterschiedlichen Dingen unterstützt und damit massgeblich zum guten Gelingen dieses Bandes beigetragen haben. Die Hilfestellungen beinhalten unter anderem die Beantwortung von Fragen zur Pflanzensystematik und zu technischen Belangen, die Beschaffung von Bild-, Informations- und Pflanzenmaterial, die Beratung in Gestaltung, die Leihgabe von Originalen im Privatbesitz und last but not least die tatkräftige Mitarbeit beim Einrichten des ‹tropischen Ateliers›.

Die ‹hilfreichen Geister› heissen Regine Balmer, Beat Baumann, Rolf Baumberger, Elena Benetti, Alex Bernhard, Richard Bolli, Jorge Cancino, Robert Dudler, Beat Ernst, Jürg Gertsch, Gerhard Gottsberger, Annelies und Rudolf Häsler, Frieda Häsler, Carlos Henchoz, David Henchoz, Rosmarie Honegger, Roger Hugentobler, Reto Kaspar, Beat Keller, Rita Lämmli, Beat Neuenschwander, Reto Nyffeler, Emilio Pittier, Rolf Rutishauser, Veronica Sandoval, Barbara Seitz, Renate Seitz, Ilse Silberbauer, René Stalder, Nazareth Suarez Caicedo, Barbara Suter, Frederike Tagwerker, Renata Volken, Caroline Weckerle, Michael Wetter, Judson Wood und Lala Wood.

Falls wir jemanden vergessen haben sollten, so bitten wir um Nachsicht!

PROLOG

Henri Pittier an seinem 85. Geburtstag in Caracas, 1942: «Mon 85e anniversaire a été célébré ici avec un pompe qui a dépassé millefois ce que j'espérais. (...) Il y a du reste longtemps que nous ne savons rien de ce qui se passe dans le monde scientifique (..) de l'autre côté de l'Atlantique.» (Foto Emilio Pittier Sucre)

Henri Pittier 1857–1950

Der grosse Unbekannte

Vor 150 Jahren kommt im waadtländischen Dorfe Bex ein Knabe zur Welt, der sich bald einmal als äusserst intelligent, wissbegierig und strebsam erweist. Als Folge eines schweren Unfalls kann er nur selten am Unterricht der Grundschule teilnehmen, treibt aber dann als besserwisserischer Autodidakt den Lehrkörper in die Enge. Er zeigt wenig Verständnis für die Beschränktheit seines Umfelds und verlässt bereits mit Zwanzig und lediglich einem Baccalauréat die Universität in Lausanne. Als innovativer Lehrer in Château-d'Oex möchte er die Wissensvermittlung revolutionieren. Nebenbei erforscht er die Flora des Waadtlandes und errichtet im Pays d'Enhaut erste meteorologische Stationen. Sein ungestümer Drang nach Veränderung wird nicht goutiert, sodass er im Jahre 1887 seiner Heimat den Rücken kehrt und nach Costa Rica emigriert, wo er in steiler Karriere Forschungsinstitute ins Leben ruft und das ganze Land unter allen Gesichtspunkten der Naturwissenschaften intensiv erforscht. Der Intrigen und Machtkämpfe überdrüssig setzt er sich 1905 in die USA ab. Dort berät er als ‹Internationaler Experte für tropische Landwirtschaft› die US-Regierung auf ihrer Suche nach neuen Ressourcen in Lateinamerika. Mit 62 Jahren schliesslich findet er seine letzte Heimat in Venezuela, wo er wegen seiner beispielhaften, 30-jährigen Tätigkeit als Anwalt der Natur zur nationalen Kultfigur, *el sabio* ‹der Weise›, aufsteigt. Nach seinem Tode wird Venezuelas erster Nationalpark nach ihm benannt. In Costa Rica erscheint sein Bildnis 1989 auf einer Briefmarke zum 100-jährigen Bestehen des von ihm gegründeten ‹Instituto Físico-geográfico Nacional›, das heute ‹Instituto Geográfico Nacional› heisst. Einzelheiten zu diesem spannenden Forscherleben finden sich in der Biografie ‹Henri Pittier – Leben und Werk eines Schweizer Naturforschers in den Neotropen› (Häsler und Baumann 2000 SW).

    Weil Henri Pittier seine alte Heimat nach 1896 nie mehr besuchte und die wissenschaftlichen Kontaktpersonen in Europa weit überlebte, geriet der ‹Humboldt der Schweiz›, wie er zu Recht genannt werden könnte, bei uns in Vergessenheit, obschon die Suche im Internet unter «henri pittier» oder «henry pittier» zehntausende von Websites ergibt!

Henri Pittier 1903 in Costa Rica (Judson Wood Jr.)

Revival

Auf unserer Costa Rica-Reise machten wir 1992 die Bekanntschaft mit einem kleinen Dorf namens La Suiza, wo wir auf einer schönen Finca eine beeindruckende Vielfalt tropischer Früchte antrafen, die uns in ihren Bann zog und dazu animierte, hierzu ein reich illustriertes Buch in Angriff zu nehmen. Vielen der dort angesiedelten Fruchtbäume waren wir noch nie begegnet und so stöberten wir nach unserer Heimkehr in der Fachliteratur. Im Antiquariat stiessen wir dabei auf die 3. Auflage (1978) des Handbuchs *Ensayo sobre las plantas usuales Costa Ricas*, das erstmals 1908 in Washington herausgegeben und von einem gewissen Henri Pittier verfasst worden war (Pittier 1908 SW). Es handelt sich um eine weit reichende Darstellung der costaricanischen Nutzpflanzenwelt, wobei die Aspekte der Geschichte, Geografie, Klimatologie, Ethnologie, Ethnobotanik und Sprachforschung gleichermassen mitberücksichtigt werden. Der eine von uns (twb) erinnerte sich daran, diesem Namen in einer Monografie zum Kakao schon einmal begegnet zu sein (Cuatrecasas 1964) und damals auf einen französischen Forscher geschlossen zu haben. Das ‹Nutzpflanzen-Brevier› Pittiers weckte unsere Neugierde auf seinen Verfasser und dessen Lebenswerk so sehr, dass wir die in der Zwischenzeit schon fortgeschrittene Arbeit an unserem Früchtebuch zugunsten einer Biografie über diesen Schweizer Erforscher der Tropen Amerikas vorübergehend, das heisst für gut 10 Jahre (!), einstellten. Es entstand die bereits erwähnte Biografie eines Forschers, dessen wissenschaftliche Leistungen nicht nur in Costa Rica sondern auch vor allem in den USA und Venezuela während seiner Lebzeit und bis heute nachhaltige Anerkennung finden und Bewunderung auslösen. Es ist der Aufmerksamkeit des vielseitigen Historikers und Diplomaten Agathon Aerni (1929–2006) in Bern zu verdanken, dass der Pionier und sein Werk hier in der Schweiz nicht ganz vergessen wurden: In Bex, dem Geburts- und Heimatort Pittiers, wurde 1997 in Anwesenheit von Wissenschaft und Politik eine Kopie jener Büste enthüllt, die damals schon mehr als 50 Jahre im Urwald des ‹Parque Nacional Henri Pittier› gestanden hatte.

Feierliche Einweihung der Pittier-Büsten: Links, 1995 im Rancho Grande (Venezuela), nachdem 1989 das Original aus dem Jahre 1954 unter einer Schlammlawine begraben worden war. (Emilio Pittier Sucre)
Rechts, 1996 in Bex, Waadtland, unter Beteiligung von Bundesbern.

Beide Büsten sind Kopien des gleichen Originals, das von Sava Botzaris (1894–1965) geschaffen wurde.

Es würde zu weit führen, hier dieses erfolgreiche, jedoch durch politische Einflüsse immer wieder gebremste, ja sogar gefährdete Forscherleben zu schildern, das nach Stationen in Costa Rica und den USA schliesslich in Venezuela gegen das Ende hin seine wohlverdiente Festigung und Sicherheit erhielt. Interessierte mögen sich anhand der folgenden biografischen Werke in bestimmte Phasen vertiefen: Jahn 1937, Conejo 1975, Tamayo 1985, Texera 1998, Yacher 1998, Häsler und Baumann 2000 SW, McCook 1999, 2002a und 2002b. Hingegen ist es für das Verständnis der Namengebung des Dorfes La Suiza, in welchem sich die bereits erwähnte und hier im Mittelpunkt stehende Finca befindet, angezeigt, Pittiers Rolle in Costa Rica kurz zu beleuchten.

Das Dorf La Suiza – Pittiers Vermächtnis

Am Eingang des Dorfes – *La Suiza* ‹Schweiz› – steht die bereits erwähnte, grosse Tafel, auf der zu lesen ist, dass die Dorfgründung auf das Jahr 1909 zurückgehe. An der um 1940 errichteten Dorfschule fällt zudem die grosse Inschrift ‹Rudolf Herzog Müller› auf, Stifter des Gebäudes bzw. ein Name, der auf schweizerische Wurzeln hinweist, was verständlicherweise dazu führte, dass die lokale Bevölkerung diesen Mäzen, Bruder des Honorarkonsuls Hans Herzog, für den Gründer ihres Dorfes hielt und immer noch hält. Die Besiedlung dieses Fleckens durch schweizerische Landsleute geht jedoch auf die 90er Jahre des vorletzten Jahrhunderts zurück. Unter der Präsidentschaft von Bernardo Soto (1885–1890) wurde das Schulwesen Costa Ricas dank der visionären Aktionen des Erziehungsministers Mauro Fernández, «un grand admirateur de la Suisse» (Henchoz 1979), auf eine solide Basis gestellt: Er ‹importierte› gruppenweise mehrere Lehrkräfte aus der Schweiz, die in Costa Rica in dreifacher Hinsicht Schule machten. Erstens unterrichteten sie auf verschiedenen Stufen, zweitens nahmen sie direkten Einfluss auf das Erziehungswesen, und drittens bewirkten sie durch ‹Propaganda› in ihrer Heimat die Einwanderung von Landsleuten anderer Berufsgattungen. Pittier erreichte mit seiner Frau und den drei Kindern in der zweiten Einwanderungsgruppe von Lehrkräften Costa Rica im Spätherbst 1887, wo er in San José eine Stelle als Lehrer im ‹Collegio Superior de Señoritas› antrat, aber nebenher sofort und intensiv zu forschen begann: Zwei Wochen nach seiner Ankunft legte er mit der ersten, von ihm entlang des Bahngeleises gesammelten Pflanze (*Zornia diphylla* (L.) Pers., Fabaceae) den Grundstein für ein nationales Herbarium, das am 22. Januar 1905, dem Ende seines Aufenthaltes in Costa Rica, 16'000 Exemplare aufwies. Bereits im Frühjahr 1888 wurde er Direktor des von ihm gegründeten ‹Instituto Meteorológico Nacional› und 14 Monate später des ‹Instituto Físico-geográfico Nacional›, dies vier Monate nach dem frühen und so tragischen Hinschied seiner jungen Frau, Mutter von drei kleinen Kindern. Im Herbst 1889 reiste er im Auftrag des Erziehungsministers nach Europa, um neue Lehrkräfte anzuheuern. Im Frühjahr 1891 verheiratete er sich ein zweites Mal und zwar mit der Kolumbianerin Guillermina de Fábrega. Kurz darnach, so darf angenommen werden, erwarb er ein grosses Stück Land zur Etablierung einer Kaffee-Hacienda im spärlich durch Indianer besiedelten Tal des Tuis, eines Flusses, der von der nördlichen Flanke der Cordillera de Talamanca herunterfliesst und vor Turrialba in den Río Reventazón mündet. Vermutlich wollte er sich damit eine von politischer Willkür und Intrigen unabhängige Rückzugsbasis schaffen, um sich im Falle einer Entlassung aus dem Staatsdienst weiterhin ganz auf die Erforschung des Landes konzentrieren zu können. Überdies war es ihm zeitlebens ein Anliegen, Land zu besitzen und zu bepflanzen. Pittiers Rechnung ging nicht auf: Die Bananenwirtschaft,

Am Dorfschulhaus steht gross der Name des vermeintlichen Gründers von La Suiza. Rudolf Herzog Müller förderte die Kommune in grosszügiger Weise und mag damit zur Namensgebung beigetragen haben (David und Carlos Henchoz)

Stichwort ‹United Fruit Company›, beeinträchtigte zusehends die Transport- und Handelslogistik des Kaffees, sodass die erhoffte Rendite ausblieb und die Hacienda verkauft werden musste. Über diesen Misserfolg äusserte sich Pittier später nicht mehr, was auch das Informationsdefizit erklärt. Doch bevor es soweit war, trafen auf seinen Ruf hin weitere Schweizer im kleinen Weiler des Tuis-Tales ein und liessen sich in der Hoffnung auf eine bessere Zukunft dort nieder, was schliesslich zur Namengebung von La Suiza geführt hat. Nach dem Scheitern zogen nach und nach, d.h. bis zur Jahrhundertwende, alle schweizerischen Auswanderer aus dem Tal in andere Gebiete Costa Ricas oder zurück in ihre Heimat und hinterliessen, so darf einmal angenommen werden, ausser dem Dorfnamen keine weiteren Spuren.

Henri Pittier selber wohnte nach der Verheiratung in einem nach seinen Vorstellungen und Anleitungen erbauten Hause in San Francisco de Guadalupe. Wann er seine Hacienda verkaufte, ist nicht bekannt. Fest steht, dass er sich 1904 von seiner Frau trennte und mit den Kindern nach Washington D.C. zu seiner nächsten, 15 Jahre währenden Forschungsetappe aufbrach.

‹Finca La Fortuna› – ein Hort der Biodiversität

Ein Augenschein von der Finca soll uns in das Thema der Biodiversität und somit den Bereich der ‹Passionen› unseres Akteurs einstimmen. Letztere leiten über zur Tropenfrucht und ihren Besonderheiten. Am Beispiel des in den Tropen häufig ausgeprägten Samenmantels, dem so genannten Arillus, wird der paradiesische Reichtum mit seinen ökologischen Verquickungen sichtbar.

Estela und Felipe Pent, Finca La Fortuna
(Beat Ernst)

Der Grossteil der hier präsentierten Früchte stammt also aus der besagten Finca, d.h. einem kleinen landwirtschaftlichen Betrieb in Costa Rica von wenigen Hektar Fläche, der im Dorf La Suiza am Eingang des Tuis-Tals auf 650 m ü. d. M., unweit der historischen Hacienda Pittiers, liegt. Unser erster Streifzug durch die ‹Finca La Fortuna› galt der aus dem Amazonasgebiet stammenden Guaraná (*Paullinia cupana*), atypisch für die Region, aber kennzeichnend für diese aus dem peruanischen Tiefland ausgewanderte Bauernfamilie, die in einem auf Kaffee- und Zuckeranbau orientierten Umfeld mit viel Optimismus eine Vielfalt pflegt, sei es aus rein ökonomischen Überlegungen oder aus purer Freude am Aussergewöhnlichen: Tropische ‹Obstarten›, Pfeffer, *pejibaye* (Palmfrüchte und -herzen), Zierpflanzen, Hühner, Meerschweinchen und Schmetterlinge. Etliche Pflanzversuche wurden abgebrochen, weil es entweder beim Absatz oder Anbau haperte, letzteres vor allem wegen des feuchten Klimas, das den Pilzbefall begünstigt. Die Familie brachte Früchte aus ihrer alten Heimat mit nach Costa Rica. Heute pflegt sie den Kontakt und Austausch mit dem ‹Centro Agronómico Tropical de Investigación y Enseñanza› (CATIE), einer interamerikanisch-internationalen Forschungsstation, die bei der kleinen Stadt Turrialba, etwa 10 km von La Suiza entfernt, liegt. So ist es nicht erstaunlich, dass auf der Finca allerlei ‹Exoten› zu finden sind, unter anderen auch die in diesem Buch behandelte Arazá (*Eugenia stipitata*, Myrtaceae), Chupa-Chupa (*Matisia cordata*, Bombacaceae) oder Canistel (*Pouteria campechiana*, Sapotaceae).

Die verführerische Früchte-Vielfalt gab uns den Anstoss, ein zweites Mal für eine Erweiterung und Vertiefung unserer Auswahl hierher zukommen: Die ‹Fortuna-Palette› ergänzten wir mit Arten direkt aus dem CATIE, nämlich

Im Tuis-Tal, Costa Rica

Dorfeingang von La Suiza

Pfefferernte: Felipe reinigt den
getrockneten Schwarzen Pfeffer am
grossen Sieb

Anzucht in der Finca La Fortuna

Kaschu (*Anacardium occidentale*, Anacardiaceae), Mango (*Mangifera indica*, Anacardiaceae), Sapote negro (*Diospyros digyna*, Ebenaceae), Mamey Sapote (*Pouteria sapota*, Sapotaceae), Sapodilla (*Manilkara zapota*, Sapotaceae) und diversen Wildkakaos. Das Klima in der Region von La Suiza ist wegen der im Sommer und Herbst starken Atlantik-Winde und der in den Wintermonaten blasenden *nortes* aus dem kontinentalen Norden während fast des ganzen Jahres feucht-regnerisch. So können sich hier die Früchte der Kaschu und Mango, die einer ausgeprägten Trockenperiode bedürfen, nicht zur vollen Reife entwickeln. Deshalb ‹importierten› wir diese Stadien zwecks Studium und Illustration aus der pazifischen Seite Costa Ricas, wo es von Dezember bis März sehr trocken ist.

Pittiers ‹Passionen›

Bei einer derart vielseitigen Forscherpersönlichkeit fällt es nicht leicht, die wissenschaftlichen Vorlieben auszumachen. Es gehörte zu Pittiers Charakter, alles und jedes mit grösster Gründlichkeit an die Hand zu nehmen und zum guten Ende zu führen. Ihn faszinierte die Meteorologie gleichermassen wie die Geologie, Geografie, Botanik oder Ethnologie. Einseitigkeit war ihm zuwider. Er betrieb das Spezialistentum auf allen Ebenen. Nehmen wir als erstes Beispiel die Pflanzenwelt. Es begann im Waadtland, wo er als blutjunger Lehrer die damals bekannten Pflanzen zum ‹Catalogue de la flore vaudoise› ordnete (Durand und Pittier 1882, 1886). Er war ein leidenschaftlicher Sammler, der blitzschnell und mit grosser Kenntnis alles sammelte, was seine Aufmerksamkeit erregte. So erstaunt es nicht, wenn wir durch Studium seiner Korrespondenz erfahren, dass er eine exzellente Markensammlung besass, die ihm leider abhanden kam. Also beschied er sich im Waadtland nicht auf die Flora, sondern publizierte nebenher ‹Les éléments de la géographie du Pays d'Enhaut›. Gleichzeitig richtete er meteorologische Messstationen ein, zeichnete Daten auf und wertete sie aus. Doch sind wir jetzt bereits von der Botanik abgewichen, was symptomatisch dafür ist, wenn Pittiers Umgang mit Natur und Umwelt beschrieben werden muss, denn er machte alles gleichzeitig in aller Breite und Tiefe. Dafür ein gutes Beispiel, sozusagen eine Wiederholung auf einem höheren Niveau, ist seine Forschung in Costa Rica: An die Stelle von waadtländischen Messstationen treten jetzt costaricanische Institute, die er gründet, aus dem ‹Catalogue› werden die ‹Plantas usuales› sowie ein riesiges Herbarium, aus SAC-Touren werden Forschungsreisen zur Geografie und Völkerkunde, aus Bergroutenbeschreibungen die erste Generalkarte Costa Ricas und aus dem Interesse an elektrischen Phänomenen auf einer Wildhorn-Tour (Notes sur quelques phénomènes électriques constatés pendant un orage …, Pittier 1880) ersteht die revolutionäre Hypothese zur Vulkanologie und Hydroseismizität (Sobre los fenómenos seísmicos y volcánicos ocurridos en la Meseta Central …, Pittier 1889). Als botanischer Systematiker hätte er die besten Gründe gehabt, sich im stillen Kämmerlein für immer mit der kleinen Welt der Härchen, Schüppchen, Nebenblättchen etc zu beschäftigen und dort zu verharren. Wohl bestimmte er ‹nebenbei› eine stattliche Anzahl neuer Arten (ca. 1000 Einträge im Index Kewensis) in über 70 Familien der Blütenpflanzen. Er behielt jedoch stets den Blick für das Ganze und zugleich ausgeprägt für das Detail im Hier und Jetzt. Die gründliche Analyse der aktuellen Lage prädestinierte ihn

Xylothek im Botanischen Garten von Caracas, die Henri Pittier als Leiter des Museo Comercial anlegte. Sie umfasst ca. 1200 Holzmuster tropischer Bäume. (Foto Renate Seitz)

Gedenktafel im Museo Nacional in San José, Costa Rica. Sie wurde 1989 montiert und erinnerte damals an die Ankunft Henri Pittiers vor 100 Jahren. (Judson Wood Jr.)

zum Visionär, der mit unglaublicher Beharrlichkeit seine Ziele verfolgte. In den USA, seiner dritten Lebensstation, agierte er nun als gewiefter Experte in allen Fragen, welche die Botanik, Agronomie, Geografie, Geologie und Grenzführung der lateinamerikanischen Länder betraf. Seine Beratertätigkeit machte ihn mit Präsident Theodore Roosevelt bekannt, der ihm einen Holstein-Stier schenkte. Nur nebenbei sei bemerkt, dass der Holstein-Schmetterling, *Heliconius sapho*, mit seiner Raupe ausschliesslich auf der *Passiflora pittieri* Mast. ‹weidet› (siehe **PASSIFLORACEAE** ‹Butterfly-Connection›)!

Lasst uns nun ganz zu Pittiers Botanik zurückkehren – seine Errungenschaften auf den andern Gebieten sind *in extenso* in der von uns verfassten Biografie zusammengestellt – und dabei erwähnen, dass er mit der 8-teiligen Serie von ‹New or Noteworthy Plants from Colombia and Central America› (1909–1922) sowie mit dem ‹Ensayo sobre las plantas usuales de Costa Rica› (1908), beide in Washington D.C. publiziert, zum anerkannten Systematiker der Tropenflora aufrückte. Diese Stellung unterstrich er, wie oben bereits erwähnt, mit zahllosen Neubeschreibungen von Pflanzen und er behauptete sie im vorgerückten Alter mit der Herausgabe des ‹Manual de las plantas usuales de Venezuela› (1926) und der Errichtung einer Xylothek bestehend aus ca. 1200 tropischen Holmustern samt Beschreibungen. In den meisten Publikationen wartete Pittier mit hervorragenden Fotografien auf, die einen ausgeprägten Sinn für Ästhetik erahnen lassen.

Abschliessend sei hier eine Leidenschaft Pittiers besonders herausgestrichen, obschon der angesprochene Fruchttypus nicht den unmittelbaren Verzehr erlaubt und somit etwas vom Grundmuster der ‹Tropenfrucht› abweicht. Es ist der Kakao mit seinen Verwandten! Wir haben ihn aus drei Gründen gewählt. Erstens, weil – wie schon angetönt – der eine Autor (twb) beim Literaturstudium (Cuatrecasas 1964) für eine Monografie zur Drogenkunde des Kakaos (Baumann und Seitz 1994) erstmals auf den Namen ‹Pittier› gestossen war – ohne zu wissen, um wen es sich handelte. Zweitens, weil in der besagten Literatur neben jenem von ‹Pittier› auch der Name ‹Bernoulli› auftauchte, der genealogisch in das Rheinknie der Nordwest-Schweiz weist, im Kapitel ‹SAPOTACEAE› eine Rolle spielt und twb's Erinnerung an ‹Pittier› ermöglichte. Drittens, weil das CATIE über eine ansehnliche Kollektion von diversen Kakao-Arten verfügt und viertens, weil die Autoren in einem Land leben, wo Milch und Schokolade fliessen, weshalb es nur Fug und Recht ist, darauf hinzuweisen, was es in der Tropenwelt noch an wunderbaren Kakaos gibt, die unter anderen von Schweizer Forschern entdeckt wurden und unseren Geschmacksknospen vorenthalten werden.

Die Systematik des Kakaos beginnt mit Gustav Bernoulli (1834–1878), der 1869 die erste Monografie zur Gattung verfasste. Seine damalige Einteilung in Sektionen hat heute noch Gültigkeit (Cuatrecasas 1964, Whitlock und Baum 1999, Silva und Figueira 2005)!! Auch betrachtete er die nahe verwandte *Herrania* als eigene Gattung, ein Vorschlag, der spätestens mit ihrer Abtrennung durch Richard E. Schultes (1958) anerkannt wurde. Nach Bernoulli befasste sich eine Schar von namhaften Forschern mit der Systematik von *Theobroma*. Sehr

Illustration aus der ersten Monografie zur Gattung *Theobroma* von Gustav Bernoulli aus dem Jahre 1869.

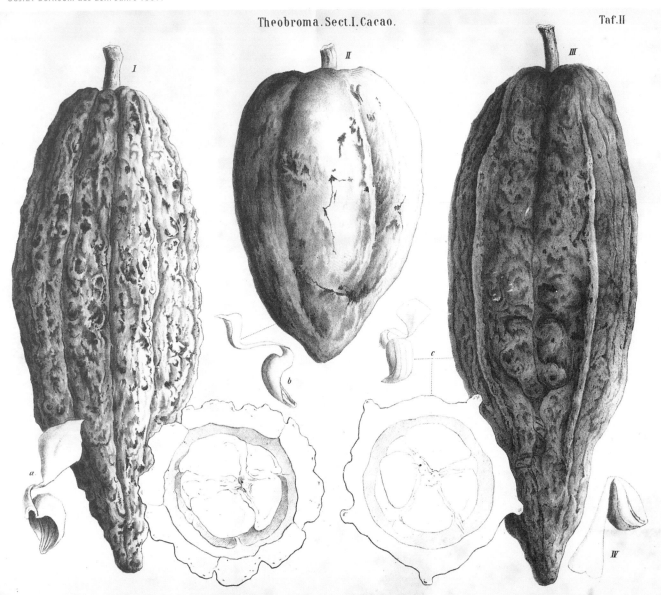

Theobroma. Sect. I. Cacao.   Taf. II

I. Theobroma Cacao L. II. Th. leiocarpa nob. III. Th. pentagona nob. IV. Th. Saltzmanniana nob.

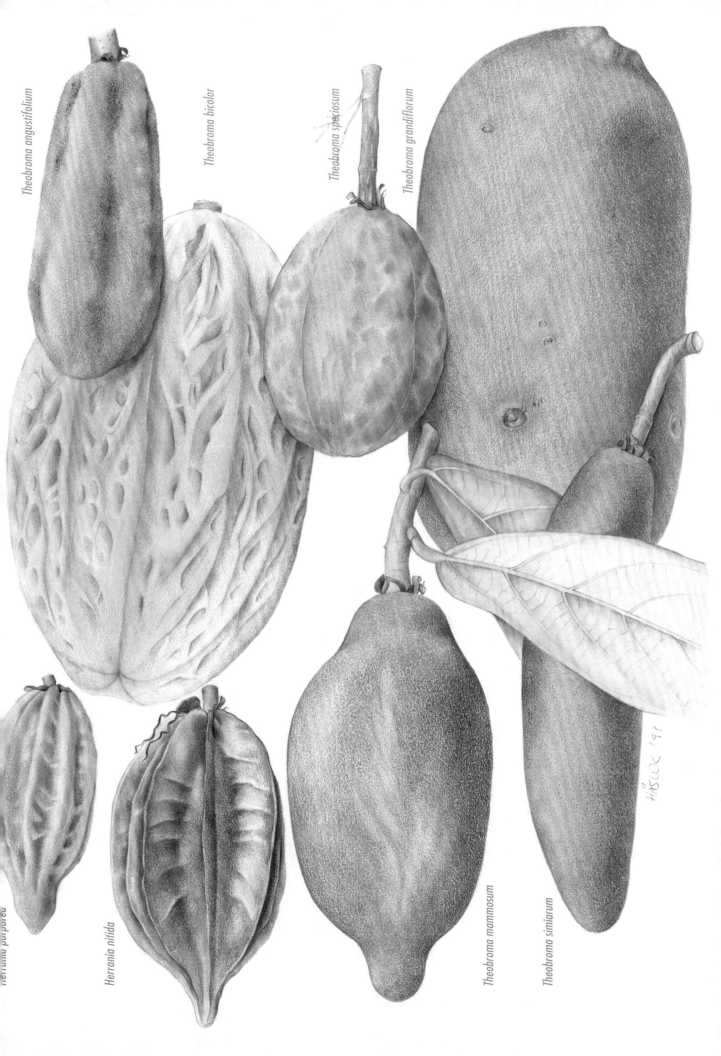

Theobroma angustifolium

Theobroma bicolor

Theobroma speciosum

Theobroma grandiflorum

Herrania purpurea

Herrania nitida

Theobroma mammosum

Theobroma simiarum

HASLUCK '91

häufig jedoch konzentrierte sich das Interesse lediglich auf den genutzten und angebauten Kakao, dessen Formenvielfalt die Forscher über rund hundert Jahre hinweg irritierte und Anlass zu wilden Spekulationen gab sowie zu Versuchen führte, durch Einführung zahlloser, neuer Artbezeichnungen das Problem um *Theobroma cacao* L. herum zu lösen. Ein Meilenstein war Pittiers Theorie (1925, 1926), dass alle kultivierten Formen das Resultat der Hybridisierung zweier Arten wären, nämlich aus *T. cacao* L. und *T. leiocarpum* Bernoulli. Erstere besitzt eine längliche, keulenartige, warzige Schote mit 10 Rippen und grossen und eiförmigen, weissen bis gelblichen Samen und entspricht dem Criollo, während *T. leiocarpum* eher rundliche, 5-rippige Früchte mit glatter (gr. *leio* ‹glatt›) Oberfläche und flachen, dreieckigen, dunkelroten Samen hat und Calabacillo genannt wird. Das natürliche Ausbreitungsgebiet des Criollo, dessen Ursprung in Mexiko liege, so Pittier, ende am Isthmus von Panama, während der Calabacillo nie westlicher als Costa Rica gefunden worden sei. Seit Cuatrecasas (1964) wird *T. cacao* als eine einzige Art mit den Unterarten *cacao und sphaerocarpum* betrachtet. Neuere molekulare Analysen belegen nun eindeutig, dass nicht nur beide Unterarten sondern auch die ‹wilden› Criollos Mexikos (de la Cruz *et al.* 1995), die von alten Plantagen der Maya stammen sollen, ihren Ursprung im Amazonas haben. Es muss angenommen werden, dass der Mensch den Kakao in den Norden brachte und der Criollo das Resultat einer Selektion von über 1500 Jahren ist (Wolters 1996, Motamayor *et al.* 2002).

Auf seinen Exkursionen zur Geografie Costa Ricas fand Pittier 1891 in Térraba den *cacao de mico* (sp. *mico* ‹langschwänziger Affe›), *T. simiarum* Donn. Sm.. Damals schickte er die Pflanzen zur Bestimmung noch in alle Welt. Später, bei der Erkundung der Panama-Kanalzone, entdeckte er zwei neue Arten, wovon er die eine seinem Landsmann und Begründer der Kakao-Systematik mit *T. bernoullii* Pittier zueignete, während die andere den Namen *T. purpureum* Pittier erhielt und später von Schultes in die Gattung *Herrania* umgeteilt wurde.

Die Tropenfrucht

Ihre Besonderheiten

Das Fremde, Exotische hat schon immer seinen Reiz ausgeübt. Dies lediglich darauf zurückzuführen wollen, dass unsere Sinne für das Herkömmliche abgestumpft, hingegen für das Ungewohnte offen seien, wäre zu einfach. Es ist eine Tatsache, dass die Früchte der Tropen (und hier mit der Einschränkung auf die Neue Welt, die Neotropen) sich von den Vertreterinnen der gemässigten Zonen in vieler Weise abheben, was sie auch attraktiv für die gestaltende Kunst macht. Da sind einmal die grosszügigen, vielfach asymmetrischen Formen, Skulpturen gleich, manchmal mit glatter oder sehr rauher Oberfläche, dann aber auch von Algen und Flechten überzogen, was eine Harmonie von pastellartigen Farbtönen erzeugt. Da sind aber auch die unverschämt leuchtenden und intensiven Farben, deren Wirkung ins fast Unfassbare gesteigert wird, wenn die Frucht aufspringt und ihre grellfarbigen ‹Innereien› zur Schau stellt und das Auge der sie ausbreitenden Vögel anspricht. Daneben als Kontrast begegnen wir den eher unscheinbaren, ruhigen Tönen aus Grün, Braun und Rotviolett – Früchte, die von Fledermäusen heimgesucht werden.

Auch die Begrenzung nach Aussen und die Konsistenz des Inhaltes sind vielfach ganz anders geartet als bei den Früchten unserer Breitengrade. Die Schale ist meist sehr derb, dick und/oder lederig und kann einen mehr oder weniger toxischen, klebrigen Milchsaft (Latex) enthalten. Das Innere wird für den Konsum entweder durch Schälen oder dann durch Aussaugen der intakten, bzw. Auslöffeln der aufgeschnittenen Frucht, zugänglich gemacht. Das übliche ‹In den sauren Apfel Beissen› gibt es hier zweimal nicht, weil auch der Säuregehalt in der Regel moderat ist. Doch kommt bei der Annäherung an die Frucht das Riechen zuerst: Der Geruch reicht von diskret verlockend über betörend bis zum penetranten Gestank. Die Guave gilt als Inbegriff der olfaktorischen Tropen-Sensation, die leider nur unzureichend mit einer Mischung aus Quitte und Banane beschrieben werden kann.

Die Sprache ist, gemessen am Duft- und Geschmackserlebnis, das in der gleichzeitigen Wahrnehmung von mehreren hundert oder tausend Komponenten durch unsere Rezeptoren begründet sein kann (Buck und Axel 1991, Buck 2000), eine bescheidene Krücke, die in diesem Kontext lediglich hilft, etwas Ordnung zu schaffen. So verrät uns beispielsweise die Bezeichnung ‹Zimtapfel› nicht, dass

Die Tropenfrucht hat ihre Tücken, was sich am Beispiel eines kleinen Verkaufsstandes zeigen lässt, an welchem die Produkte ‹frisch ab Hof› feilgeboten wurden: Kaschu (hinten) und Caimito (vorne). Ahnungslos biss die Illustratorin in die Caimito (s. SAPOTACEAE) in der Annahme, es handle sich um eine pflaumenähnliche Frucht. Der Latex verklebte ihren Mund. Der Autor ass einen Kaschu-Apfel (s. ANACARDIACEAE) und litt bald darnach unter Bauchschmerzen – Folgen der Sinnes-Strapazen? Hätte er versucht, die am Apfel befestigte Kaschu-Nuss zu knacken, wäre eine Vergiftung bzw. Verätzung garantiert gewesen.

Grünflügel Ara, *Ara chloroptera*

1 *Lansium domesticum* Langsat MEL
2 *Baccaurea motleyana* Rambai EUPH
3 *Paullinia cupana* Guaraná SAPIN
4 *Dimocarpus longan* Drachenauge
   SAPIN
5 *Nephelium lappaceum* Rambutan
   SAPIN
6 ? SAPIN
7 *Taxus baccata* Eibe TAX
8 *Garcinia mangostana* Mangostan CLUS
9 *Litchi chinensis* Litschi SAPIN
10 *Euonymus europaeus* Pfaffenhütchen
   CEL
11 *Myristica fragrans* Muskat MYRIST
12 *Paullinia sp.* SAPIN
13 *Blighia sapida* Ackee SAPIN
14 *Pithecellobium dulce*
   Manila Tamarinde FAB
15 *Garcinia madruno* madroño CLUS
16 *Stemmadenia donnell-smithii*
   huevos de caballo APOC

dieser den reichen Geschmack einer mit allerlei Gewürzen und viel Zucker harmonisch aromatisierten Kreme in sich vereint und so mit seiner Textur zum vollen Genuss beiträgt. Als Kontrast hierzu muss erwähnt werden, dass einige Früchte für uns ein Leben lang ungeniessbar bleiben, weil wir unsere Rezeptoren diesbezüglich nicht trainieren konnten, ganz im Sinne von ‹Was Hänschen nicht lernt, lernt Hans nimmermehr›. Hierzu mögen beispielsweise die Surinamkirsche oder der asiatische Durian gehören, deren Bewertungen dementsprechend unterschiedlich ausfallen.

Arillus – süsse, fleischige Verlockung

Der Arillus (Plural Arilli), zu Deutsch Samenmantel, ist ein fleischiges, meist süssliches Gebilde, das *per definitionem* eine Wucherung des Samenstiels, Funiculus, ist. Neben diesen echten Arilli gibt es in der Natur sogenannte Arilloide, die aus anderen Strukturen der Samenanlage entstanden sind, was aber den praktischen Genuss nicht beeinträchtigt. Der Einfachheit halber wird diese Unterscheidung im Folgenden nicht gemacht. Abgesehen vom kulinarischen Gewinn für den Menschen ist der Arillus eine Einrichtung, welche die Ausbreitung der Diasporen, wie Fortpflanzungseinheiten genannt werden, durch Tiere sicherstellt. Meist handelt sich dabei um Früchte oder Samen. Das ‹ausbreitende Agens› wird mit Farbkontrasten und/oder Düften angelockt und in der Regel auch mit Nahrung belohnt. Die Ausbreitung durch Tiere heisst in der Fachsprache Zoochorie. Nebst Säugetieren aller Art und Ameisen spielen auch Vögel eine wichtige Rolle.

Bekannte Beispiele von Arillusbildung in unseren Breitengraden sind der durch das rote Pigment Rhodoxanthin intensiv gefärbte ‹Becher› des ‹Schnuderbeeri› der Eibe, *Taxus baccata*, und das orangefarbene, fleischige Häutchen, das die sonst weissen Samen des Pfaffenhütchens, *Euonymus europaeus*, umkleidet. Beide Diasporen werden vorwiegend von Vögeln als Ganzes geschluckt, wobei die unversehrten, ‹nackten› Samen entweder nach einer Passage durch den Darm im Kot ausgeschieden oder nach einer gewissen Verweilzeit im Kropfmagen ausgewürgt, d. h. regurgiert werden (van der Pijl 1982).

Spektakuläre und für die menschliche Lustbarkeit kaum verzichtbare Arilli sind in vielen tropischen Pflanzenfamilien anzutreffen, weshalb hier darauf eingegangen wird. Eine Häufung dieser köstlichen ‹Wucherungen› ist in Familien zu beobachten, die zu den grossen Ordnungen der Malpighiales und Sapindales gehören. Es herrscht eine Vielfalt an Formen, Farben und morphologischen Prägungen: Die totale, partielle oder durchbrochene Ummantelung ist pigmentiert, kremfarben oder weiss und häutig bis dickfleischig. Obschon die chemische Zusammensetzung nur in wenigen Fällen untersucht worden ist, kann heute eine Unterscheidung zumindest in Zucker und Fett haltige Arilli gemacht werden. Beim Verzehr des frischen Samenmantels kann das meist durch Askorbinsäure (Vitamin C) bewirkte säuerliche Aroma auffallen, so bei Litschi (>25 mg/100 g) und Rambutan (50 mg/100 g). Auch ist bekannt, dass der Samenmantel vieler Arten im unreifen Zustand giftig ist, um das nährstoffreiche Gewebe vor ‹nichtautorisierten Profiteuren›, d. h. Räubern aller Art, zu schützen. So enthalten die Arilli der noch nicht vollständig geöffneten Ackee (s. **SAPINDACEAE**) ein Toxin, das schon viele Menschenleben gekostet hat.

Ein Tukan, *Ramphastos vitellinus*, prüft
den Guaraná-Samen auf Unversehrtheit.
(Reto Kaspar, Promotrend AG)

Ausschnitt Fruchtstand Guaraná,
Paullinia cupana

Nahe verwandt mit der gefährlichen Ackee ist die bereits oben erwähnte, stark koffeinhaltige Guaraná-Liane. Ihre Ausbreitungsbiologie ist relativ gut erforscht: Die Pflanze wächst im Urwald des zentralen Amazonasbecken, wo sie mit Hilfe ihrer Ranken bis in die höchste Baumschicht hinaufklettert und dort aus relativ unscheinbaren Blütenständen spektakuläre Früchtetrauben bildet. Zur Reife quellen aus jeder einzelnen roten Frucht 1 bis 3 ‹Augen›, schwarze Samen, die bis auf die ‹Pupille› von einem weissen Arillus umgeben sind. Die scharfen Kontraste aus Rot, Weiss und Schwarz stellen ein Syndrom dar, das auf Ausbreitung durch Vögel ausgerichtet ist und diese in ihren Bann zieht. Da die Samen relativ gross sind und die nach unten hängende Fruchttraube eine schlechte Landebasis abgibt, wird der Kreis der Günstlinge stark eingeengt. In der Tat, entweder sind es Tukane, die auf dem Lianenast sitzend mit ihrem langen Schnabel mühelos die ‹Augen› herauspflücken, oder es sind Hokkohühner, die sich am Ast festkrallend kopfüber bis ans untere Ende der Traube heranmachen. Von Tukanen wissen wir, dass sie den Samen, bevor dieser mit einer artigen Rückwärtsbewegung in den Schlund geworfen wird, sehr sorgfältig mit dem Schnabel prüfen. Wäre der Samen verletzt, so würden im sauren Kropfmagen (pH 4,0) bei 42 °C während der 15- bis 30-minütigen Verdauung des zuckerhaltigen Arillus mehrere Milligramme Koffein austreten. Da die vom Tukan bei einer Mahlzeit in den Kropfmagen gestopften Samen einen Drittel seines Körpergewichts betragen können, ist die erwähnte Prüfung lebenswichtig. Der unversehrte Guaraná-Same gibt während der Verweilzeit im Kropfmagen nur wenige Mikrogramme Koffein ab, weil er an seiner Oberfläche eine Koffeinbarriere besitzt, die ohne Zweifel im Dienste der Artausbreitung steht. Fernab des Orts der ‹Augenweide› würgt der Tukan auf einem sicheren Stand die makellos vom Arillus befreiten Samen aus seinem Kropf. Weitere Einzelheiten dazu siehe Baumann *et al.* 1995.

KATALOG

ANACARDIACEAE

Kaschu *Anacardium occidentale* L.
Mango *Mangifera indica* L.

Eine Familie mit Allergiepotenzial

Diese Familie gehört zur Ordnung der Sapindales, in der ca. ein Dutzend Familien vereint sind, so z.B. die Rautengewächse, Rutaceen, mit der wohlbekannten Gattung *Citrus* oder die Seifenbaumgewächse, Sapindaceen, mit der dort (siehe ‹Ceso vegetal›) dargestellten *Blighia sapida*. Die Ordnung beherbergt vorwiegend Holzgewächse, ca. 5000 an der Zahl, die durch gefiederte Blätter, 4- oder 5-zählige Blüten mit dachig überlappenden Blütenkreisen und ausgeprägter Nektar-Scheibe ausgezeichnet sind. Die Familie der Anacardiaceen besteht ihrerseits aus etwa 70 Gattungen mit 600 Arten. Die Blüten sind manchmal zweigeschlechtlich, aber in der Regel eingeschlechtlich mit einer Tendenz zur Zweihäusigkeit. Aus ihnen geht häufig eine einsämige Frucht umhüllt von nur einem Fruchtblatt hervor, obschon die Anlage ursprünglich aus 3 bis 5 miteinander verwachsenen Fruchtblättern besteht (Judd *et al.* 1999 SW). Die Bezeichnung der Familie, zu der auch die uns vertraute Mango, *Mangifera indica*, gehört, fusst auf dem Gattungsnamen *Anacardium*, und im Speziellen auf *Anacardium occidentale* (Kaschu-Baum), dessen falsche Frucht aus dem aufgeblasenen, fleischigen Fruchtstiel (siehe ‹Kaschu – Ein Apfel, der keiner ist und den Keine/r isst›) an die Form eines Herzens erinnern mag (gr. *aná* bedeutet ‹gleich wie›, *kardía* ‹Herz› (Genaust 1996 SW). Die Pflanzen führen in kleinen Kanälen der Rinde, der Blätter oder in verschiedenen Grundgeweben ein Harz, das aus allergisierenden Verbindungen, Alkyl- bzw. Alkylenphenolen (siehe **BLOG1 EPILOG**, Phytochemie), besteht. Die klare Flüssigkeit polymerisiert an der Luft und wird schwarz. Im Folgenden steht der Einfachheit halber ‹Alkylphenole› für das natürliche Gemisch.

Bevor wir die beiden köstlichen Familienmitglieder Kaschu und Mango vorstellen, sollten wir einen Blick auf jene Familienvertreterinnen werfen, die vielleicht bereits zum Erfahrungsschatz unserer ‹irritierten› und weit gereisten Leserschaft gehören: Auf einem gut geführten US-Zeltplatz werden Neuankömmlinge davor gewarnt, *Poison Ivy* zu berühren (siehe Box). Schon der nur geringste Kontakt kann eine fürchterlich schmerzende Tätowierung, Kontaktdermatitis genannt, hervorrufen. Bei den auslösenden Alkylphenolen handelt es sich um Urushiole, die nahe mit den Alkylphenolen der Kaschu-Frucht verwandt sind und bei der leichtesten Berührung der Pflanze sofort aus

Box: Poison Ivy & Co.

Vielfach wird in den USA *Poison Ivy* ‹giftiger Efeu› pauschal für alle gefährlichen ‹Sumache›, so der wissenschaftliche, deutsche Begriff, verwendet. Die Taxonomie ist in Wirklichkeit viel komplexer: Der gewöhnliche
oder östliche *Poison Ivy*, *Toxicodendron radicans*, ist ein lianenartiger
Busch mit dreigeteilten Blättern, der nördliche oder westliche *Poison Ivy*,
Toxicodendron rydbergii, ist ein kleiner, nicht-kletternder Busch. *Poison
Ivy* wird häufig auch mit *Poison Oak* vermengt, was im Osten *T. toxicarium*
und im Westen *T. diversilobum* ist, die wegen ihren rundlich gelappten
Teilblättern den Beinamen *Oak* ‹Eiche› erhalten haben. In Nordamerika
ebenfalls weit verbreitet ist der noch giftigere *Poison Sumac*, *T. vernix*, des-
sen Blätter aus vielen Teilblättern zusammengesetzt sind und an jene des
Holunders erinnern, weshalb dieser Strauch auch *Poison Elder*, ‹giftiger
Holunder›, genannt wird. Interessierte sind auf folgende URL verwiesen,
auf der Einzelheiten zur Systematik und Identifizierung präsentiert werden:
http://www.telemedicine.org/botanica/bot6.htm
Weiterführende Literatur: Gillis 1971, Guin und Beaman 1986.

den Sekretkanälen treten. Etwa 50 bis 70 % der Bevölkerung sind reaktiv und
antworten nach 1 bis 2, manchmal erst nach bis zu 14 Tagen mit schmerzhaf-
ter Rötung begleitet von Blasenbildung und Schwellung. Jene Hautstellen, die
mit der Pflanze in Kontakt gekommen sind, weisen alsbald dunkle Linien auf,
Spuren des Harzes, die in Anwesenheit von Sauerstoff polymerisierten. Sofortiges
und gründliches Reinigen der Kontaktstellen mit Äthanol kann die allergische
Reaktion verhindern ebenso wie auch ihre Übertragung auf andere Hautstellen,
seien es die eigenen oder jene eines lieben Mitmenschen (Fölster-Holst *et al.*
2001). Nach einer solchen Kontaktdermatitis besteht die Bereitschaft für eine
Kreuzreaktion (Erythem im Gesicht, geschwollene Lippen, Blasenbildung) beim
Verzehr von Mango (Alkylphenole vom Typ des Resorcinols), vor allem im
Kontakt mit ihrer Fruchthaut (Oka *et al.* 2004). Es ist anzunehmen, dass die
in der Kaschu-Industrie Arbeitenden eine hohe Kreuzreaktivität bezüglich der
Mango aufweisen. Hierzu gibt es keine Studien. Getreide, im Besondern Kleie
und Samenhaut, enthalten relativ hohe Konzentrationen an Alkylresorcinolen
(Deszcz und Kozubek 2000, Mattila *et al.* 2005), die vom Körper offenbar problemlos resorbiert und u.a. in die Erythrozytenmembran eingebaut werden
(Linko und Adlercreutz 2005). Diesen Verbindungen wird ein die Membranen
stabilisierender Effekt zugeschrieben. Abschliessend sei darauf hingewiesen,
dass die hier für die Anacardiaceen aufgeführten Kontaktallergien nichts mit den
durch Reserveproteine der Kaschu- oder Pistazien-Kerne ausgelösten Allergien
(Sathe *et al.* 2005) zu tun haben.

Kaschu und Mango – der gegenseitige Besuch

Die Entdeckung Amerikas im Jahre 1492 durch Kolumbus und die darauf folgende Intensivierung der Schifffahrt in die Tropen der Neuen sowie Alten Welt mit
entsprechender weltweiter Kolonialisierung initiierte die Ausbreitung von tropi-

schen Pflanzenarten durch den Menschen aus ihrem angestammten Vorkommen in andere tropische Regionen der Welt. Diese geschah meist auf dem Wasserweg, aber auch über Landstrecken und immer auf ‹verschlungenen Wegen› sowie relativ unkoordiniert, was den damaligen Botanikern, die gerade im Begriffe waren, die Tropenflora ins Visier zu nehmen, grosse Mühe bereitete: So ist erklärlich, weshalb lange behauptet wurde, es existierten zwei Kaschu-Baumarten – eine östliche, *Anacardium orientale*, und eine westliche, *A. occidentale*. Dass die historische Aufbereitung der Pflanzen-Odysseen ein schwieriges Pflaster ist, muss nicht speziell erwähnt werden.

Die Heimat der Kaschu, *Anacardium occidentale*, liegt im Nordosten Brasiliens, wo auch rund drei Viertel der übrigen *Anacardium*-Arten (s. ‹Kaschu›) wachsen. Die Bezeichnung geht auf die Namensgebung *acajú* bzw. *cajú* durch die Tupi-Indianer Brasiliens zurück. Offenbar konsumierte die indigene Bevölkerung nicht nur den aufgetriebenen Fruchtstiel, den so genannten Kaschu-Apfel und den daraus gepressten Saft, sondern röstete auch die eigentliche Frucht zwecks erleichtertem Zugang zum köstlichen Samenkern. Wie lange schon dies der Fall war und wann der Kaschu-Baum domestiziert wurde, ist nicht bekannt. Ebenso unklar bleibt seine natürliche Verbreitung. Vermutet wird der Ursprung in der *restinga*, den sandigen und salzhaltigen Küstengebieten, ein Ökosystem, welches durch trockenresistente Büsche und (kleine) Bäume charakterisiert ist. Der Kaschu-Baum wurde erstmals von André Thevet (ca. 1502–1590), Franziskaner (1559 säkularisiert), beschrieben, der 1555/56 nach Brasilien in die Kolonie ‹France antarctique› reiste, dort während 10 Wochen das Leben der Indios beobachtete und 1557/58 seine Eindrücke in Paris mit bahnbrechenden Illustrationen unter dem Titel ‹Les singularitez de la France antarctique› publizierte (Obermeier 2003). Die Portugiesen brachten den Baum von Brasilien nach Indien. In Goa dokumentierte Garcia de Orta (ca. 1499–1568), portugiesischer Pionier der tropischen Ethnomedizin, im Jahre 1563 erstmals die Präsenz der Kaschu auf diesem Subkontinent und zwar in seinem grossen Werk *Colóquios dos Simples e Drogas e Cousas Medicinais da Índia*. Die Portugiesen nannten sie ‹fava de Malaca›, also Bohne von Malaka, womit die Stadt oder die gleichnamige Halbinsel, die zum Wirtschaftsraum von Goa gehörte, gemeint ist. Zweifelsohne geht die Bezeichnung auf die Ähnlichkeit der Kaschu-Frucht mit der Puff- bzw. Saubohne, *Vicia faba*, zurück – ein dickes, nierenförmiges Gebilde mit glatter Oberfläche. An der Malabar-Küste Indiens hiess sie ‹Parankinava›, Mango der Portugiesen. Die Portugiesen brachten die Kaschu sehr wahrscheinlich in der ersten Hälfte des 16. Jh. über die Kapverdischen Inseln zuerst nach Cochin an der Malabar-Küste im jetzigen Bundesstaat Kerala Indiens, der heutigen Hochburg der Kaschu-Verarbeitung. Es wird vermutet, dass bei der Verbreitung Jesuiten des damals noch jungen Ordens mitgewirkt hatten. Von der Malabar-Küste aus eroberte die Kaschu die Küsten Indiens sowie Afrika und Südostasien.

Der Gegenbesuch der Mango, *Mangifera indica*, die mit ca. 70 weiteren Arten eine Gattung des tropischen Asiens bildet und selber ihren Ursprung in den Subtropen der indo-burmesischen Region hat, vollzog sich hingegen weit langsamer und in kleinen Schritten. Zuerst muss aber erwähnt werden, dass die Mango in Indien wahrscheinlich schon seit mehreren tausend Jahren gehegt und gepflegt wurde und dort auch einen wichtigen Platz in der Mythologie einnimmt. Die Bezeichnung *amra* in Sanskrit steht für Nahrung und Verpflegung und es war

Kaschu-Ernte durch die kannibalistischen Tupinamba-Indianer Brasiliens (André Thevets ‹Singularitez› 1557/58). Das gut eingespielte Team pflückt, wie es sich gehört, von Hand. Die Nussfrucht wird vom aufgeblähten Fruchtstiel (= Kaschu-Apfel) abgetrennt. Erstere liegen wie achtlos weggeworfen auf dem Boden, während letztere in einen Topf zur Aufbereitung (z. B. Kaschu-Wein) gesteckt werden. (Aus Lestringant 1997)

Der Vergleich: Kaschu-Früchte, *fave de Malaca*, mit Puffbohnen, *fave*

amradarika, eine Frau mit bewegtem Lebenswandel, die Buddha einen Mango-Hain präsentierte. Und in der hinduistischen Mythologie war es *prajapat/i*, Gott der Schöpfung, der sich in die Mango verwandelte. Es ist der kühle Schatten des Mangowäldchens, der im heissen Klima das Verweilen in behaglicher und lustvoller Intimität erlaubt. Unzweifelhaft erfolgte die erste Verbreitung der Mango durch Tamilen aus Südindien (Distrikt Tamilnadu) nach Westmalaysia, auf die malayische Halbinsel und nach Ostsumatra, was aus der Namengebung hervorgeht: Die Tamil-Bezeichnungen *man-kay*, *man-gay* oder *man-gaha* bildeten die Basis für den Namen des Mango-**Baums**. In der gleichen Sprache heisst die **Frucht** *manpelam*, ein Name der in Westmalaysia in vielen Variationen konserviert ist, z.B. *mampelam*, *mampelem*. Wann diese Verbreitung geschah, ist nicht bekannt. Klar ist jedoch, dass die Tamilen in diesen Gebieten während der Buddhistischen Periode (5.–4. Jh. v. Chr.) Königreiche errichteten. Phönizier und Araber brachten die Mango an die Ostküste Afrikas (wahrscheinlich im 10. Jh. n. Chr.) und die Portugiesen (zu Beginn des 16. Jh.) von Goa (evtl. über die Ostküste) an dessen Westküste und von dort über verschiedene Inselgruppen nach Brasilien. Man darf annehmen, dass die Mango erst im 18. Jh. den amerikanischen Kontinent erreichte. Die Spanier transportierten diese von den Philippinen nach Mexiko. Sie gelangte 1861 nach Florida, 1865 nach Hawaii und 1870 nach Queensland in Australien (Kostermans und Bompard 1993, Mitchell und Mori 1987).

Die erhitzte Geliebte sucht Kühlung (Indien um 1770). Da die grossen Blütenstände nur wenige Früchte ansetzen, hängen vereinzelte Mangos an der nach unten gebogenen Fruchtstand-Achse aus der Kronenbasis heraus.
(Museum Rietberg, Foto Rainer Wolfsberger)

KASCHU *Anacardium occidentale* L.

engl. cashew; fr. anacarde, (a)cajou; ger. Kaschu; port. cajú; sp. marañón, merey, pajuil, caujil.

Die Gattung *Anacardium* umfasst 11 Arten, die natürlicherweise von Honduras bis zum östlichen Paraguay und Paraná in Brasilien, und westlich der südamerikanischen Anden in Venezuela, Kolumbien und Ekuador vorkommen (Mitchell und Mori 1987, Mitchell 1992).

Ein Apfel, der keiner ist und den Keine/r isst

Der aus dem Nord-Osten Brasiliens stammende und heute in allen tropischen Regionen angebaute Kaschu-Baum bildet gegen Ende der Regenzeit, ausgelöst durch Trockenheit, an der Peripherie seiner Krone schlagartig eine Vielzahl aufrechter, rot beblätterter Triebe, die mit einem Stand aus männlichen und zwittrigen Blüten enden. Nach bevorzugter Kreuzbestäubung entwickelt sich innerhalb von zwei Monaten aus der Blüte ein eigenartiges Gebilde: Der Blütenstiel wird zu einem leuchtend roten oder gelben, birnenförmigen Fruchtstiel aufgeblasen, der selber wie eine Frucht aussieht, essbar ist und Kaschu-Apfel genannt wird. Für unser Geschmacksempfinden hat dieser Apfel etwas Adstringierendes, ja sogar Ungeniessbares. Obschon seine, die Gesundheit fördernden Eigenschaften in Lateinamerika über die Massen gelobt werden, sieht man kaum jemanden, der herzhaft in den frischen Apfel beisst. Weit populärer ist seine Verwendung in kandierter Form oder gepresst als Saft und Sirup sowie als Marmelade und Speiseeis oder vergoren als Wein und Schnaps. Aus dem Fruchtknoten entwickelt sich als vergleichsweise kleines Anhängsel, manchmal ‹Elefantenlaus› genannt, die eigentliche Frucht, die botanisch eine Nussfrucht darstellt, welche in hartem Gehäuse nur einen Samen birgt. Der Kaschu-Baum ist für tropische Verhältnisse ein eher kleiner Baum (<12 m) mit relativ breiter Krone. Seine Ansprüche an den Boden sind, ausser guter Drainage, sehr bescheiden. Deshalb und dank seiner Senkwurzeln, die bis in eine Tiefe von 6 m reichen können, ist er ein vorzüglicher Pionier in der Aufforstung von erodierten, ausgetrockneten Flächen.

Die Knacknuss

Die weltweit grösste Kaschu-Industrie ist in Indien und dort vor allem im südlich gelegenen Bundesstaat Kerala angesiedelt. Sie schafft Arbeitsplätze und bescheidenes Einkommen für tausende von InderInnen und ihre Kinder(!). Die Kaschu-Industrie ist nur ein Beispiel verhängnisvoller Verwebungen aus Pflanze, Gesellschaft, Politik und Wirtschaft – für uns Konsumierende meist unsichtbare Netze schlechtester Globalisierung, welche die Wohlstandgesellschaft überziehen und von verantwortungslosen, geldgierigen Geschäftsleuten und unfähigen PolitikerInnen geknüpft werden. Der Einstieg in diese Problematik gelingt am besten, indem wir von Grund auf die Anatomie dieses heiklen Früchtchens betrachten. Einen Eindruck von der festen Bauart und dem kulinarisch sowie technischen Nutzen der Nuss lässt sich aus den folgenden Angaben gewinnen (Balasubramanian 2001): Die reife Nuss mit einem Feuchtigkeitsgehalt von

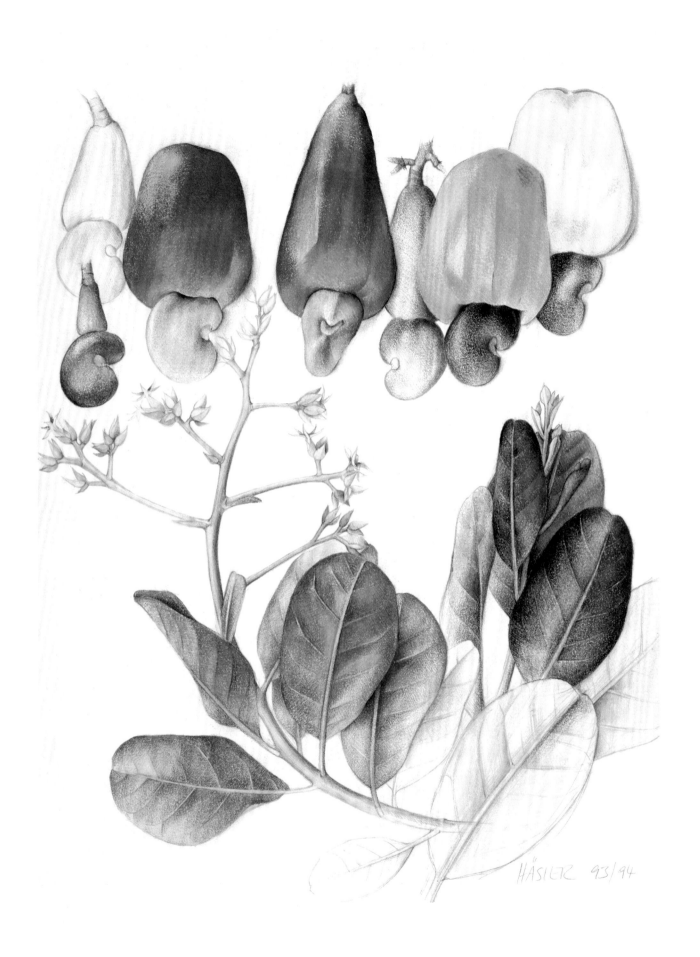

8.5 % hat eine durchschnittliche Länge, Breite und Dicke von 31, 23 bzw. 17 mm und ein Gewicht von 6 g. Der Nusskern weist die entsprechenden Dimensionen von 25, 13 und 12 mm und 1,9 g auf. So besteht das Gewicht der Nuss aus zwei Drittel Schale und einem Drittel Kern. Überdies ist ca. ein Drittel des Schalengewichts CNSL (Cashew Nut Shell Liquid = Kaschu-Nuss-Schalen-Flüssigkeit), also 22–25 % der ganzen Nuss, deren Wand 4 bis 5 mm dick ist.

Bereits 2 Monate nach der Blüte ist die Nuss reif und fällt mitsamt dem Apfel zu Boden. Falls der Apfel unversehrt und frisch verwendet werden will, muss die Frucht vom Baum geerntet werden; andernfalls wird sie vom ‹Fallobst› von Hand abgetrennt. Um mikrobielle Infektionen zu verhindern und die Qualität zu bewahren, werden die Nüsse an der Sonne bis zu einem Feuchtigkeitsgehalt von 8–9 % getrocknet, was erreicht ist, wenn die Samen beim Schütteln in ihrem Gehäuse rasseln. In diesem Zustand können die Nüsse unter geeigneten Bedingungen mindestens ein Jahr gelagert werden. Die fortschrittlichste Verarbeitung zielt darauf ab, den ganzen Kern intakt von seiner Schale zu trennen und dies unter möglichst wenig Verlust an wertvoller CNSL, die jedoch sehr aggressiv ist. Ein wichtiges Ziel wäre deshalb, weder den Samenkern noch die Kaschu verarbeitende Person durch die ätzenden Phenole in den Hohlräumen der Nussschale zu kontaminieren bzw. zu gefährden. In einem ersten Schritt werden die getrockneten Nüsse ‹rekonditioniert›, d.h. sie werden mehrmals im Wasser eingeweicht, um die Brüchigkeit der Kerne beim ‹Rösten› und anschliessendem Knacken zu reduzieren. Das so genannte Rösten, das allein schon wegen der Temperatur nicht mit einem üblichen (z.B. Kaffee) gleichgesetzt werden kann, geschieht in einem heissen (185–190 °C) CNSL-Bad während 2 bis 5 Min. Während dieser Phase ist es wichtig, mittels eines Abzugs die beizend-stickigen Dämpfe, die sich verheerend auf Haut und Lunge der Arbeitenden auswirken können, mit einer Vorrichtung abzusaugen. Das lederartige Perikarp der Frucht wird brüchig und porös. Etwa 90 % der CNSL wird frei und gelangt so ins Bad. Jedoch bleiben in den Höhlungen der Wand sowie auf der Oberfläche der Nuss Resten der aggressiven Flüssigkeit zurück, weshalb die Nüsse vor dem traditionellen, manuellen Schälen in Sägemehl oder Asche gewendet werden. Wenn

ILLUSTRATION. Ein kleiner Baum mit ausladender Krone, der sehr wahrscheinlich aus der *restinga* Vegetation im Nordosten Brasiliens und den Savannen Kolumbiens, Venezuelas und Guianas stammt. Er ist sehr anpassungsfähig und gedeiht auch auf kargen Böden. Wegen der Beliebtheit der Kaschu-Kerne als Partynüsse und als Bestandteil von traditionellen Gerichten wird der Baum heute überall in den Tropen der Alten und Neuen Welt kultiviert. Der Kaschu-Kern ist der von der Samenhaut befreite Same der nierenförmigen Nussfrucht, die an einem aufgeblasenen, fleischigen Fruchtstiel hängt, der Kaschu-Apfel genannt wird. Dieser wird roh genossen, aber auch zu üblichen Früchte-Produkten wie Saft, Sirup, Marmelade, Speiseeis, Wein, Destillaten etc. verarbeitet. Die Wand der Nuss ist sehr hart und von Kanälen durchsetzt, die mit der so genannten Kaschu-Nuss-Schalen-Flüssigkeit (CNSL = cashew nut shell liquid) gefüllt sind, das aus die Haut reizenden Alkylphenolen (v.a. Cardanolen) besteht. CNSL ist ein wichtiges Nebenprodukt der Kaschu-Verarbeitung, das bei der ‹Röstung› der Nüsse im heissen Ölbad anfällt, während der die äussere Wand der Schale aufbricht. Es muss nicht speziell betont werden, dass die frei werdenden Dämpfe ebenfalls ätzend sind. CNSL ist Ausgangsmaterial für Kunststoffe, Farben, Harze, Lacke und Bremsbeläge. Die lokale Bevölkerung verwendet den Kaschu-Apfel in der Mundhygiene, was höchstwahrscheinlich auf Gerbstoffen beruht, deren adstringierender Charakter beim rohen Verzehr auffällt. Die jungen Blätter sind essbar.

Kaschu-Früchte mit aufgeblasenem Stiel, feilgeboten am Strassenrand in Costa Rica.
Die aufgesägte Nussfrucht zeigt die dicke Wand gefüllt mit CNSL. Der freigelegte Kern ist von der Samenhaut überzogen. Diese wird manuell entfernt – ein kniffliges Knaupen für Kinder.
Die optimale Verarbeitung führt zu ganzen weissen Kernen, hier W320.

darauf verzichtet wird, so müssen die Hände der verarbeitenden Personen mit Handschuhen (jedoch nicht aus dem durchlässigen Latex!) geschützt werden. Die Nuss wird mit ihrer konvexen Seite nach unten auf einem flachen Stein positioniert und gehalten, während mit einem auf die Naht gezielten (Holz-) Hammerschlag die Nuss geöffnet wird. Kleine mechanische Einrichtungen zum Einspannen der Nuss in an ihre Konturen angepassten Klingen, womit jene mit einer Hebelbewegung geöffnet wird, werden ebenfalls eingesetzt, sind jedoch nicht so wirkungsvoll (Anzahl intakte Nusskerne pro Stunde) wie die ‹Hammermethode›. Bei allen Arbeitsschritten auf dem Weg zum konsumbereiten Nusskern droht den Arbeitenden die Kontaminierungsgefahr (Haut, Lunge, Schleimhäute) durch allergisierende Substanzen. Da die Kaschu-Verarbeitung eine wichtige Einkommensquelle für arme Bevölkerungsschichten Indiens, Ost-Afrikas und Brasiliens darstellt, wäre die Verwendung von voll automatisierten Maschinen, wie sie bereits seit langem entwickelt wurden, volkswirtschaftlich ein Unsinn, da zehntausende von Arbeitsplätzen ausradiert würden. Zurzeit ist nicht die Automatisierung sondern die Verbesserung der Arbeitsbedingungen auf allen Stufen gefragt. Es handelt sich um ein sozialpolitisch-ökonomisches Problem, dem sich die Global Players im WEF von Davos eines Jahres widmen könnten.

Party-Snacks und Bremsbeläge

Die gewonnenen Kerne werden entweder an der Sonne oder in einem Lufttrockner (bei 70 °C während 6 Stunden) auf 3 % Restfeuchte getrocknet, wodurch der Same wohl brüchig wird, die Samenhaut sich jedoch löst, was das manuelle Schälen der Kerne mit einem Messer oder einem speziell zugeschnittenen Bambusstück erleichtert. Wird bei diesem Schritt zu stark getrocknet, so werden die Kerne versengt und noch brüchiger. Das Ziel besteht in der besten Qualität und die heisst ‹white whole› (WW), also weisse, ganze Kerne. Schon beim oder gerade nach dem Schälen wird für den Export von Hand bezüglich Grösse (Anzahl ganze Kerne/Pfund; z. B. W320) und Morphologie (whole, pieces, scorched) sortiert. Schliesslich werden die Kerne auf 5 % wiederbefeuchtet und in luftdichte 25-Pfund-Büchsen unter Kohlendioxid-Atmosphäre eingeschlossen, was alle Art von ‹biologischer Aktivität› während des Transportes der ‹ready-to-eat› Kaschu-Kerne zum Retail-Handel unterbinden soll (Ohler 1979, http://www.itdg.org/, http://www.fao.org/ag/ags/agsi/Cashew/Cashew.htm).

Die Kaschu-Industrie Indiens, ein riesiges Kartell, gelangt immer wieder in die Schlagzeilen, weil entweder die Arbeitsbedingungen und das Anstellungsverhältnis unter jedem Standard liegen, oder Abmachungen im **einen** indischen Staat durch Auslagerungen in den **andern** ausser Kraft gesetzt werden. Eine weitere Umgehung besteht darin, dass staatliche Betriebe zu Gunsten ‹privater Firmen› geschlossen und die von der Gewerkschaft ausgehandelten Verträge zu Makulatur werden. Schliesslich muss noch erwähnt werden, dass die Gewerkschaften mit der Betriebsleitung kooperieren, um die Frauen zu benachteiligen. Einen Einblick in die ganze Problematik, die auch von Kinderarbeit geprägt ist, geben die Untersuchungen von Lindberg (2001). Wenn wir also an der Party die Kaschu-Kerne handvoll in den Schlund werfen, so können wir fast hundertprozentig gewiss sein, dass es sich dabei nicht um eine Fair-Trade-Geste

handelt, denn der Anteil dieses Handels ist bei Kaschu verschwindend klein. Nicht einmal Max Havelaar hat sich auf dieses Gebiet vorgewagt...

Die ätzende, visköse Flüssigkeit (CNSL; Zusammensetzung siehe **BLOG1 EPILOG**, Phytochemie), die sich in den wabenartigen Strukturen zwischen der äusseren derben und der inneren, sehr harten Wand befindet, wird in der Plastik- und Lackindustrie eingesetzt. Es ist eine billige, nachwachsende und deshalb alternative Quelle zu den fossilen Ressourcen. Während des Erhitzens werden die Anacardsäuren zu den entsprechenden Cardanolen unterschiedlicher Sättigung dekarboxyliert, die in ihrer Gesamtheit als ‹Cardanol› bezeichnet werden, ein Gemisch mit hoher Widerstandskraft gegenüber physikalischen (Temperatur, pH) und biotischen (Mikroorganismen, Termiten und andere Insekten) Einwirkungen. So wird Cardanol in der industriellen Synthese von Kunststoffpolymeren (z.B. Phenol-Formaldehyd-Harze) eingesetzt und ist ein unverzichtbares Element in der Autoindustrie (Brems- und Kupplungssysteme; Schläuche; Reifen), im Schiffsbau (Aussenanstriche) und auch überall dort, wo die lang dauernde Stabilität von Beschichtungen und Materialen unter extremen Bedingungen gefragt ist. Zum Beispiel müssen die Bremsbeläge über einen Reibungskoeffizienten, der ein ‹manierliches› Abbremsen des Fahrzeugs erlaubt, sowie über thermische Stabilität und gute Wärmeleitfähigkeit verfügen, sodass die Hitzeentwicklung nicht zu einer lokalen Zerstörung des Belages führt. Cardanol bewährt sich dabei als Bindemittel und Reibungsmodifikator. In der letzten Phase des Bremsvorganges verliert der Cardanol haltige Belag ca. 5 % an flüchtigen Komponenten, wodurch er porös wird, was die Wärmeableitung begünstigt. Die Auflistung der Verwendungsmöglichkeiten von CNSL ist keineswegs vollständig. Es gibt dazu Dutzende von Patenten. Der schon heute beträchtliche Markt für CNSL (10 Millionen US$ p.a.) – Hauptlieferanten sind Indien und Brasilien – wird sich angesichts der Erdölverknappung stark vergrössern (Blazdell 2000).

Kinderarbeit unter Aufsicht. Wegen der manuellen Geschicklichkeit seiner billigen Arbeitskräfte besitzt Indien traditionell das weltweite Monopol der Kaschu-Verarbeitung, was bedeutet, dass praktisch die gesamte Welternte an Kaschu-Nüssen in die industriellen Zentren von Kerala fliesst, wo jeder Kern einzeln aus der Nuss herausgeholt wird. Eine routinierte Person benötigt für das Öffnen der Nuss im Schnitt 6 Sekunden, d.h. sie ‹extrahiert› pro Minute 10 Kerne, das sind 4800 Nüsse (= ca. 5–7 kg) während eines 8-Stunden-Tages. Eine sehr erfahrene Person bewältigt anderthalbmal soviel. Vielfach wird nach Massgabe ganzer, sauberer Kerne bezahlt, wobei für die zerbrochenen und schmutzigen ein Abzug gemacht wird, so dass am Ende des Tages unter dem Strich je nach Handfertigkeit mehr oder weniger bleibt! (KNA-Bilder)

MANGO *Mangifera indica* L.

engl. mango; fr. mangue (manguier); ger. Mango; port. manga; sp. mango; im indomalayischem Raum z. B. mangga, ausführlichere Angaben bei Verheij (1991).

Bis heute sind für die Gattung *Mangifera* gegen 70 Arten beschrieben worden, deren natürliche Verbreitung von Indien und Sri Lanka über Indochina, im Norden bis nach Yunnan, und über Malaysia hinweg bis zu den Inseln der Salomonen reicht. Die grösste Vielfalt findet sich im westlichen Teil von Malaysia, d. h. auf der malayischen Halbinsel, auf Sumatra, Java und Borneo. Die Früchte von ca. 26 Arten sind essbar. Unter diesen ist *M. indica* eindeutig die bevorzugteste infolge ihrer Selektion bezüglich Qualität und Lagerfähigkeit, was aber nicht bedeutet, dass die anderen *Mangifera*-Arten geschmacklich oder anderweitig unterlegen wären (s. ‹Mango, Unbekannte Verwandte›). Diese Situation erinnert an jene der Gattung *Theobroma*, mit *T. cacao* als einzige kommerzialisierte der 20 Arten: Alle andern werden entweder im kleinen Rahmen kultiviert oder sind ‹wild› und vom Aussterben bedroht, und dienen in keinem Fall der Züchtung, etwa um die Eigenschaften des ‹Leaders› zu verbessern oder den Markt der Vielfalt zu kreieren. Unnötig zu betonen, dass die entsprechenden ‹Germplasm Collections› an Kakao-Arten in den Tropenländern ein miserables Dasein fristen. Wann wird sich die Nahrungsmittelindustrie für die Erhaltung der ‹alimentaren Biodiversität› der Tropen engagieren? Sie könnte sich dabei am Beispiel der Gattung *Coffea* orientieren, deren Arten durch die weltweite ‹Coffee Community› erforscht, konserviert und nutzbar gemacht werden (Baumann 2005).

Nicht nur beim Verzehr macht sie's uns schwer

Die Mangofrucht nimmt innerhalb der tropischen Früchte in mancher Hinsicht eine Sonderstellung ein. Sie entzückt durch ihre erotische Form, die sich mit glatter Oberfläche und praller Beschaffenheit in die Hand schmiegt. Im Übrigen hat sie es aber darauf angelegt, allen, die es mit ihr zu tun haben – *from the tree to the mouth* – die Sache schwierig zu machen! Nicht nur Anbau und Züchtung, nein auch Ernte und Transport, sind mit grossen Herausforderungen gepaart, und sogar der richtige Verzehr will gelernt sein. Beginnen wir unseren Weg in der Plantage und verfolgen von dort aus den Werdegang dieser Frucht, der kulinarische Urteile anhaften, die nicht widersprüchlicher sein könnten.

Allein der Baum ist anspruchslos und dies trotz seines riesigen Kronendachs mit einer gigantischen Höhe von 40 m, was in der modernen Plantage aus praktischen Gründen nicht geduldet und durch Pfropfung und Rückschnitt reduziert wird. Er wächst sozusagen auf allen Böden, falls sie weder versalzen noch permanent sumpfig sind, und verkraftet auch lange Trockenzeiten, da bereits die junge Keimpflanze eine lange Pfahlwurzel bildet, die später mit einem grossflächigen, dichten Netz von Flachwurzeln ergänzt wird.

Mango – Frucht mit Formen. Eine kleine Auswahl der bei uns käuflichen Mangos mit ihren Spielarten. Auf eine Sortenangabe wird verzichtet, da die Bestimmung mitunter recht schwierig ist, ganz vergleichbar mit der Zuordnung einheimischer Apfelsorten.

Sorten, Polyembryonie und Züchtung

Doch dürfen die Mangos, was das Klima anbetrifft, nicht über einen Leisten geschlagen werden, denn es existieren zwei Formen unterschiedlicher Herkunft mit etwas divergierenden Ansprüchen: Der indische Typus bildet im Samen wie üblich nur einen Embryo aus und ist adaptiert an das Klima des Subkontinents mit heissem, zum Teil trockenem Sommer und etwas kühlerem Winter, während der indochinesische Typus mehrere Embryonen produziert (Polyembryonie) und in den südöstlichen Tropen mit nur kurzen Trockenzeiten und ausgeglichenen Temperaturen seine Heimat hat. Monoembryonische Sorten, übrigens anfällig für die gefürchtete Pilzerkrankung Anthraknose (*Colletotrichum*), sind in der Regel farbiger, d.h. rot, purpurn, gelb, uniform oder gemischt, und schliessen beispielsweise die folgenden Bezeichnungen (in Klammern Herkunft der ‹Züchtung›) ein: *Alphonso* und *Fernandin* (Indien), *Amelie* (Westafrika), *Haden* (Florida; Keimpflanze der indischen *Mulgoba*), *Tommy Atkins* (Florida;

Nachkomme von *Haden*). Die polyembryonischen Kultivare sind grün, hellgrün oder gelb und tragen die folgenden Namen: *Nam Doc Mai* (Thailand), *Carabao* (Philippinen), *Hindi* (Ägypten), *Bourbon* (Brasilien), *Manila* (Mexico), Kensington (Australien).

Es gibt Hunderte von Mango-Sorten, in der Vielfalt also ganz vergleichbar unseren Äpfeln, doch werden schätzungsweise nur etwa hundert kommerziell verwendet. Die Bäume beider Mangotypen sind – vor allem im jungen Stadium – sehr empfindlich gegenüber tiefen Temperaturen und werden, wenn einmal etabliert, mindestens so alt wie ein Mensch. Die Mango hat es, im Vergleich mit anderen Bäumen, gar nicht eilig, ihre Reife und soziale Kompetenz unter Beweis zu stellen. Die juvenile Phase bis zum ersten Blühen dauert 6 bis 8 Jahre, kann jedoch durch Pfropfung (klonale Vermehrung) auf 3 bis 5 Jahre reduziert werden. Hingegen braucht es bei einer Kreuzung 20 bis 25 Jahre, bis die Eigenschaften der Neuzüchtung (F1-Generation) eingeschätzt werden können. Doch dies ist nicht der alleinige Grund dafür, dass die Mangozüchtung noch immer in den Kinderschuhen steckt. Eine ebenso grosse Barriere ist die eigenartige Blütenbildung des Mango-Baumes. Der rispenartige Stand trägt bis zu 6000 Blüten, die Mehrheit nur männlichen Geschlechts. Der Prozentsatz der Zwitterblüten, aus denen Früchte entstehen können, bewegt sich meist zwischen 1 und 40 %, kann selten aber auch mehr betragen. Sowohl in den männlichen als auch den zwittrigen Blüten entwickelt sich in der Regel nur ein reifes Staubblatt, was bedeutet, dass die Produktion von Pollen dürftig ist und sich wegen der meist obligaten Kreuzbestäubung nachteilig auswirkt. Doch es hagelt nur so von weiteren Schwierigkeiten: Auch wenn es zur Befruchtung und zum Fruchtansatz kommen sollte, so fallen doch über 99 % der Blüten, bzw. jungen Früchte ab. Der Fruchtansatz beträgt zwischen 0,1 und 1 %! Klar, der Baum möchte ja nicht unter der Last der schweren (100 g bis 2,5 kg) Früchte auseinander brechen, denn während seiner Evolution war niemand da, der ihn mit Stützen, wie dies heute in unseren Kernobstgärten üblich ist, davor bewahrt hätte. Der geringe Fruchtansatz – zusammen mit der erwähnten Wartezeit bis zur verbindlichen Einschätzung des Produktes – macht die Hybridzüchtung, in der die guten Eigenschaften zweier verschiedener Eltern kombiniert werden, zu einem Unterfangen, wozu sich nur solche Leute eignen, die ein langes Leben haben und dieses ganz der Mango verschreiben.

Ernte und ‹Postharvest Technology›

Auch die Ernte, falls es zu dieser nach 7 bis 10 Wochen der Fruchtentwicklung kommt, ist eine Sache für sich. Mango-Bäume gleichen in ihrem Verhalten unsern Buchen oder Eichen, die so genannte Mastjahre aufweisen. Dann fallen die Früchte tonnenweise vom Baum. Damit die Mangos vermarktet werden können, müssen sie unverletzt gepflückt werden, und zwar im richtigen Stadium. Traditionell geschieht dies mit einem langen Stab, an dessen Ende eine Schneidvorrichtung sowie ein Sack zum Auffangen der Früchte montiert ist. Noch vor 30 Jahren schien es unmöglich, die Mango wegen ihrer raschen Verderblichkeit in weit abgelegene, gemässigte Zonen zu bringen, um sie dort zu vermarkten. Sie gehört nämlich zu jenen Früchten, deren Atmung rasch bis zu einem Maximum, dem so genannten respiratorischen Klimakterium, zunimmt, das sich mit der opti-

Mango-Blütenstand (Ausschnitt) aus Curtis' Botanical Magazine aus dem Jahre 1850, wo es heisst: «The mango is recorded as having been grown in the hot-houses at least 160 years ago, but only within the last 20 years have gardeners learned it's a fruit capable of being brought to perfection in England. The first, and we believe the most successful attempt, was made by the Earl of Powis [vermutlich Edward Clive, 1754–1839] in his garden at Walcot where he had a lofty hot-house 400 feet long and between 30 and 40 feet wide constructed for the cultivation of the mango.»

malen Essreife deckt. Nachher nimmt die Rate schnell ab und die Frucht wird überreif und attraktiv für die ausbreitenden Tiere wie Nashornvögel, Affen und am Boden lebende Säuger wie Elefanten, Stachelschweine und Menschen. Die im reifen Zustand rasch verderbliche Frucht ist dann auch sehr empfindlich gegenüber Krankheiten, extremen Temperaturen und mechanischen Einwirkungen (Lizada 1993).

Es versteht sich von selbst, dass der lange Weg zum Gaumen mit der Pflege am Baum und dem richtigen Zeitpunkt der Ernte beginnt. Wird zu früh geerntet, so bleibt die Entwicklung zur vollreifen, aromatischen Frucht aus. Wird zu spät geerntet, so gelangt sie überreif oder reif und ‹angeschlagen› – weil die Frucht in diesem Zustand mechanisch leicht verletzbar ist – ins Verkaufsgestell. Der ideale Zeitpunkt ist dadurch charakterisiert, dass die Frucht ihre typischen Wölbungen, die so genannten Schultern beidseitig des Fruchtstielansatzes, aufgefüllt hat, d. h. ‹sprung ripe› ist. Dann ist sie ‹mature›, was hier soviel wie ‹erwachsen› bedeutet: Der Same ist vollständig entwickelt und die Biomasse (Trockengewicht) maximal. Dieser ausgewachsene, harte und grüne Zustand ist die Voraussetzung dafür, dass die Frucht einerseits die der Ernte folgenden Torturen, die unter dem Begriff ‹Postharvest Technology› zusammengefasst werden, unbeschadet übersteht und andrerseits unter Bildung der Pigmente und Aromastoffe zur vollen Reife gelangen kann. Es gibt einige Sorten, die nach dem Pflücken stark aus dem Fruchtstiel ‹bluten›. Es handelt sich dabei um Latex (bis zu 1,5 ml), der nebst Terpinolen die Haut reizende Alkylresorcinole (siehe ‹Kaschu›) enthält. Letztere sind die Ursache für eine Kontaktdermatitis, die sich bei allergischen PflückerInnen oder KonsumentInnen einstellen kann. Terpinolen, ein monozyklisches Monoterpen, wird für die Schädigung der Mango-Haut verantwortlich gemacht. ‹Verbrannte› Stellen sterben ab und sind Eintrittspforten für Mikrooranismen, was häufig zu lokaler Fäulnis führt. Aus diesem Grund ist es bei stark ‹blutenden›Sorten (z.B. *Kensington*) wichtig, den Saft entweder erst ausfliessen zu lassen oder die Frucht gleich nach der Ernte zu waschen.

Ungeachtet dessen, ob ein ‹Ausbluten-Lassen› nötig ist oder nicht, schliesst sich eine Reihe von Behandlungen an, die verschiedene Gründe hat: Kontrolle des Insektenbefalls, Vorbeugen von Pilzinfektionen und der daraus resultierenden Fäulnis, Beeinflussung der Reifung und des Verhaltens gegenüber (vor allem tiefen) Temperaturen während Lagerung und Transport. Die modernen Technologien zielen darauf ab, chemische durch physikalische Methoden zu ersetzen, wobei die Toleranz gegenüber hohen Temperaturen, die vielen Frucht- und Gemüse-Arten eigen ist, genutzt wird. So überstehen Mangos eine Wärmebehandlung in heissem Wasser (50 bis 60 °C) während 10 Min. unbeschadet. Für die Befreiung der Früchte von Insekten und ihren Eiern und Larven braucht es in der Regel eine längere Behandlung als für das Abtöten von mikrobiellen Pathogenen, weil auch das Innere der Frucht auf die nötige Temperatur gebracht werden muss. So genügen wenige Minuten über 50 °C gegen Pilzinfektionen, während gegen Insektenbefall 1 Stunde unter 50 °C erwärmt werden muss. Die Wärmebehandlung, die an Stelle von heissem Wasser auch aus erhitztem Dampf oder Heissluft bestehen kann, ist also eine ‹Gratwanderung› zwischen erfolgreicher Abtötung der Schadorganismen und der verhängnisvollen Hitzeschädigung der Frucht bzw. ihres Samens. Deshalb ist es wichtig, dass vor dieser Hitzebehandlung, die in den Sammelstellen meist maschinell abläuft, nach

Grösse sortiert wird. Richtig erhitzte Früchte zeigen eine Verstärkung von gewissen Reifungsprozessen, bewahren aber ihre Qualität bei 20 °C länger. Zudem weisen sie eine verminderte Empfindlichkeit gegenüber tiefen Temperaturen auf, die sonst schädigend auf die Mangofrucht wirken würden (ab ca. 13 °C). Anschliessend werden die Früchte mit weichen Bürsten gereinigt, getrocknet und bezüglich Grösse (sofern nicht schon vorher geschehen), Form und Defekten sortiert. Die so genannten ‹seconds› gelangen nicht auf den Markt, sondern werden weiter verarbeitet (Saft, Chutney, Trockenprodukte etc.). Manchmal werden die Früchte mit einer Wachsschicht (z.B. Karnauba) mittels weicher Rollerbürsten gleichmässig überzogen, was nicht nur dem Aussehen förderlich ist, sondern auch den Wasserverlust auf dem weiteren Weg vermindert. Die Mangos werden anschliessend sofort abgepackt und gekühlt. Der gesamte Prozess von der Ernte bis hierher sollte nicht länger als 24 Stunden dauern. Auch auf den langen Transportwegen (Schiff) wird gekühlt, wobei unreife Früchte bis 28 Tage bei 8 bis 10 °C gehalten werden können. Bereits ‹angereifte› Exemplare vertragen sogar Temperaturen unter 8 °C, jedoch nur während ca. 21 Tagen, um anschliessend rasch auszureifen.

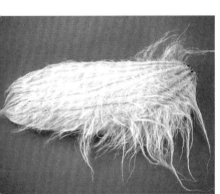

Mango-‹Same›. Der eigentliche Same ist im harten, inneren Teil der Fruchtwand (Endokarp) – Ausgangsort von zahlreichen, ins Fruchtfleisch ausstrahlenden Fasern – eingeschlossen und kann durch Aufklappen der Wände unversehrt entnommen werden. Für die Züchtung faserarmer bzw. faserfreier Früchte ist der Genpool der ‹wilden› Mangos wichtig.

Mango-Genuss

Schliesslich wird die Frucht jenem Zweck zugeführt, wofür der ganze Aufwand gedacht ist, nämlich dem genüsslichen Verzehr, der erst bei voller Ausreifung in Angriff genommen werden soll. Von den Einen wird die Mango als die Königin aller Früchte gepriesen, während Andere der Ansicht sind, es handle sich bei dieser Frucht um einen Knäuel Werg (Hanf- oder Leinenfaden-Abfälle) getränkt mit Terpentinöl und Melasse, der in der Badewanne verzehrt werden müsse. In der Tat waren früher nicht-selektionierte Sorten auf dem Markt, deren Fruchtfleisch dicht von Fasern durchzogen war. Die innerste, harte Schicht der Fruchtwand, das sogenannte Endokarp, ummantelt den eigentlichen Samen. Sie ist auch der Ausgangsort von zahlreichen Fasern, die das weiche Fruchtfleisch durchdringen und seine Essbarkeit beeinträchtigen. Was den Geschmack anbetrifft, so lässt sich darüber bekanntlich streiten. Die Terpentin-Note wird im Abendland generell weniger geschätzt als anderswo. Bevor wir zu den verschiedenen Ess-Techniken übergehen, soll eine wichtige Eigenschaft des orangeroten Fruchtfleisches erwähnt werden, nämlich sein hoher Gehalt an Karotinoiden, der je nach Sorte, Lage, Klima, Behandlung und Bedingungen während des Transportes zwischen 0,9 und 9,2 mg/100 g liegt (Litz 1997, zitiert in Pott *et al.* 2003a). Davon sind 48 bis 84 % β-Karotin, so genanntes Provitamin A. Der tägliche Konsum einer Mangofrucht deckt also den Vitamin-A-Bedarf (= ca. 1 mg pro Tag) gut ab. Da, wie erwähnt, die Mangofrüchte saisonal in riesigen Mengen anfallen, ist es wichtig, die Ernte im Hinblick auf eine genügende Vitamin-A-Versorgung in der Dritten Welt durch eine geeignete Methode zu konservieren. Sowohl die konventionelle (Warmluft, 75 °C) als auch die solare (Tunneltrockner ‹Hohenheim›, 60 bis 62 °C) Trocknung von fast reifen Früchten erwiesen sich als geeignet. Trotz partieller *trans-cis*-Isomerisierung von β-Karotin (Schieber und Carle 2005) genügt der Konsum von 80 bis 190 g (Erwachsene) bzw. 50 bis 120 g (Kinder) getrockneter Mango, um den täglichen Bedarf an Vitamin A zu decken (Pott *et al.* 2003b).

Die reife Mango lässt sich auf drei grundsätzlich verschiedene Arten verzehren. Bei sehr reifen, weichen Sorten wird die Frucht gerollt oder geknetet (durchgewalkt), bis der Inhalt durch eine mit dem Messer angebrachten Öffnung unter Pressen ausgesaugt werden kann. Wenn sich mehrere am Schmaus einer Mango beteiligen, wird mit dem Messer die Haut so geritzt, dass in Längsrichtung ein schmaler, ca. 2 cm breiter Hautsektor von Hand abgezogen werden kann. Das Fleisch darunter wird in kleinen Portionen mit dem Messer oder Löffel herausgehebert. Bei festen Sorten wird in Längsrichtung mit dem Messer an beiden abgeplatteten Seiten haarscharf am Samen vorbei je eine Kappe abgeschnitten, die entweder ausgelöffelt oder, nach Schneiden des Fruchtfleisches in Carrés, umgestülpt wird, wonach die Mangostücke leicht abgetrennt werden können. Der zentrale Teil wird ‹entrindet› und von der Peripherie her mit den Zähnen ‹abgezogen›, wobei in deren Zwischenräumen die vom Kern ausgehenden Fasern fest gezurrt werden und das typische Mango-Feeling ergeben. Schliesslich kann die Mango auch im so genannten ‹mature-green› Stadium roh genossen werden, z. B. ohne zu schälen in dünnen Streifen mit Salz oder an pikanter Sosse.

‹Wilde› Mangos. Von l. nach r.: *M. gedebe* mit labyrinthartigem Samen-Nährgewebe; *M. torquenda,* praktisch faserfrei; *M. pajang,* schälbar wie eine Banane; *M. caesia* (oben) und *M. kemanga* aus dem tropischen Tiefland. Beschreibung dieser Arten auf der nächsten Seite.

Unbekannte Verwandte

Wie eingangs erwähnt sind mindestens zwei Dutzend weitere Arten der Gattung dazu geeignet, unseren Gaumen zu erfreuen. Hier beschränken wir uns auf eine kleine Auswahl, aus der ersichtlich wird, wozu die ‹wilden Verwandten› unserer geliebten Mango sonst noch gebraucht werden können (Kostermans und Bompard 1993, Verheij und Coronel 1991 SW). Die unten aufgeführten Arten werden im malaysischen Archipel ohne grosse Züchtungsarbeit kultiviert, während zudem die Früchte weiterer, nicht angebauter Arten von der lokalen Bevölkerung gegessen werden.

M. gedebe Miq., *kedepir* (Java), *gedepir* (Sumatra), *kepi* (Kalimantan), *ka du pae*, *ma muang paan* (Thailand).

Sie ist die einzige Art dieser Gattung mit einem labyrinthartigen Endosperm. Da die leichte Frucht im Wasser gut schwimmt, scheint eine Ausbreitung auf dem Wasserweg möglich, doch auch Nashornvögel und grosse Fledermäuse werden als Vektoren angenommen. Die ganze Frucht wird im jungen Stadium in Stücke geschnitten und zusammen mit anderen Früchten sowie Ingredienzien als scharfer Fruchtsalat, *rujak*, gegessen.

M. torquenda Kosterm., *tajas* (Malay, Sumatra), *asam kalemantan*, *asam putaran*, *sembawang putaran*, *asam putaran* (Kalimantan).

Die Pflanze hat ihren Namen daher, dass die Frucht nach einem Rundschnitt durch das ganze Fleisch unter Drehen der beiden Hälften geöffnet werden kann. Dies bedeutet, dass die Pulpa kaum durch Fasern mit dem Stein verbunden ist, eine Eigenschaft, die sie mit *M. magnifica* Kochummen teilt und von grossem Nutzen in der Mango-Züchtung sein wird. Die Frucht hat ein angenehmes Aroma. Der bis zu 40 m grosse Baum gedeiht auch im immerfeuchten Tropenklima sehr gut, ein Faktor, der ebenfalls eingekreuzt werden könnte.

M. pajang Kosterm., *bambangan* (Malay), *asem payang* (East Kalimantan).

Die kartoffelbraune Frucht, die im lokalen Markt sehr begehrt ist, entwickelt sich auf einem ca. 35 m hohen, in Borneo endemischen Baum. Sie ist mit einem Durchmesser von bis zu 20 cm die grösste in der Gattung und wird wie eine Banane geschält. Die Kerne werden geraspelt und zusammen mit dem Fruchtfleisch für *jerok* [*jeruk*] *bambangan* verwendet. Die dicke Rinde wird getrocknet und dient in der Zubereitung von *sambel* [*sambal*], einer mit Chili gewürzten Sauce zu Fisch.

M. caesia Jack und *M. kemanga* Bl. sind sich sehr ähnlich.

Beide Arten sind auf die Tiefland-Tropen beschränkt. Erstere, *binjai* genannt, wird vor allem auf der malayischen Halbinsel, Sumatra, Borneo und Bali kultiviert, während zweitere in West-Java stark verbreitet ist, wo sie *kemang* genannt wird. Die reife Frucht von *binjai* und zwar vor allem jene der Varietät *vani* ist sehr köstlich und wird z.B. in Bali zu einem mundigen, kremigen Saft verarbeitet. Häufig wird sie auch für *sambel* verwendet. *Kemang* ist in West-Java sehr beliebt und findet sich dort auf den Märkten. Zuhause wird sie oft zu einem Fruchtsaft mit Eis, Zucker und etwas Kaffeepulver veredelt. Die jungen Blätter werden roh verspeist, während jene von *M. caesia* zu Verätzungen der Lippen mit Blasenbildung führen.

ANNONACEAE

Cherimoya *Annona cherimolia* Miller
Ochsenherz *Annona reticulata* L.
Sauersack *Annona muricata* L.
Zimtapfel *Annona squamosa* L.
Paupau *Asimina triloba* (L.) Dunal

Die aus rund 2500 Arten bestehende Familie wird in ca. 120 Gattungen gruppiert, die mit Ausnahme der nordamerikanischen *Asimina* und *Deeringothamnus* (s. unten) in den Tropen und Subtropen angesiedelt sind. Es handelt sich durchwegs um Bäume, Büsche oder Lianen mit alternierenden, nebenblattlosen, ungezähnten Blättern, die häufig einen blau-grünen oder metallischen Glanz aufweisen und eine Art Blattfall zeigen. Die Blüten der Annonengewächse sind klein bis mittelgross, wenig auffallend blassgelb, grünlichgelb, braungelb oder schmutzigrotbraun gefärbt und besitzen wie jene der Aronstabgewächse (Araceae) und Palmen (Arecaceae) mitunter die Fähigkeit der Thermogenese. Das ist die Wärmeentwicklung in der Blüte als Folge der Entkoppelung der ATP-Bildung in den Mitochondrien, indem die Elektronen auf einem cyanid-resistenten Weg direkt zum NAD(P)-H geführt werden. Dadurch kommt es zu einer starken Emanation des Blütenduftes und die Bestäuber, bei den Annonaceen vorwiegend Käfer aber auch Fransenflügler, Fliegen und Bienen, werden von weit her angelockt. Die Blüten sind in der Regel aus drei dreizähligen Kreisen aufgebaut – ein Kelchblattkreis und zwei Kronblattkreise – und besitzen zahlreiche, äusserlich kaum in Filament und Anthere gegliederte Staubblätter, die dicht gepackt eine gewölbte Plattform bilden. Die drei oder mehr Karpelle sind frei und können in der beerenartigen Frucht miteinander verwachsen sein (Pseudosynkarpie). Sie enthalten meist viele Samen mit marmoriertem Endosperm. Einige Arten der Gattungen *Annona, Asimina und Rollinia* liefern delikate Früchte, die Blüten von *Cananga odorata* (Ylang-Ylang) finden in Parfums Anwendung, während die Früchte von *Monodora myristica* als Ersatz für die Muskatnuss (*Myristica fragrans*, Myristicaceae) dienen (Fries 1939, 1959).

Eine Tummelkammer für Käfer

Die meisten Annonaceen werden also durch Käfer bestäubt, wobei ein ausgeklügeltes Zusammenspiel zum gewünschten Erfolg führt. Das eindrückliche Bestäubungssyndrom kann anhand der gut untersuchten *Annona coriacea*, die im brasilianischen *cerrado* heimisch ist, umrissen werden: In der hängenden Blüte mit einem Durchmesser von ca. 4 bis 5 cm reifen zuerst die weiblichen

Henri Pittier als Fotograf: *Annona jahnii* Safford, *manirito,* aus den Llanos Venezuelas; Früchte essbar (AFIBV)
Sapranthus palanga R.E.Fr., *palanco,* aus den Trockenwäldern von Guanacaste, Costa Rica; Rinde mit starken Fasern (aus Pittier 1908)

Organe heran, was der ‹Umgebung› durch nächtliches Verströmen eines würzigen Duftes aus der thermogenetisch erwärmten Blüte mitgeteilt wird. Zirka um 21 Uhr der ersten Nacht wird im Innern der Blüte ein Temperaturmaximum von etwa 34 °C erreicht, das sind 15 °C über der Umgebungstemperatur! Auf das Duft-Signal hin schwirren im Zickzack-Flug die bestäubenden Skarabäiden-Käfer (*Cyclocephala*-Arten aus der Unterfamilie der Dynastinae) an und zwängen sich durch die klappig angeordneten Blütenhüllblätter in den von diesen geformten Dom. Dort sind sie nicht nur sicher vor ihren Jägern, sondern erhalten auch Nahrung – zuerst stärkereiches Gewebe an den seitlichen Ansätzen der inneren Kronblätter und später Pollen. In diesem intimen, wirtlich-warmen Ambiente frönen bis zu 15 Individuen dem Gruppensex, wobei *en passant* die Narben, die mit einer klebrigen Flüssigkeit überzogen sind, bestäubt werden. Im Laufe der Nacht kühlt die Blüte ab und die zusammengeklebten Narben lösen sich als Ganzes los: Die weibliche, rezeptive Phase ist abgeschlossen. Die Käfer bleiben auch am nächsten Tag in der Blüte, die sich um ca. 17 Uhr ein zweites Mal aufzuwärmen beginnt, diesmal eine Stunde früher als am Abend zuvor. Entsprechend wird die Peak-Temperatur früher, d. h. um 20 Uhr, erreicht. Die Antheren springen auf, der Pollen wird frei und bald darnach lösen sich die Staubblätter von der ‹Decke› der Bestäubungskammer. Jetzt versorgen sich die Käfer gierig mit Pollen, sodass sie schliesslich ganz von diesem bepudert sind. Spätestens um 20 Uhr 30 fallen die Kronblätter ab, ein Zeichen für den Aufbruch, der zu frischen Blüten in vorweiblicher Phase führt, um dort die Bestäubung sicherzustellen und damit den Kreis zu schliessen. (Gottsberger 1999, Silberbauer-Gottsberger *et al.* 2003).

Die in diesem Kapitel weiter unten beschriebenen Annonen-Früchte gehören zur Sektion Atta (fr. attier, port. ata, ‹Baum›), mit Arten deren Blüte bzw. Kammer wesentlich kleiner ist. Sie werden durch nur wenige Millimeter grosse Glanzkäfer (Nitidulidae) bestäubt, die meist tagsüber durch den fruchtigen Blütenduft angelockt werden (Gottsberger 1989, Tsukuda *et al.* 2005).

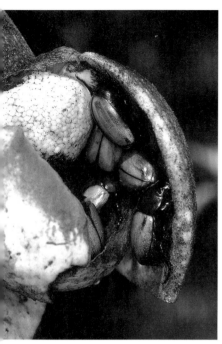

Eine Blüte (ø ca. 4,5 cm) von *Annona coriacea* Mart. mit dicken Blütenblättern, die teilweise entfernt wurden, um einen Einblick in die Blütenkammer zu gewinnen. Die Blüte ist im ‹Ruhestadium›, d.h. nach der weiblichen und vor der männlichen Phase. Ihr Innenraum ist ein Treffpunkt für die ca. 1,6 cm grosse Männchen und Weibchen des Käfers *Cyclocephala atricapilla* (Scarabaeidae, Dynastinae), die sich am Abend einfinden und dort während 24 Stunden bleiben (s. auch Text). Indianópolis, Minas Gerais, Brasilien, Dezember 1986. (Fotografie und Copyright Gerhard Gottsberger; www.cerrado.eu)

Eine Quelle bioaktiver Verbindungen: Läuse, Tumoren und Parkinsonismus

Wie für viele Tropenpflanzen so existiert auch für die Annonaceen-Arten ein ganzer Katalog traditioneller Heilanwendungen, den wir hier abgesehen von einer Ausnahme nicht erörtern wollen: Bemerkenswert ist der Einsatz einiger Arten in der Bekämpfung von **Läusen**, im Speziellen jener der Kopfhaare. Hierzu werden die Samen z.B. von *Annona reticulata* pulverisiert und in die Kopfhaut eingerieben. Diese volksmedizinische Anwendung findet ihre neuzeitliche Verlängerung in einem kürzlich auf den Markt gebrachten Shampoo (McCage *et al.* 2002), das unter anderem einen Extrakt aus den Zweigen von *Asimina triloba* enthält (Nature's Sunshine Paw Paw Lice Shampoo; www.naturessunshine.com/products/catalog/pawpaw/). Bis 1982 war nicht bekannt, welche Wirkstoffklasse in welcher Weise für den gründlichen Erfolg im Kampf gegen diese uralte Plage der Menschheit verantwortlich ist. Forscher der Universität von Arizona in Tucson suchten nach natürlichen Substanzen gegen maligne Tumore und berichteten in jenem Jahr (Jolad *et al.* 1982) von der Entdeckung einer neuen Substanzklasse in der Altwelt-Liane *Uvaria acuminata*: «During the course of our continuing search for plants having tumor inhibitory constituents, an ethanol extract of the roots of the title plant yielded a waxy substance, named uvaricin, which demonstratd antitumor properties in the in vivo PS system (P-388 lymphocytic leukemia in mice).» Es handelte sich um das erste der bis heute aufgefundenen 400 Acetogenine mit strukturellen Eigenheiten, wie sie offenbar ausschliesslich in den Annonaceen ausgebildet werden (siehe **BLOG2 EPILOG**, Phytochemie). Die isolierten Verbindungen stammen aus der Analyse von etwa 50 Arten aus einem Dutzend Gattungen. Extrapoliert auf die ganze Familie (120 Gattungen, 2500 Arten) muss mit tausenden von verschiedenen Acetogeninen gerechnet werden. Die radikale Wirkung beim Ausmerzen von Läusen beruht auf ihrem selektiven Angriffspunkt: Sie hemmen den Komplex I in der Atmungskette der Mitochondrien und somit die Bildung von ATP, was bedeutet, dass in den betroffenen Zellen die Gewinnung von Energie verunmöglicht wird und damit in Kürze der Tod der Laus herbeigeführt wird.

Da fragt sich nun, wie eine derart zytotoxische Substanzklasse Hoffnungen auf die Bekämpfung von bösartigen **Tumoren** zu wecken vermag. Wegen ihres starken Wachstums atmen Tumorzellen in der Regel auch viel stärker als die sie umgebenden, normalen Zellen, was sie gegenüber den Acetogeninen empfänglicher machen sollte. Der therapeutische Einsatz ist jedoch wegen mangelnder Selektivität noch nicht realisiert, d. h. dass in der Praxis diese Substanzen gesunde und maligne Zellen gleichermassen abtöten. Das Ziel besteht nun darin, letztere spezifisch durch den so genannten programmierten Zelltod (= Apoptose) zu eliminieren. Leider ist die absolute räumliche Struktur der meisten Acetogenine noch nicht bekannt, eine Voraussetzung für die Interpretation der Struktur-Wirkungsbeziehung. Deshalb werden in jüngster Zeit die aufwändige Synthese und die chemische Modifikation bekannter Strukturen vorangetrieben (z. B. Hu *et al.* 2006, Maezaki *et al.* 2006).

Mit ‹**Parkinsonismus**› wird ein Syndrom aus Ruhetremor, Akinese und Rigidität bezeichnet, das jedoch bei näherer Betrachtung diagnostisch aufgeschlüsselt werden muss, denn nicht immer handelt es sich dabei um jene Krankheit, die James Parkinson im Jahre 1817 in seinem *Essay on shaking palsy* (Schüttellähmung) beschrieben hatte. Mit anderen Worten: Die drei erwähnten Hauptsymptome genügten mit fortschreitender Diagnostik nicht mehr, um den so genannten Morbus Parkinson, dessen Ursache ungeklärt ist und deshalb als ‹idiopathischer Parkinson› bezeichnet wird, eindeutig zu charakterisieren. Als weitere Merkmale kommen eine Verminderung der Stellreflexe, ein fortschreitender Verlauf von mehr als 10 Jahren, ein asymmetrisches klinisches Bild mit konstanter Bevorzugung einer Körperseite sowie ein gutes Ansprechen auf L-DOPA hinzu.

Daneben gibt es eine Reihe von atypischen Formen, deren Diagnosen ebenfalls erhebliche Schwierigkeiten bereiten und eine lange Aufklärungsgeschichte haben (Arnold 2001, Corti *et al.* 2005). So berichteten zwei Forschungsgruppen zeitgleich aber unabhängig voneinander über gehäufte Fälle von Parkinsonismus auf Neukaledonien (Angibaud *et al.* 2004) bzw. Guadeloupe (Caparros-Lefebvre 2004). Vier Jahre zuvor hatte eine andere Forschungsgruppe einen atypischen Parkinsonismus bei UK-Einwanderern afrikokaribischen und indischen Ursprungs festgestellt (Chaudhury *et al.* 2000). Wissenschaftliche Detektivarbeit führte zur Vermutung, dass in allen drei Fällen der Konsum von Früchten und/oder Blättern von Arten aus der Familie der Annonaceen für die

Symptome verantwortlich sein könnte. Der Verdacht richtete sich auf die typischen Inhaltsstoffe der Benzylisochinoline und Acetogenine, deren neurotoxische Eigenschaften bereits bekannt waren (Höglinger *et al.* 2005). Aber erst die exakte chemische Analyse der am häufigsten konsumierten Stachelannone (*A. muricata*) brachte zutage, dass das Fruchtfleisch (Pulpa) und daraus bereitete Säfte sowie Sorbets einen relativ hohen Gehalt des kaum wasserlöslichen Annonacins aufweisen (Champy *et al.* 2005). Da Acetogenine für Neuronen in Kultur etwa 1000-mal toxischer sind als Benzylisochinoline und auch gezeigt werden konnte, dass die chronische Verfütterung von Annonacin bei Ratten einen atypischen Parkinsonismus auslöst, der dem menschlichen gleicht, darf heute davon ausgegangen werden, dass der tägliche Konsum einer Stachelannone über kurz oder lang zu Parkinsonismus führen müsste (Champy *et al.* 2004). Nach Absetzen der Früchtediät stabilisiert sich der Zustand. Die zweifelsfreie Beweisführung gelingt erst, wenn der genaue Wirkungsmechanismus geklärt ist. Der Gehalt an Acetogeninen des Fruchtfleisches anderer Annonen wurde noch nicht bestimmt.

ANNONEN *Annona spp.*

Der Gattungsname *Annona* L. – *Anona* in der ursprünglichsten Schreibweise – stammt von *anón*, der für *Annona squamosa* auf Hispaniola gebrauchten Benennung. Linné änderte ihn 1737 (Hortus Cliffortianus) zu *Annona*, indem er betonte, dass *Anona* kauderwelsch, *vocabulum barbarum*, und deshalb nicht verwendbar sei, wohingegen die lateinische Bezeichnung *Annona* (= Jahresernte) geeigneter wäre (Fries, 1959).

In der Gattung *Annona*, die ca. 110 Arten umfasst, finden wir relativ grosse und schwere (*A. muricata* bis 4 kg), fleischige Früchte. Sie sind das Produkt einer Verschmelzung der zahlreichen (bis 400), meist einsamigen Karpelle (Pseudosynkarpie, s. auch Briechle-Mäck 1994). Die einzelne Frucht ist dementsprechend üppig mit Samen ausgestattet, was beim Verzehr mitunter als Nachteil empfunden werden kann, obschon ihre glatte Oberfläche die Abtrennung vom Fruchtfleisch erleichtert. Häufig entwickeln sich die Samenanlagen in einigen Karpellen mangels Befruchtung nicht, wodurch die angelegte Symmetrie gestört und der für *Annona*-Früchte typische Formcharakter hervorgeht. Offenbar ist die natürliche Pollenübertragung auf die vorweiblichen Blüten unregelmässig, denn Handbestäubung führt zu ‹perfekten› Früchten (Popenoe 1952). Farbe, Form und Verschmelzungsgrad der Karpelle typisieren die Früchte der einzelnen Arten, was in den Trivialnamen (Stachel, Netz oder Schuppen) zum Ausdruck kommt. Bei *A. squamosa* sind die Karpelle weit gegen das Zentrum hin separiert. Für den Verzehr werden Annonen längs zweigeteilt und ausgelöffelt. Bei *A. muricata* lohnt sich infolge der Grösse die Gewinnung eines ‹Nektars›.

Annonen – eine kulinarische Auswahl

Uphof (1968 SW) zählt 17 Arten mit essbaren Früchten auf, worunter drei in Afrika vorkommen. Wir konzentrieren uns im Folgenden auf jene der Tropen Amerikas und präsentieren vier Arten, die einen hohen kulinarischen Stellenwert besitzen. Es sind dies klein- bis mittelwüchsige Bäume, entweder in den hohen (1000 bis 2000 m ü. d. M.) Andentälern Südamerikas mit *A. cherimolia*, oder in den Niederungen von Zentralamerika/Südamerika mit *A. squamosa*, *A. reticulata* und *A. muricata*.

Spezies	brasilianisch	deutsch	englisch	französisch	spanisch
A. cherimolia Miller	chirimoya	Cherimoya	cherimoya	chérimole corossol du Pérou	chirimoya
A. muricata L.	graviola	Stachelannone, Sauersack	soursop, sour apple	corossol épineux	guanábana
A. reticulata L.		Netzannone, Rahm-apfel, Ochsenherz	bullock's heart	corossol, coeur de boeuf	anona morada
A. squamosa L.	ata	Schuppenannone, Zimt-, Zuckerapfel	custard apple, sugar apple	pomme cannelle, attier	anona blanca

STACHELANNONE oder SAUERSACK (*A. muricata* L.). Die spanische Bezeichnung guanábana leitet sich von guanaván her, einem Wort aus dem Taino, der Sprache der gleichnamigen Ureinwohner Haitis, die bereits 1550 ausgerottet waren. Sie zählt zu jenen Früchten, die als erste von den Spaniern nach Asien gebracht wurden, denn Hispaniola (Haiti & Dominikan. Republik) war die früheste Basis der Spanier in Amerika. *A. muricata* ist ein kleiner Baum des Tieflandes und gedeiht bis auf 1000 m ü. d. M., wobei aber der Ertrag in den höheren Lagen schwindet. Die sackartigen, bis zu 4 kg schweren Früchte müssen geerntet werden, sobald die leuchtend grüne Schale mattgrün wird. Reife Früchte fallen zu Boden, falls sie nicht vorher von Fledermäusen gefressen worden sind. Das Fruchtfleisch der *guanábana* ist – gemessen an den anderen gängigen Annonenfrüchten – sauer und sehr aromatisch: Der exotisch-fruchtige Charakter wird durch Ester von geradkettigen Säuren und durch die Monoterpene Linalool und R-Terpineol bestimmt. Die ‹Fettnote› wird durch Nonan, Tetradecan und Estern von Hexadecan und der säuerlichgrüngrasige Akzent durch Derivate des Hexans hervorgerufen (Jirovetz *et al.* 1998; Franco und Janzantti 2005). Schon wegen der Grösse der Frucht lohnt sich die Verarbeitung zu ‹Nektar›, der als Getränk und als Zusatz von Süssspeisen oder Jogurt sehr beliebt ist. Vom übermässigen Konsum ist abzuraten.

Die schweren, mit spitzen Stacheln bewehrten Früchte (links) sind mit einem dicken, holzigen Stiel (Mitte) am Stamm befestigt. Harsche Transportbedingungen machen den Stacheln den Garaus (rechts).
Fotos Mitte und rechts,
Reto Kaspar, Promotrend AG

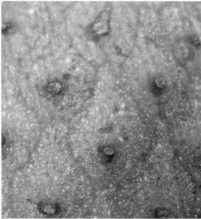

ILLUSTRATION. Bei der aufgeschnittenen Frucht handelt es sich um eine wohlgeformte, d. h. ziemlich symmetrisch ausgebildete CHERIMOYA-Frucht (*A. cherimolia* Miller), die bei uns gut bekannt ist und bisweilen sogar im Supermarkt angeboten wird. Ihre Heimat liegt in den Andentälern von Ekuador und Peru. Archäologische Funde belegen, dass diese Art in Peru bereits in der präkeramischen Zeit (VI; 2500 bis 1500 BCE) in Erscheinung trat und lange vor der spanischen Eroberung intensiv genutzt worden ist (Bonavia *et al.* 2004). Die Bezeichnung leitet sich wahrscheinlich von Ketschua *chirimuyu*, zusammenge- setzt aus *chiri* ‹kalt› und *muyu* ‹Same›, ab, womit möglicherweise die ‹krank machende Eigenschaft› (Inhaltsstoffe siehe BLOG2 EPILOG, Phytochemie) der ‹kalt-glatten› Samen gemeint ist. Rechts unten sehen wir die Bleistiftzeichnung eines asymmetrischen Exemplars. Viele der bei uns angebotenen Früchte kommen aus Südspanien, Süditalien, Israel oder den Kanaren und repräsentieren in der Regel nur eine Sorte. Die genetische Diversität und damit auch die Fülle der Aromen ist in den Ursprungsländern weit grösser (Perfectti und Pascual 2005), sodass wir bei uns lediglich einen biederen Vorgeschmack dieser besten aller Annonen erfahren, der zudem durch suboptimale Transport- und Lagerungsbedingungen getönt ist. Die weiche Schale reagiert sehr rasch auf mechanische Einwirkungen, indem die Druckstellen braun- schwarz werden. Unsachgemässe Lagerung – die Cherimoya kann drei (11 °C) bis fünf (7 °C) Wochen aufbewahrt werden und erreicht nach 4 Tagen bei Raumtemperatur Vollreife – führt zur dunklen Pigmentierung von Achse und Fruchtfleisch. Eine gut gereifte Frucht ist aromatisch-mild, leicht säuerlich-erfrischend, crèmig und saftig zugleich. Das Aroma erinnert entfernt an Birnen, mit einem Hauch von Tropen. Unter den über 200 flüchtigen Komponenten fallen mengenmässig die Alkohole Hexanol, Methylbutanol, Butanol sowie ihre Ester mit Buttersäure nebst Linalool ins Gewicht. Welche Verbindungen für das exquisite Aroma hauptverantwortlich sind, ist jedoch noch nicht klar (Idstein *et al.* 1984). Eine gute Zusammenfassung zu dieser Spezies findet sich bei Lizana und Reginato (1990). Die CHERIMOYA-Keimpflanze zeigt die für Annonaceen charakteristische Morphologie des Blattes, das in der Seneszenz durch die Bildung einer Seitentriebknospe proximal der Trennzone weggestemmt wird. Bereits im 3. Jahr trägt der junge Baum Früchte, die innerhalb von 7–9 Monaten heranreifen. Der Jahresertrag liegt bei 80–100 Früchten pro Baum. Die Beschreibung der Organentwicklungen, die schliesslich zur ausgeprägten Architektur einer Pflanze führen, wird Phänologie genannt und findet sich für Cherimoya in illustrierter Form bei Cautín und Agustí (2005). Im oberen Teil ist der ZIMTAPFEL (*A. squamosa*) dargestellt, der wegen seiner schuppigen Morphologie auch Schuppenannone genannt wird und etwa die Grösse der Cherimoya hat. Er ist süsser sowie kremiger als diese und hat einen zimtartigen Geschmack. Er ist aber auch verletzlicher, weil sich die Karpelle (Teilfrüchte) leicht voneinander trennen. Deshalb und da sich das Fruchtfleisch (Pulpa) nur schwer aus den Teilfrüchten herauslösen lässt, ist er für den kommerziellen Anbau wenig interessant (Leal 1990). Einen wesentlichen Fortschritt stellt der Hybrid mit Cherimoya, die so genannte Atemoya, dar, die 1908 erstmals in Florida gezüchtet wurde und deren nicht segmentiertes Fruchtfleisch weniger Samen enthält.

ILLUSTRATION unten. Die NETZANNONE, *A. reticulata* L., ist in Zentralamerika beheimatet, wo sie auch als *nuestra anona* bezeichnet wird (Pittier 1908 SW); dies im Gegensatz zur Cherimoya, die als die peruanische Annone gilt. Die reife Frucht ist, abgesehen von einem Goldglanz, braun bis rotbraun. Deswegen und auch wegen ihrer Grösse und Form wird sie mit einem Ochsenherzen verglichen. Ihr Aroma ist mastig süss. Es wird auch behauptet, sie wäre fade, ohne Charakter (Gysin 1984 SW), oder gar unangenehm und die Textur des Fruchtfleischs wie mit Sand gemischt (Pittier 1908 SW). Wir empfanden den Genuss der Pulpa als betörend-aromatisch und kremig-schmelzend, doch mag in der üppigen Süsse das Unangenehme liegen.

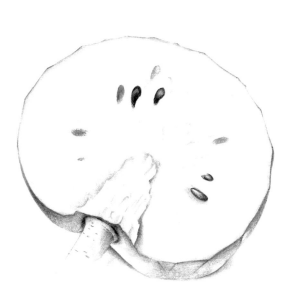

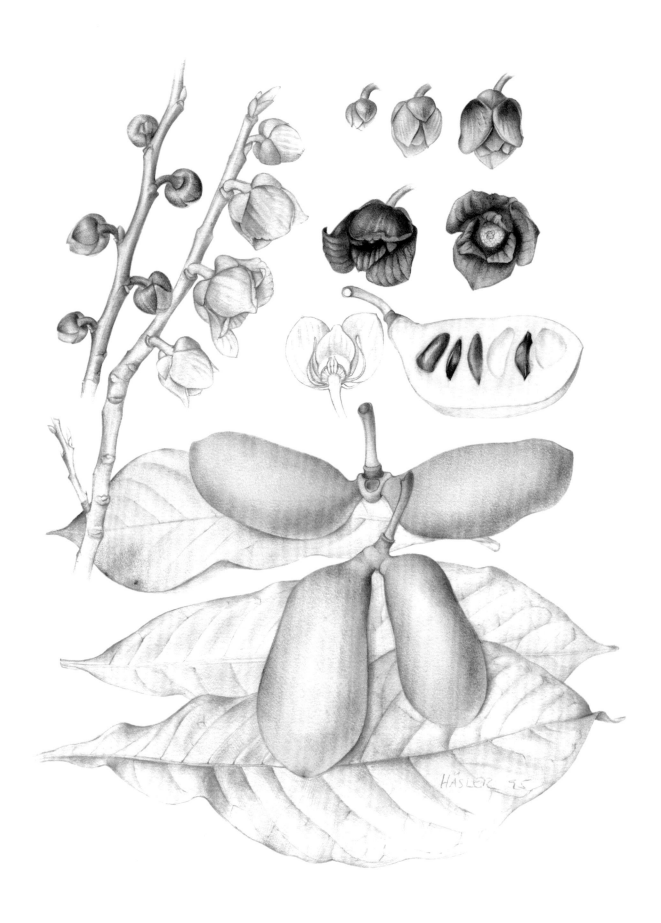

Die Pawpaws

Mit ‹Pawpaws› sind die ca. 10 Arten der beiden Gattungen *Asimina* und *Deeringothamnus* gemeint, die als einzige der sonst tropischen Familie im gemässigten Klima angesiedelt sind. *Asimina* umfasst ca. 8 Arten – Büsche oder kleine Bäume – die im Osten Nordamerikas von Florida bis zum südlichen Kanada und westwärts bis Oklahoma natürlicherweise vorkommen. Alle Früchte dieser Gattung sind essbar. Sie sind apokarp, d.h. die Fruchtblätter sind nicht miteinander verwachsen, sondern bilden in ihrer Gesamtheit ein mehr oder weniger strahlenförmiges Gebilde aus (1)3 bis 5(10) Teilfrüchten, wovon jede mit mehreren, braunen und etwas abgeflachten Samen ausgerüstet ist. Die inneren Blütenblätter sind an ihrer Basis auf der Innenseite sackartig geformt, und die Zahl der Staubblätter ist durchwegs grösser als 30. Das frisch angeschnittene Holz verströmt einen Wohlgeruch. Eher noch etwas kleiner (20 cm) als die kleinste *Asimina*-Art (*A. pygmea*; 20 bis 30 cm) sind die bis anhin aufgefundenen zwei Arten von *Deeringothamnus* Small, die in Unterscheidung zur Gattung *Asimina* Blüten mit höchstens 25 Staubblättern und ohne basale, sackartige Ausgestaltung der inneren Hülle besitzen. Das Vorkommen ist soweit erforscht auf Florida beschränkt. Umfassende Informationen zu den beiden Gattungen finden sich in der Dissertation von Kral (1960).

PAUPAU *Asimina triloba* (L.) Dunal

engl. pawpaw; fr. asiminier trilobé; ger. Paupau

Ein Hauch von Tropen weht auch bei uns

Diese Pflanzenspezies, die Minustemperaturen von 35 °C erträgt, kann auch in unseren Breitengraden angebaut werden und ist deshalb in jüngster Zeit in den Fokus von Züchtung und Alternativ-Anbau geraten. Interessierte informieren sich am einfachsten anhand der vielen Homepages in Nordamerika zu diesem Thema, wie z.B. *California Rare Fruit Growers* (http://www.crfg.org/pubs/ff/pawpaw.html). Nichtsdestotrotz hier einige Angaben zum ‹Hausgebrauch› und zur Blütenbiologie: Die Anzucht von Sämlingen geschieht am einfachsten aus stratifizierten (5 °C; 100 Tage in feuchter Umgebung) Samen. Die klonale Vermehrung durch Sprossbewurzelung ist eher schwierig. Hingegen sind Pfropfungen kein Problem.

Es wird in der Literatur betont, dass für eine ertragreiche Ernte die mühsame Handbestäubung unerlässlich sei, denn *Asimina triloba* wird als selbststeril erachtet. Auch für den Hausgarten wird empfohlen, mindestens zwei genetisch unterschiedliche Individuen zu pflanzen, obschon die Autoren mit nur einer Pflanze und ohne irgendwelche Bestäubungsversuche gute Ernten erzielten. Dies ist umso erstaunlicher, wenn wir die etwas aussergewöhnliche Blütenbiologie bedenken. Wohl unterscheidet sie sich durch die Abfolge der Geschlechtsreifung (Protogynie) nicht von den tropischen Annonaceen, doch ziehen sich hier die Stadien jeweils über mehrere Tage – manchmal überlappend – hinweg, und die grüne Blüte öffnet sich lange bevor sie geschlechtsreif ist! Mit dem Eintreten der Empfänglichkeit der Narbe färbt sich die Blüte intensiv weinrot. Die Komposition des Duftes, die kürzlich gründlich untersucht worden

Bei der PAUAU, *Asimina triloba* (L.) Dunal, handelt es sich um einen Busch, der im Schatten des Waldes niederliegend wächst, während im Licht ein aufrechter Wuchs von über 10 m resultiert. Die zylindrisch-länglichen (bis 15 cm) Teilfrüchte sind zur grössten, essbaren Frucht Nordamerikas ‹arrangiert› und haben ein ausgesprochen tropisches und kräftiges Aroma, das wegen seiner Intensität z. B. vom japanischen Gaumen nicht goutiert wird. Nichtsdestotrotz hat ein Japaner als erster eine gründliche Analyse des Paupau-Geschmackes, den er als eine Mischung aus Ananas, Brot und Butter beschreibt, in Angriff genommen (Shiota 1991): Ungefähr 83 % der flüchtigen Substanzen sind Aethylester, worunter Aethylhexanoat mengenmässig am meisten (50 %) zum Aroma beiträgt. Charakteristisch für die Paupau-Frucht sind jedoch eine Schar erstmals entdeckter Ester, die für die Butternote bzw. den ‹feucht-sukkulenten› Geschmackseindruck verantwortlich sind.

ist und in vielem einer Hefe-Gärung entspricht, wird vom Geschlechtsstadium
der Blüte bestimmt (Goodrich *et al.* 2006). Darüber hinaus konnte gezeigt werden, dass nicht nur die zeitliche sondern auch die räumliche Duftemission variiert, d. h. dass die Blütenorgane unterschiedliche Komponenten produzieren. Es
scheint also, dass die Auswahl der Bestäuber und ihrer Verweilzeit in der Blüte
von Seiten der Pflanze mittels einer abgestimmten Orchestrierung von Farbe und
Duft herbeigeführt wird. Fliegen, im Besonderen Fruchtfliegen sowie einige wenige Käferarten, sind das bestäubende Agens. Welche Insekten bei uns in Europa
als Bestäuber fungieren, ist unseres Wissens nicht untersucht.

Nördlicher Tamandua *(Tamandua mexicana)*, ein Ameisenbär

BIXACEAE

Annattostrauch *Bixa orellana* L.

Eine kleine Familie mit verwirrenden Merkmalen

Im Laufe der Zeit wurde diese Familie, in der früher auch Taxa z.B. der Flacourtiaceen, Turneraceen, Cochlospermaceen, Diegodendraceen angesiedelt worden waren (Warburg 1895), zusehends bereinigt (Pilger 1925) und bildet nun als monogenerische Familie mit *Bixa* L. zusammen mit den Diegodendraceen und Cochlospermaceen den *Bixalean clade*. Dieser Ast ist ein Schwesterast zur Kerngruppe der Malvales (= Malvaceae *s.l.*) und gehört damit zur erweiterten Ordnung der Malvales (Malvales *s.l.*), wie sie auf Grund molekularer Daten umrissen wird (Bayer *et al.* 1999). Der ganze Zuordnungsprozess gestaltete sich relativ schwierig, weil *Bixa* ein morphologisches Kuriosum ist, das mit scheinbaren Merkmalen anderer Familien für nachhaltige Verwirrung sorgte (Cronquist 1981).

Die Gattung besteht aus busch- und baumartigen Vertreterinnen mit alternierenden, ganzrandigen, langgestielten Blättern, deren Spreite eine handförmige Nervatur sowie schizogene, Licht brechende Sekretgänge aufweist. Die zwittrigen, auffälligen Blüten sind in Trauben oder Rispen angeordnet. Die Blütenkrone ist aus fünf, in der Knospenlage sich dachig deckenden Kelchblättern sowie aus fünf, relativ grossen, dachigen Kronblättern zusammengesetzt. Die Staubblätter sind zahlreich (50 bis 150), frei oder nur am Grunde ein wenig verwachsen, und besitzen zwei hufeisenförmig gekrümmte Theken, die an der oberen Biegung mit zwei kurzen Spalten aufspringen. Das 1-fächerige, 1-griffelige Ovar hat zwei parietale Plazenten mit vielen umgewendeten Samenanlagen. Es entwickelt sich zu einer 1-fächerigen, 2-klappigen Kapsel. Die Samen enthalten ein ausgeprägtes, stärkehaltiges Nährgewebe. Die Mesotesta enthält grosse, dünnwandige Zellen, deren Vakuole mit einem roten oder orangefarbigen Saft (Apo-Karotinoide) angefüllt ist (Pilger 1925). Die Samenanatomie ist im Detail von Nandi (1998) beschrieben worden.

Die Gattung *Bixa* schliesst gemäss Index Kewensis die folgenden sechs Arten ein: *B. arborea* Huber, *B. excelsa* Gleason & Krukoff, *B. katangensis* Delpierre, *B. orellana* L., *B. sphaerocarpa* Triana und *B. upatensis* Ram. Goyena. Sie sind alle in den Regenwäldern von Brasilien, Kolumbien, Ekuador oder Peru beheimatet (Brücher 1989 SW).

ANNATTOSTRAUCH *Bixa orellana* L.

engl. annatto (annatto tree, lipstick tree); fr. roucou (rocouyer) ; ger. Annat(t)o (Annat(t)ostrauch); port. urucum; sp. achiote, onoto, bija.

Der Artname bezieht sich auf den spanischen Eroberer Francisco de Orellana, der in der ersten Hälfte des 16. Jh. lebte (ca. 1490–1546) und als erster Europäer den ganzen Amazonas mit dem Schiff befuhr, vom Rio Coca in den Anden Ekuadors, dann zum Rio Napo, um zum oberen Amazonas zu gelangen – wo sich heute das gleichnamige Dorf Francisco de Orellana befindet – und darnach die ganzen 3000 km hinunter bis zum Atlantik (Sterling 1992). Der Annattostrauch kommt nur in kultivierter Form vor. *Bixa excelsa*, ein relativ grosser Baum aus dem Amazonasbecken, wird als sein wilder Vorläufer betrachtet (Brücher 1989 SW).

ILLUSTRATION. Der relativ kleine, ca. 3 bis 5 m hohe Baum (oder grosser Busch) mit einem etwa 10 cm dicken Stamm besitzt Blätter, die ca. 10 cm lang und 8 cm breit, alternierend, eiförmig und lang-zugespitzt sind und eine weiche Oberfläche haben. An den Enden der Äste stehen Rispen aus auffälligen rosaroten oder weissen Blüten (4 bis 6 cm im Durchmesser) mit nur einem Griffel und vielen, auffällig violett gefärbten Staubblättern. Die reife Frucht, meist rot, seltener aber auch grün-rot oder ganz grün, ist eine mit weichen Stacheln besetzte, zugespitzte Kapsel, die zur Reife in zwei Hälften aufspringt. Es gibt Varietäten ohne Stacheln oder mit kugeliger Kapsel. Im Innern befinden sich bis zu 50 Samen, die an der Fruchtwand angeheftet und mit einer dünnen, stark pigmentierten – von gelb über leuchtend orange bis rot – Zellschicht überzogen sind. In den Zellen befindet sich ein Gemisch aus so genannten Apo-Karotinoiden mit den Hauptkomponenten Bixin und *nor*-Bixin (s. BLOG3 EPILOG, Phytochemie). Der Annatto-Strauch kommt nur kultiviert vor und dient in erster Linie zur Gewinnung des Farbstoffgemischs, auch Annatto genannt, das schon seit Urzeiten von verschiedenen Ethnien im tropischen Amerika zur Körperbemalung und für die (nicht dauerhafte) Einfärbung von Textilien verwendet wurde. Literatur zur ethnopharmakologischen Bedeutung dieser Pflanze ist bei Shilpi *et al.* (2006) zu finden. Annatto war ein wichtiges Handelsprodukt der präkolumbischen Zeit, das von den Indios im Tauschgeschäft in die für den Anbau zu kalten Regionen gebracht wurde (Brücher 1989 SW). Für die Herstellung von Annatto werden die Früchte, sobald sie Anzeichen zeigen aufzuspringen, geerntet und an der Sonne getrocknet. Dann werden die Samen entweder von Hand oder durch Schlagen mit einem Stock aus den Kapseln entfernt. Die einfachste Zubereitung besteht z. B. bei den Yanomami-Indianern darin, dass die Samen mit oder ohne Erwärmung in Wasser eingeweicht werden. Nach einigen Stunden wird das pigmentierte Wasser abgegossen und über dem Feuer zu einer Paste eingedampft. Falls heiss extrahiert wurde, bildet sich ein Niederschlag, der abgetrennt wird. Dieser Rückstand kann direkt zu einem Malstift geknetet werden. Schliesslich werden auch fette Pflanzen-Öle verwendet, um die Pigmente auszuziehen. *Bixa orellana* ist, was Boden und die Düngung anbetrifft, eine anspruchslose Pflanze und wächst heute in weiten Teilen der Tropen und Subtropen mit einem jährlichen Niederschlag zwischen 1250 bis 2000 mm. Sie ist eine ideale Komponente der *Agroforestry* (Elias *et al.* 2002), die selber nicht unter Schattenbäumen gepflanzt werden soll und auf ‹ausgelaugten› oder losen Böden recht gut gedeiht, wobei Phosphor die Entwicklung sehr begünstigt. Nach 4 bis 5 Jahren wird bereits eine maximale Ernte erzielt. Die Produktivität kann ohne weiteres 20 Jahre lang anhalten.

Eine junge Yanomami-Frau aus Warokuawetheri im oberen Orinoko lässt sich mit *nara* (oder *nana*), wie Bixa *orellana* genannt wird, bemalen. (Foto Jürg Gertsch)

Bunte Menschen – bunte Küche: Body Painting & *Cheddar Cheese*

Nicht von ungefähr wird diese Familie im englischen Sprachraum *Lipsticktree family* genannt, was auf die kosmetisch-ornamentale Komponente des Annatto-Strauches hinweist. Für die ohne Kleider lebende Bevölkerung des tropischen Südamerikas ist das Rohpigment ein dekoratives Mittel, das gegenseitig mit kreativer Freude auf die Haut aufgemalt wird. Seine Mischung mit Pflanzenasche erzeugt blau-graue Töne, sodass ein harmonisches, flächendeckendes Body Painting entstehen kann, das den Regenwald-Menschen wegen der antimikrobiellen, antiparasitischen und Insekten vertreibenden Eigenschaften in bester Weise schützt (Dearias *et al.* 1992, Barrio *et al.* 2004, Galindo-Cuspinera und Rankin 2005). Zudem bietet das Pigment einen wirksamen UV-Schutz.

Bei uns wird dieser Naturfarbstoff vor allem in der Lebensmittelindustrie eingesetzt, sei es zur orangen bis goldgelben Einfärbung von Butter, Margarine, Yoghurt, Chips, Eiskrem, Getränken und Backwaren. Reisende in die USA sollten es sich nicht nehmen lassen, im dortigen Supermarkt die reiche Farbpalette an *Cheddar Cheese* visuell zu geniessen. Annatto (E160b), an dessen Analytik wegen seiner zunehmenden Verwendung intensiv geforscht wird (Felicissimo *et al.* 2004, Bittencourt *et al.* 2005), ist ein natürlicher Ersatz für Tartrazin, ein synthetischer Azofarbstoff (E102), der in verschiedenen Ländern Europas wegen seiner Nebenwirkungen verboten wurde. Die Farbintensität von Annatto ist sehr hoch: So färben 30 Milliliter einer 1-prozentigen Lösung von *nor*-Bixin etwa 500 Liter Milch. In der lateinamerikanischen Küche hat Annatto die Funktion unseres Safrans aus *Crocus sativus*: Der mit Annatto zubereitete Reis ist angenehm aromatisch und entzückt das Auge. Die Biosynthese von Bixin und seine molekularbiologische Verwandtschaft mit Crocin, dem Pigment des Safrans, ist kürzlich aufgeklärt worden (s. **BLOG3 EPILOG**, Phytochemie). Schliesslich werden die Apo-Karotinoide des Annattostrauches, wie bereits angetönt, in der Kosmetik eingesetzt, sei es in Lippenstiften, Hautkremen oder in diversen Lotions.

Die Samen, weltweit ca. 10'000 Tonnen p.a., werden von kultivierten oder verwilderten Bäumen geerntet. Die für den Handel getrockneten Samen mit einem Wassergehalt von <10 % sollten mindestens 2.4 % Totalbixin, *Total Bixinoids*, enthalten und nach der Ernte möglichst rasch und ohne Umschlag transportiert werden, da die Pigmente durch Lichteinwirkung zerstört werden. Die wichtigsten Produzenten sind Brasilien, Peru und Kenia, wobei die letzten zwei Länder Exporteure sind. Brasilien ist ein Netto-Importeur, weil seine relativ grosse Produktion nicht einmal die lokalen Bedürfnisse befriedigt. Ein vollständiges Bild von Annatto und dessen technischer und industrieller Aspekte findet sich in der Arbeit von Ingram und Francis (1969) sowie im Bericht der FAO (1995).

Annatto-Extrakte des Handels sind entweder wasserlösliche Pulver oder Pasten (20 bis 40 % Pigment) mit *nor*-Bixin als Hauptkomponente, ölige Lösungen oder Bixin-Konzentrate. Auch kristallisiertes Bixin ist erhältlich. Für die Herstellung des wässrigen Extraktes werden die Samen während 10 Min. bei ca. 60 °C in verdünnter Kali- oder Natronlauge gerührt. Diese Behandlung spaltet die Esterbindung (Methylester) des Bixins und ergibt schliesslich das wasserlösliche Dikalium- oder Dinatriumsalz des *nor*-Bixins. Nach Abtrennen der Samen wird der Extrakt mit verdünnter Salz- oder Schwefelsäure angesäuert, um die freie Säure *nor*-Bixin auszufällen. Das Produkt wird mittels Filterpresse von einem

Grossteil der Wasserphase befreit; zusätzlich kann Wasser durch Verdampfung entfernt werden, was zu einer Paste oder letztlich, nach vollständiger Trocknung und Feinmahlung, zu einem Pulver mit einer Pigmentkonzentration von 30 % oder höher führt. Wahlweise können die ‹Bixine› mit einem Pflanzenöl oder organischen Lösungsmitteln aus den Samen ausgezogen werden und anschliessend zum Salz oder zur freien Säure umgewandelt werden, um das wasserlösliche Produkt des Handels zu erhalten.

Wenn die Samen lediglich mit heissem Wasser behandelt werden, so entsteht eine grobe Suspension, welche durch Filtration zu einer in Öl löslichen Paste reduziert werden kann. Mit Vorteil wird jedoch in Öl lösliches Annatto direkt durch Extraktion mit Pflanzenöl bei weniger als 70 °C gewonnen, wobei gleichzeitig die Pigmentschicht mechanisch abgerieben wird. Die resultierende Emulsion ist eine Mischung aus *trans-* und *cis-*Bixin. Erhitzen über 100 °C führt zum Gelbwerden. Das richtige Mischen der Edukte garantiert ein hinsichtlich der Pigmentierung standardisiertes Produkt, was ein vorrangiges Ziel darstellt.

Überdies ist es auch möglich, kristallines Bixin zu gewinnen, indem mit Hexan, Methylenchlorid oder anderen organischen Lösungsmittel extrahiert und anschliessend weiter aufgereinigt wird. Analog der Koffeinextraktion aus Kaffeebohnen (Entkoffeinierung) können die ‹Bixine› auch mit superkritischem Kohlendioxid ausgezogen werden. Neuerdings wird von gut getrockneten Samen durch Partikeleinwirkung und mechanischen Abrieb ein trockenes Annatto-Pulver erzielt (Masserani *et al.* 1992; Passos *et al.* 1998). Schliesslich gelingt es auch, durch gezielte Schaumbildung mit so genannten ‹Aphrons› reines *nor-*Bixin aus alkalischer Lösung einfach und in grosser Ausbeute zu gewinnen (Alves *et al.* 2006).

Streifen der Borke, *nara shihi,* die von alten Bäumen leicht abgezogen werden können, dienen den Yanomami als Traggurten für schwere Lasten. (Foto Jürg Gertsch)

BOMBACACEAE

Balsabaum *Ochroma pyramidale* (Cav. ex Lam.) Urb.
Kapokbaum *Ceiba pentandra* (L.) Gaertn.
Cucharón *Gyranthera caribensis* Pittier
Chupa-Chupa *Matisia cordata* Humb. & Bonpl.

Es handelt sich um Bäume, vorwiegend der Neotropen, von gigantischem Ausmass und häufig mit sehr dickem Stamm, der mittels so genannter Brettwurzeln im Boden verankert ist und in seinem Parenchym Wasser speichern kann. Das Holz ist vielfach sehr weich und von geringem spezifischen Gewicht. Die ganzrandigen, hand- oder fiedernervigen Blätter mit komplexer Anatomie des Stiels altern gleichzeitig und fallen ab. Die Blüten, einzeln oder in kurzen Trugdolden, sind in der Regel gross sowie auffällig und werden häufig von Fledermäusen bestäubt. Sie sind mehr oder weniger regelmässig geformt und besitzen häufig einen Aussenkelch. Die am Grunde verwachsenen, klappigen 5 Kelchblätter besitzen dicht gedrängte Drüsenhaare (Nektarien). Die gewundene Krone ist 5-zählig. Staubblätter, 5 bis viele, sind mit der Basis der Krone verbunden und häufig zu 5 bis 15 Bündeln verwachsen. Der oberständige Fruchtknoten aus 2–5(–8) miteinander verwachsenen Karpellen trägt einen einfachen oder gelappten Griffelkopf. Die Samenanlagen, 2 oder mehr pro Fach, sind zentralwinkelständig, anatrop und bitegmisch. Die Frucht ist entweder fach- oder wandspaltig, selten fleischig, oder geschlossen. Die Samen sind vielfach von einem Arillus umgeben und in den markhaltigen oder haarreichen Fruchtknoten eingebettet. Der Embryo ist häufig gekrümmt, das Endosperm fehlt oder ist kümmerlich und ölig (Judd *et al.* 1999 SW).

Bombastisch aber dennoch abgewertet – Bombacoideae

Wer meint, die zur Ordnung der Malvales gehörende Familie habe ihren Namen wegen der ‹bombastischen› Grösse der Bäume und/oder ihrer zuweilen riesigen Früchte, täuscht sich. Nach Genaust (1996 SW) lehnt sich der Gattungsname *Bombax* ‹Wollbaum› vielleicht an das spätgriechische *pambáx* ‹Baumwolle› an, womit bei den Bombacaceen die weichen Samenhaare gemeint sein könnten, deren seidige Beschaffenheit an den Kokon von *Bombyx*, des Seidenspinners, erinnern mögen.

Eindeutig ist jedoch, dass die Bombacaceen ihren Familienstatus eingebüsst haben. Sie wurden wie auch die Malvaceen, Sterculiaceen, Tiliaceen sowie weitere Familien aufgrund molekularer Befunde und morphologischer Merkmale zu Subfamilien einer erweiterten Familie der Malvaceen (*sensu lato*) degradiert (Bayer *et al.* 1999, Baum *et al.* 2004, Nyffeler *et al.* 2005), die nun aus neun Ästen besteht, die ihrerseits in die Malvatheca (Malvoideae und Bombacoideae) und Malvadendrina (restliche 7 Taxa) gruppiert werden können. Bei dieser grossen Regruppierung wurden markante Vertreter aus der neuen Subfamilie entfernt, so auch der berühmte Durian, *Durio zibethinus* Murray, dessen ansehnliche, reife Frucht einen – wie es uns der Artname verrät – Gestank verbreitet und so einerseits die ausbreitenden Tiere anlockt, aber andrerseits ein olfaktorisches Inferno in der Flugkabine erzeugt, denn trotz Transportverbot gelingt es den unermüdlichen Tropenreisenden immer wieder, ein Exemplar durch alle Schranken zu schmuggeln, um den Daheim gebliebenen die Gaumenfreuden aus der Samenpulpa mit zugehaltener Nase vorzuführen.

Baumriesen-Highlights

Nicht nur die unten ausführlich dargestellte *Matisia cordata* Humb. & Bonpl. sondern viele Vertreterinnen dieser Subfamilie warten mit grossen Überraschungen auf, die hier kurz skizziert seien.

Da ist einmal der **Balsabaum**, *Ochroma pyramidale* (Cav. ex Lam.) Urb., der in den Architekturbüros und Freizeitwerkstätten aus seinem weichen und leichten (spezifisches Gewicht 0,10–0,18) Stamm das Holz für allerlei Modelle abgibt, selten prämiert aber meistens flugtüchtig. Ein Radialschnitt gegen das Zentrum hin gerückt liefert die relativ steife, gut strukturierte und kaum biegsame *Quarter grain*-Qualität, während mit dem peripheren Tangentialschnitt beinahe wattiges, flexibles Material mit grossem Anteil an dünnwandigen Parenchymzellen erhalten wird. Der Balsabaum hat seine Heimat in Panama, Kolumbien und Ekuador, wo er vom Meeresspiegel bis auf 1700 m ü. d. M. gedeiht. Dank seines schnellen Wachstums besetzt der Balsabaum als Pionierpflanze natürliche oder von Menschenhand geschaffene Lücken im Tropenwald und eignet sich deshalb besonders für die Aufforstung (Condit *et al.* 1993, Butterfield 1996). Der junge Baum ist eng mit Ameisen assoziiert, welche er mit speziellen Nahrungskörperchen versorgt, und die ihm als Gegenleistung lästige Frassschädlinge vom Leibe halten. Die schwarzschaligen Samen dieser Spezies sind dicht mit kapokartigen Fasern bedeckt, was uns zum nächstem Highlight führt.

Der **Kapokbaum**, *Ceiba pentandra* (L.) Gaertn., dessen Ursprung in Zentralamerika lokalisiert sein dürfte, verbreitete sich vermutlich vor mindestens 14'000 Jahren über die Meere in die Paläotropen aus. Der bis zu 50 m hohe Baum mit einem bis zu 2 m dickem Stamm, mit wuchtigen Brettwurzeln im Boden verankert, verliert im ‹Herbst› seine fingerförmig geteilten Blätter. Zu Beginn der Trockenzeit erstrahlt der dann sonst kahle Riese in delikatem Weiss oder Rosa. Die Blüten sind relativ klein, ca. 3,5 cm, und werden, wie für viele Arten der Bombacoideen üblich, von Fledermäusen bestäubt. Diese so genannte Chiropterophilie wird in der Arbeit von Tschapka und Dressler (2002) umfassend beschrieben und mit spektakulären Aufnahmen illustriert. Da der Baumgigant seinen Blütennektar im höchsten Dach (A-Schicht) des Tropenwaldes anbietet, ist die Bestäubung der wenigen, d.h. 10–30 Individuen/km² einigermassen sichergestellt. Weil auch in den Tropen ein Rückgang der Bestäuber verzeich-

«Die Ceiba, der heilige Baum der Quiché-Indianer» (aus Stoll 1886)

Balsa: Fruchtwandteile und ‹Wolle› mit Samen auf Holz

Kapok: Ganze Frucht, daneben ‹Wolle› mit Samen

net wird, so bemüht sich die Wissenschaft, mehr über die Fortpflanzung tropischer Baumarten zu erfahren, wozu nicht nur die Bestäubungsbiologie sondern auch der Genfluss innerhalb einer Population zählt. Der Kapokbaum ist je nach Präsenz der bestäubenden Vektoren mehr oder weniger kompatibel: So sind im trockenen Guanacaste Costa Ricas die Fledermäuse sehr aktiv und eine Selbstbestäubung ist ausgeschlossen; umgekehrt ist es in der feuchten Zone der Peninsula di Osa, wo Besuche der Bestäuber kaum festgestellt werden und es vermutlich zur Selbstung kommt (Ward *et al.* 2005, Lobo *et al.* 2005). Innerhalb eines Monats reift die Frucht heran. Die kleinen Samen sind in einen dichten Filz von kurzen Haaren eingebettet, der sich beim Öffnen der Frucht zu einem voluminösen Haufen entfaltet. Die Haare, ein Produkt der inneren Zellschicht der Fruchtwand, sind mit einer feinen Wachsschicht überzogen, was sie seidig anfühlen lässt und Wasser abstossend macht. Deshalb ist Kapok das ideale Material für Schwimmwesten. Auch für Isolierungen wird diese Naturwatte verwendet. Aus dem Stamm hauen die Indios in mühevoller Arbeit grosse Kanus heraus. Abschliessend sei darauf hingewiesen, dass die Ceiba bei den Mayas ein heiliger Baum war, der bei Rodungen stehen gelassen wurde. Heute ist sie vielfach Schattenspenderin für den lokalen Markt in Dörfern und Städten.

Eine dritte Baumart, der **cucharón** oder **niño**, *Gyranthera caribensis* Pittier, sei hier noch erwähnt, weil er das Wahrzeichen des Parque Nacional Henri Pittier ist. Für den letzteren Trivialnamen gibt es keine Erklärung, hingegen beschreibt *cucharón* ‹Löffel› einen Verwendungszweck: Die Frucht sieht einem Rugby-Ball ähnlich. Ihre Wand fällt zur Reife an den Nähten zu fünf löffelartigen Gebilden auseinander und die zahlreichen, geflügelten Samen werden so auf die Reise geschickt. Die ‹Löffel› sowie andere Fragmente der generativen Phase finden sich auf dem Waldboden. Die grossen, gelbweissen Blüten, die wie Kerzen in den Himmel ragen, was dem Baum auch den Namen *candelo* (= Kerze) eingetragen hat, sind jedoch nur aus weiter Entfernung vom Dach der Forschungsstation im Rancho Grande zu erkennen, wo diese Art in grosser Individuenzahl endemisch vorkommt. Vom ‹hotel lujo›, wie das Gebäude scherzhaft genannt wird (s. auch **PROLOG**, ‹Pittiers Passionen›), führt ein Weg direkt in den Wald hinauf und nach wenigen Windungen stehen wir fassungslos an der kathedralisch verstärkten, mächtigen Basis des Urwaldriesen. Ein junger Engländer namens Andy Field (1955–1984), der in schwindelnder Höhe auf Versuchsplattformen und Seilbrücken die Bestäubungsbiologie dieses Urwaldriesen studiert hatte, stürzte bei der Kletterei tödlich ab. Seine fotografischen Aufzeichnungen sind zum grössten Teil unauffindbar. Lediglich eine *postum* veröffentlichte Publikation (Smith und Field 2001) zeugt vom Ausmass der geleisteten Arbeit.

Gyranthera caribensis Pittier. Auf dem Waldboden im *Rancho Grande* (Venezuela) finden sich die hier abgebildeten Fragmente des *cucharón.*

CHUPA-CHUPA – *Matisia cordata* Humb. & Bonpl.

Synonym: *Quararibea cordata* Vischer*

port. sapota do Solimões, sapota do Perú; sp. zapote amarillo, zapote chupa-chupa, chupa-chupa, zapote de monte, mamey colorado.

*Vischer hatte 1919 die beiden Gattungen *Quararibea* Aublet und *Matisia* Humboldt & Bonpland zu einer einzigen Gattung *Quararibea*, mit insgesamt ca. 50 bis 75 Arten, vereinigt. Alverson (1989) überprüfte diese Massnahme anhand von bekannten und neu entdeckten Taxa und gelangte zum Schluss, dass die ursprüngliche Unterteilung beibehalten werden sollte. Wichtigstes Unterscheidungskriterium ist der 2- bis 4-fächerige Fruchtknoten von *Quararibea* im Gegensatz zu *Matisia* mit 5 Kammern. Beide Gattungen beherbergen kleine bis grosse Bäume, die relativ häufig in Tiefland-Regenwäldern von Zentralmexiko bis Peru und Brasilien vorkommen. Sie sind wegen ihrer hoch spezialisierten Morphologie innerhalb der Bombacoideae und der Bestäubung und Ausbreitung durch Fledermäuse von grossem Interesse für die Systematik.

Blütenzauber

Hier geht einmal die Verführung eindeutig nicht von der Frucht sondern von der Blüte aus! Der ästhetische Anblick des blühenden Baumes muss Humboldt sehr beeindruckt haben, denn er ehrte mit dem Gattungsnamen den Künstler Francisco Javier Matis (1763–1851): «Dédié à M. Matis, un des dessinateurs les plus distingués de l'expédition botanique du royaume de la Nouvelle Grenade.» (Humboldt und Bonpland 1805). In der zweiten Hälfte des 18. Jahrhunderts initiierte die spanische Krone acht ‹naturkundliche› Expeditionen mit dem Fokus auf Botanik in der Absicht, einen profitablen Handel mit pflanzlichen Produkten aller Art aus den Tropen aufzuziehen, wofür das vertiefte Wissen um die Pflanzenwelt als Voraussetzung angesehen wurde. Die grösste und spektakulärste Expedition (1783–1810) war jene zum und im Neuen Königreich von Granada (Kolumbien, Venezuela, Ekuador), die durch den spanischen Arzt und Naturforscher José Celestino Mutis (1732–1809) angeregt und geführt wurde. Leitende Illustratoren waren Salvador Rizo und Francisco Matis. Letzterer war ein Naturtalent ohne entsprechende Ausbildung und eignete sich im Laufe der Expedition ein grosses Können an. Er und Rizo ‹trainierten› – nach schlechten Erfahrungen mit Künstlern der spanischen Akademie – junge Männer aus der Region in der Technik des Illustrierens. Im Schnitt arbeiteten gleichzeitig ca. 30 Illustratoren während 27 Jahren und produzierten insgesamt rund 7000 Bilder (Bleichmar 2006).

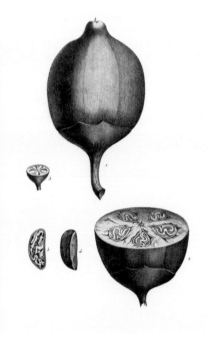

Aus Plantae Aequinoctiales (Humboldt und Bonpland 1805)

ILLUSTRATION. Am Ende des etwa 4 bis 5 m langen und 0,4 bis 0,5 m dicken Stammes entspringt eine grosse Zahl von Ästen, wobei die untersten horizontal verlaufen. Zur Blütezeit ist der ganze Baum mit prallen Büscheln eines eigenartigen Flors mit grünlich-maisgelber Tönung übersät, der direkt aus der aschgrauen Rinde heraus bricht und vom satten Grün der herzförmigen Blätter umrahmt wird. Die etwa 5 cm langen, gestielten Blüten sind leicht fleischig und von einem weichen Flaum überzogen. Am auffälligsten sind jedoch die 5 Staubblätter, deren Filamente zu einem ‹Stämmchen› verwachsen sind, das die freien, fertilen Teile weit über die Blütenkrone hinaus den Bestäubern, vor allem Fledermäuse und Kolibris, wie ein Händchen entgegenstreckt.

ILLUSTRATION. Die rundliche bis eiförmige, braune Frucht ist eine Beere, die maximal eine Länge von 15 cm und ein Gewicht von 1,4 kg haben kann. In seinem Ursprungsgebiet des westlichen Amazonas, von Kolumbien über Peru bis Brasilien, blüht der Baum vom August bis November. Die Frucht reift innerhalb von 6 bis 7 Monaten heran. Sie trägt einen kräftig ausgebildeten, samtigen Kelch und bleibt mit einem ca. 1 cm dicken, astgleichen Fruchtstiel fest am Baum verankert. Ihre Reife wird durch das Ausbleichen des Kelchrandes angezeigt. Wird sie nicht geerntet, so springt die dicke Schale auf und enthüllt in gediegenem Kontrast zur braunen Hülle das weiche, gelb-orange Fruchtfleisch – mit einem Aroma der Aprikose oder einer Mischung aus Mango und Melone vergleichbar –, das von den ausbreitenden Tieren, meist kleinen Säugern, unverzüglich konsumiert wird. Die 2 bis 5 Samen sind 4 cm lang und 2,5 cm breit und mit dem Fruchtfleisch derart fest verbunden, dass sie von uns Menschen wie Pflaumensteine abgelutscht werden müssen. Dies kommt im lautmalerischen *Chupa-chupa* (sp. *chupar* ‹ablutschen, saugen›) voll zum Ausdruck. Schliesslich sei noch erwähnt, dass im Wald der Baum bis zu 15 Meter hoch wird, aber in der Kultur durch Schneiden auf weniger als einen Drittel seiner Dimension reduziert werden kann, was grössere Früchte ergeben soll.

Die Fledermaus *Lonchophylla robusta* besucht Blüten von *Matisia cordata* (illustriert nach Tafel 1d, Tschapka und Dressler 2002)

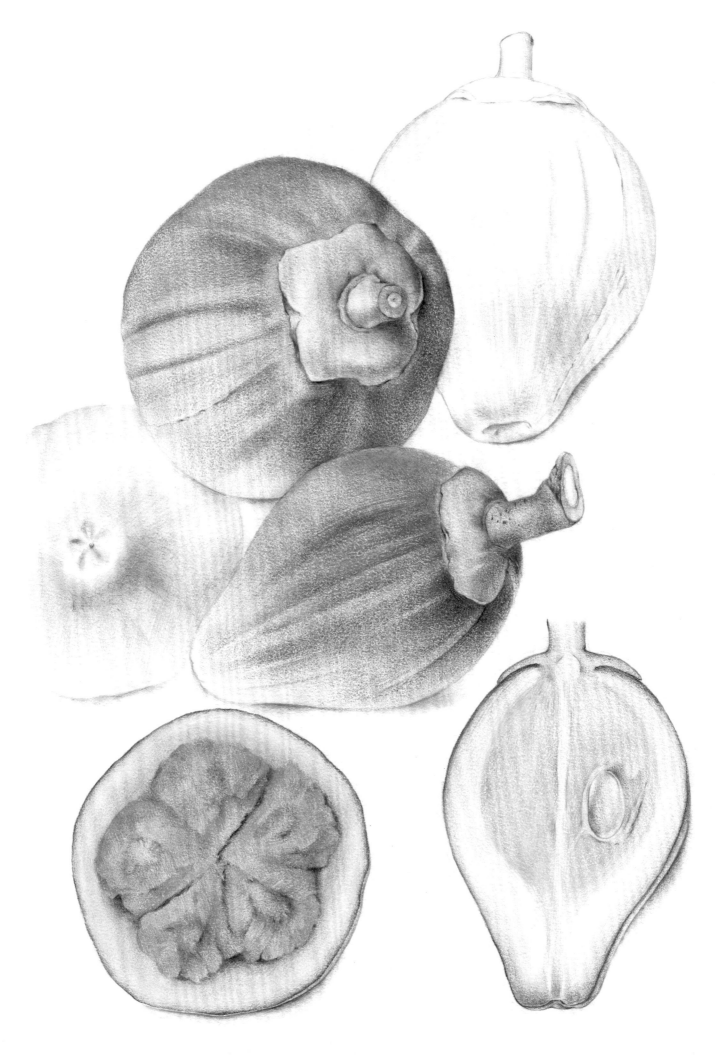

BROMELIACEAE

Ananas *Ananas comosus* (L.) Merr.

Diese einkeimblättrige Familie gehört zusammen mit den Rapateaceen, die vor allem auf dem Guayana-Schild beheimatet sind (Huber 2006), und den kosmopolitischen Typhaceen zur Ordnung der (basalen) Poales (Linder 2005). Die Familie der Bromeliaceen ist, wie die beiden andern, krautig perennierend und kommt mit einer Ausnahme (*Pitcairnia feliciana* (A. Chev.) Harms & Mildbr.; Westafrika) in den tropischen sowie warmen und trockenen Gebieten Amerikas vor und umfasst 56 Gattungen mit gegen 2900 Arten. Sie wird in die Unterfamilien Pitcairnioideae, Tillandsioideae und Bromelioideae aufgeteilt. Die Arten der ersteren leben vor allem terrestrisch, d. h. am Boden, während die Mehrzahl der Arten der andern Unterfamilien entweder auf dem nackten Felsen oder dann epiphytisch, d. h. auf Pflanzen, meistens Bäumen leben, ohne diese zu parasitieren. Diese Lebensform wird durch entsprechende physiologische Anpassungen ermöglicht.

Die einfachen, sägeförmig gezackten, alternierenden Blätter mit in der Epidermis eingelagerten Kieselsäure-Körpern und schild- bis becherförmigen, Wasser aufnehmenden Schuppen bilden oft eine basale Rosette, die als Wasserbecken dient. Ebenso kann sich Wasser in der löffelartigen Blattscheide ansammeln. Das Blatt selber besitzt ein Wasser speicherndes Gewebe sowie Luftkanäle, die häufig mit Sternhaaren ausgekleidet sind. Die terminalen, offenen Blütenstände sind mit intensiv pigmentierten Tragblättern ausgestattet, in deren Achseln sich Blüten mit je 3 Kelch- und Kron- sowie 6 Staubblättern entwickeln. Auch der ober- oder unterständige Fruchtknoten ist 3-zählig. Die Samenanlagen sind zentralwinkelständig. Daraus entwickelt sich eine Spaltkapsel oder Beere. Die Samen sind entweder geflügelt oder mit einem Haarschopf ausgerüstet (Mabberley 1997 SW, Judd *et al.* 1999 SW).

Swimmingpools in luftiger Höhe – Phytotelmata

Das Phytotelm ‹Pflanzenteich›, zu gr. *phytón* ‹Gewächs, Pflanze› und *telma* ‹Teich, Pfütze› (plural Phytotelmata oder Phytotelmen), bezeichnet die Ansammlung von Wasser samt den darin lebenden Organismen in Höhlungen von Bäumen, in Internodien der Bambusse, in Kannenpflanzen, in Tank-Bromelien und in

Pflanzenachseln (Kitching 2001). Rund 50 % der Bromeliaceen leben epiphytisch und die meisten von ihnen besitzen die Fähigkeit, Wasser zu sammeln und
zu speichern.

Diese Lebensweise fernab vom Erdboden hat schon früh die Tropen-
ForscherInnen fasziniert (Schimper 1888). Wie ist es möglich, dass sich, ohne
direkte Verbindung zur alles ernährenden ‹Mutter Erde›, ansehnliche Pflanzen
entwickeln können, deren Wurzeln lediglich zur Halterung am Baum dienen
und deshalb von diesem weder Wasser noch Nährstoffe entnehmen können?
Wie diese Lebensform zustande kam, ist auch heute noch Gegenstand theo-
retischer Erwägungen. Wissenschaftlich Handgreifliches zur Strategie dieser
Luftkünstlerinnen gibt es jedoch zuhauf. Wasser wird nicht nur mittels der
Rosette, sondern auch in den Scheiden der übrigen Blätter gesammelt, wohin
es dank der Schwerkraft gelangt. Zudem ist die Oberfläche des Blattes mit einer grossen Zahl von vielgestaltigen, komplex gebauten Einrichtungen, so genannten Trichomen, Saugschuppen, versehen, welche die Aufgabe haben, vom
Wasser auf dem Weg zum Tank anzuzapfen. Die Saugschuppe besteht im auf-
gesetzten Teil aus toten Zellen und hat im trockenen Zustand die Form einer
Art Tasse, deren Ränder sich bei Benetzung flach legen: Durch Kapillarität
und Resorption wird das Wasser ins Zentrum und den darunter liegenden, lebenden Teil des Trichoms geleitet. Dort geschieht analog einer Pflanzenwurzel
die Aufnahme von Wasser und den darin gelösten Nährstoffen durch spezialisierte Zellen in das für die Wasserspeicherung optimierte Blatt (Schimper 1888,
Benzing *et al.* 1985, Endres und Mercier 2003). Alle epiphytisch lebenden Arten
der Unterfamilie Bromelioideae besitzen den so genannten *Crassulacean Acid
Metabolism* (CAM), was bedeutet, dass das Kohlendioxid der Luft in der Nacht
durch die dann offenen Spaltöffnungen aufgenommen und vorübergehend in
Apfelsäure (Malat) im Zellsaft gespeichert wird. Am folgenden Tag wird bei ge-
schlossenen Spaltöffnungen die Apfelsäure dekarboxyliert und das Kohlendioxid
unter Lichteinwirkung im Calvinzyklus zu Zucker reduziert (Crayn *et al.* 2004).
Auf diese Weise wird der Wasserverlust durch die Spaltöffnungen möglichst
klein gehalten. Zusätzlich kann das Blatt von einer dicken, die Transpiration
hemmenden Kutikula überzogen und die Unterseite dicht mit Licht reflektie-
renden Haaren besetzt sein, was sich ebenfalls positiv auf den Wasserhaushalt
auswirkt (Pierce *et al.* 2001). Je grösser der ‹Tank› desto weniger trocknet er bei
Wasserknappheit aus (Zotz und Thomas 1999).

Doch woher kommen die Nährstoffe? Da ist einmal der Eintrag aus dem
Dach des Regenwaldes durch den so genannten *Litter Fall*. Das sind Blätter,
Zweige und sonstige Pflanzenreste, die in den luftigen Teich fallen und darin
kompostieren. Eine weitere Nährstoffquelle sind die Ausscheidungen anima-
lischer Besucher oder Bewohner. Im Speziellen tragen Spinnen wesentlich zur
Stickstoffbilanz bei (Romero *et al.* 2006). Es muss aber betont werden, dass
nicht Stickstoff sondern Phosphor das für die Fortpflanzung (durch Samen) li-
mitierende Element zu sein scheint (Zotz und Richter 2006).

Es bildet sich mit der Zeit ein reiches Biotop in und um das Phytotelm,
einerseits aus zugewanderten oder zugeflogenen Arten, häufig Amphibien oder
Insekten, aber andrerseits auch aus solchen, die sich sehr wahrscheinlich mit
der Entstehung dieses aquatischen Lebensraumes darin entwickelt hatten und
heute exklusiv in dieser Nische leben, wie beispielsweise riesige, einzellige

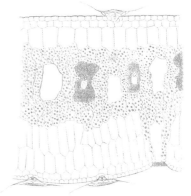

Saugschuppe von *Tillandsia recurvata*.
In der Mitte befindet sich ein zentraler
Schild aus radial angeordneten
Zellringen, deren Zahl von Art zu Art
variieren kann. Die Zellzahl verdoppelt
sich von Ring zu Ring. Vielfach schliesst
sich ein so genannter Flügel aus
unterschiedlich langen Zellen an. Wird
ein Tropfen Wasser auf das trockene
Blatt einer epiphytischen Bromelie
gegeben, dessen Oberfläche infolge
Lichtstreuung hell erscheint, so wird
dieser löschblattartig zu einer
dunkelgrünen Zone gespreizt. Die
Wandarchitektur der toten Zellen ist so
ausgelegt, dass das Wasser gegen das
Zentrum fliesst, wo es samt den
Nährstoffen durch die lebenden Zellen
der häufig eingesenkten Basis
aufgenommen wird.
(Aus Schimper 1888).

Wimpertierchen (Foissner *et al.* 2003). Bis heute sind in Phytotelmen über 2000 verschiedene Tierarten nachgewiesen worden, wobei die Mehrzahl Insekten sind. Aber auch Spinnentiere und Krebse tummeln sich nebst Ringelwürmern, Amphibien und Weichtieren (Kitching 2001, Mestre *et al.* 2001). Jene, die weder fliegen noch wandern können, lassen sich von Teich zu Teich transportieren. Bekannte Vektoren sind z.B. Frösche, an die sich Ringelwürmer und kleine Krebse andocken (Lopez *et al.* 1999, 2002, 2005). Da Phytotelmata im Vergleich mit anderen Systemen relativ abgeschlossen und bezüglich Artenzahl und möglicher Interaktionen einigermassen überschaubar sind, geben sie ein hervorragendes Modell für das Studium ökologischer Verwebungen ab, zumal ihre Lebensdauer in der Regel auf wenige Jahre beschränkt ist (Kitching 2001). Interessierte mögen sich anhand der Übersichtswerke von Benzing (1990, 2000) und Schimper (1888) in die Materie vertiefen.

Selbstverständlich ziehen diese ‹Swimmingpools› nicht nur eine Vielzahl von Insekten an, die dem Menschen im Tropenwald mehr als lästig sind, sondern auch eifrig Forschende, die dort potenzielle Ressourcen für das menschliche Wohlergehen wittern.

Phytotelm, illustriert in Anlehnung an William H. Bond, National Geographic (1975) Band 147, Heft 3, Seite 393

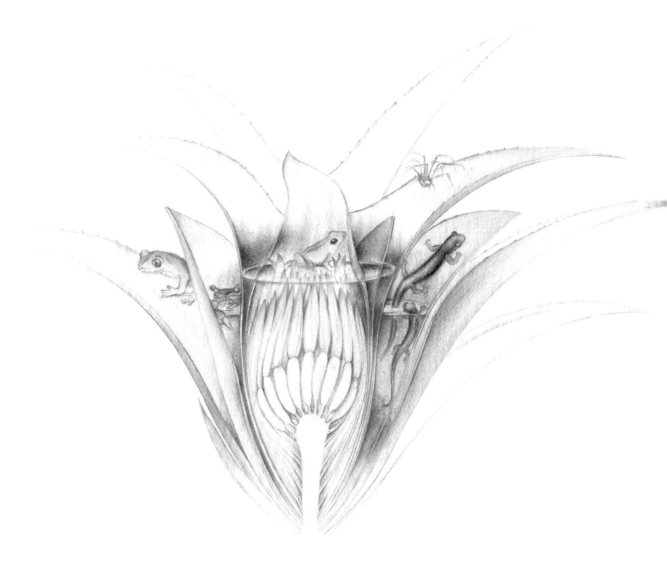

ANANAS *Ananas comosus* (L.) Merr.

engl. pineapple; fr. ananas; ger. Ananas; port. ananás, abacaxi; sp. piña

In der Unterfamilie der Bromelioideae sind es die beiden Gattungen *Ananas* und *Pseudananas*, die eine Tendenz zur Verwachsung der Blütenteile und die Bildung eines Beerenfruchtstandes aufweisen. Letztere Gattung besteht aus nur einer Art, *P. sagenarius* (Arruda) Camargo, die im Süden Brasiliens der indigenen Bevölkerung Fasern lieferte und als einzige tetraploid ist. Die Gattung *Ananas* umfasst sieben Arten, wovon drei kultiviert werden, nämlich *A. comosus*, die wegen ihrer köstlichen Frucht ökonomisch wohl bedeutendste, *A. bracteatus* (Lindley) Schultes, die sich zum Abzäunen eignet, aber wie *A. lucidus* Miller auch zur Produktion von Fasern dient. Die wilden Arten sind *A. ananassoides* (Baker) L.B. Smith, *A. nanus* (L.B. Smith) L.B. Smith, *A. parguazensis* Camargo & L.B. Smith und *A. fritzmuelleri* Camargo. Da von der Ananas keine Wildform existiert, wird versucht, ihre Herkunft molekularbiologisch zu ergründen. Vereinfacht lassen sich die bis anhin gewonnenen Resultate wie folgt zusammenfassen: *Ananas* und *Pseudananas* bilden einen einheitlichen Stamm mit drei Untergruppen, eine nördliche in den brasilianischen Becken des Rio Negro und Orinoko mit vorwiegend *A. parguazensis* , eine südliche aus *P. sagenarius* und *A. fritzmuelleri* sowie eine dazwischen liegende und zum Teil überlappende, grosse Gruppe aus den restlichen Arten, dominiert durch die vielgestaltige *A. ananassoides*. Diese Art scheint mit allen kultivierten Arten nahe verwandt zu sein und gilt heute als Vorläuferin der Ananas (Duval *et al.* 2003; Carlier *et al.* 2004).

Gaumen und Traumen

Das Urteil der ersten Europäer über den Wohlgeruch und den vorzüglichen Geschmack dieser Frucht wird am besten mit der Beschreibung durch Jean de Léry (ca. 1536–1613) aus dem Jahre 1578 wiedergegeben: «Et au reste quand ces *Ananas* sont venus à maturité, estans de couleur jaune azuré, ils ont une telle odeur de framboise, que non seulement en allant par les bois & autres lieux où ils croissent, on les sent de fort loin, mais aussi quant au goust fondans en la bouche, & estans naturellement si doux, qu'il n'y a confitures de ce pays qui les surpassent : je tiens que c'est le plus excellent fruict de l'Amerique.» Seither hat die Königin der Früchte, wie die Ananas mitunter bezeichnet wird, nichts von ihrer bezaubernden Wirkung eingebüsst und ihr hoch geschätztes Aroma ist deshalb Gegenstand modernster Analytik. So sind heute jene Verbindungen bekannt, die der frischen Ananas den unvergleichlichen Touch verleihen (Tokitomo *et al.* 2005). Wie zu erwarten ist, unterscheiden sich die Sorten (Herkünfte) in ihrem Profil, und der bei der Dosen-Konservierung gewonnene Saft verliert bei der weiteren Verarbeitung nicht nur Aromastoffe, sondern enthält danach auch neue, durch die Temperatur (Aufkonzentrierung) bedingte, Verbindungen, was gesamthaft der Qualität, sprich dem Genuss, abträglich ist, weshalb hier noch Verbesserungen nötig sind (Elss *et al.* 2005). Interessant ist, dass einige der Aromastoffe nicht in freier Form, sondern glykosidisch gebunden vorliegen (Wu *et al.* 1991). Es darf deshalb angenommen werden, dass sich beim Verzehr der frischen Frucht (Zerstörung der Zellkompartimentierung) das volle Aroma

ILLUSTRATION. Im Gegensatz zu den oben besprochenen Epiphyten ist die Ananas terrestrisch, d. h. sie wächst auf dem Boden. Ihre Achse ist gestaucht und trägt mehrere Dutzend, 3 bis 6 cm breite und bis zu 80 cm lange Blätter, die in einer Rosette angeordnet sind. Die Pflanze ist krautig, mehrjährig und, wie viele Bromeliaceen, sehr gut an die Trockenheit angepasst. Sie wird im Anbau vegetativ vermehrt, wobei die Schösslinge an der Pflanzenbasis den besten Erfolg garantieren. Der Trieb wird einfach in die Erde gesteckt. Dieser bewurzelt sich problemlos und wird innerhalb von 12 bis 18 Monaten zu einer blühenden Pflanze, wobei der Spross an Umfang zunimmt und einen dicken, ca. 30 cm langen Stand aus 100 bis 200 dreizähligen, spiralig angeordneten Blüten mit zungenförmigen, weissen oder rotblauen Kronblättern bildet. Die einzelne Blüte sitzt jeweils in der Achsel eines schmalen, zugespitzten Tragblattes, das häufig rot gefärbt ist. Die obersten Blätter tragen keine Blüten und bilden einen terminalen Schopf, die so genannte Krone. Die Fruchtbildung geschieht ohne Bestäubung. Aus den Fruchtknoten werden samenlose Beeren, die sowohl unter sich als auch mit der Blütenstandsachse sowie den Tragblättern innerhalb von 4 Monaten zu einem saftigen Gebilde verschmelzen (Franke 1997 SW, Rehm und Espig 1984 SW, Brücher 1989 SW).

am richtigen Ort, nämlich im **Gaumen**, entwickelt. So wird auch plausibel, weshalb es die Ananas aus der Dose mit einer frischen punkto Duft und Geschmack (noch) nicht aufnehmen kann.

Was dem Gaumen recht ist, ist den **Traumen** billig: Bei der Konservierung wird nicht nur das Aroma verändert, sondern es bleibt auch die populärste medizinische Eigenschaft der Ananas, ihre Heilkraft bei Sportverletzungen (s. unten), auf der Strecke. Bekanntlich begegneten die Europäer dieser Pflanze erstmals am 4. November 1493, als die Einwohner der Antilleninsel Guadeloupe dem Seefahrer Christoph Kolumbus und hoffentlich auch seiner Crew die Ananas zum Genuss anboten. Damals waren die ‹verborgenen Kräfte› dieser Frucht noch kein Thema und ihre wichtigsten medizinischen Anwendungsgebiete schimmerten auch in den frühen Reiseberichten der vielen wissenschaftlichen Abenteurer des 17. Jahrhunderts kaum durch. So heisst es in der *Histoire naturelle et morale des iles Antilles de l'Amérique*, deren Urheberschaft umstritten ist (s. Rochefort 1681): «On a mangé assés long tems de ce fruit, sans remarquer les rares usages qu'il a dans la Medecine; Mais à present, l'experience a fait connoistre, que son suc a une vertu admirable pour recréer les esprits, & relever le coeur abbatu; on l'employe aussi heureusement, pour fortifier l'estomac, chasser les dégouts, & rétablir l'appetit. Il soulage aussi merveilleusement ceus, qui sont affligez de la gravelle, ou de la suppression d'Urine, & même il détruit la force du poison. Au defaut de ce fruit, sa racine produit les mêmes effets.»

Es dauerte nochmals 200 Jahre, bis aus der Ananas-Frucht das aktive Prinzip, Bromelain, durch den Begründer der brasilianischen Phytochemie, Theodor Peckoldt (1888, zitiert in de Sousa 1948) aus Schlesien, erstmals isoliert wurde. Vor rund 50 Jahren kam in Hawaii das erste Präparat auf den Markt und heute ist Bromelain ein fester Bestandteil unseres Medikamentenschatzes. Ein Beispiel: Wenn der von seinen Fans angefeuerte Fussballstar kurz vor dem gegnerischen Tor unsanft gestoppt und nach schmerzlichen, vielleicht vergeblichen Verkrümmungen auf der Bahre an den Rand des Spielfeldes gebracht wird, wo ihm die obligate Kältebehandlung verpasst wird, so tut der Sportarzt gut daran, wenn er den Heilungsprozess der kostbaren Wade, die u. U. mehr gilt als die Hirne unserer Landesväter in Bern, bis zu ihrem nächsten Einsatz mit Bromelain, z. B. Traumanase®, beschleunigt (Berg *et al.* 2005). Bromelain ist ein noch nicht vollständig definiertes Gemisch aus Eiweiss spaltenden Enzymen und weiteren Komponenten, das heute meist aus der Achse der Pflanze gewonnen wird und nicht nur die Entzündung hemmt, sondern auch thrombostatische und fibrinolytische Wirkungen hat. Ein wichtiges Einsatzfeld ist die Wundpflege, ‹Debridement›, nach schweren Verbrennungen, wobei das nekrotische Gewebe schonend aufgelöst wird. Schliesslich gibt es auch Erfolg versprechende, therapeutische Ansätze in der Tumorbehandlung mittels Bromelain (Taussig und Batkin 1988, Maurer 2001). Detaillierte Angaben zur Biochemie dieses Phytotherapeutikums siehe **BLOG4 EPILOG**, Phytochemie.

Ananasfeld im Hausgarten, La Suiza, Costa Rica

CACTACEAE

Feigenkaktus *Opuntia ficus-indica* (L.) Miller

Die Kakteen bilden zusammen mit den Kermesbeeren- (Phytolaccaceae), Wunder-
blumen- (Nyctaginaceae), Fuchsschwanz- (Amaranthaceae), Eisenkraut- (Aizo-
aceae), Portulak- (Portulaccaceae) und Nelkengewächsen (Caryophyllaceae) die
Ordnung der Caryophyllales (Centrospermae), charakterisiert durch die zentrale
Samenanlage und – mit Ausnahme der letztgenannten Familie – das Vorkommen
von Betalainen an Stelle von Anthocyanen. Alle Kakteengewächse, ca. 1400
Arten in 93 Gattungen, sind in Amerika beheimatet. Sie haben sich im Laufe
ihrer Evolution an die Bedingungen extrem trockener Standorte angepasst und
dabei erfolgreich den Spagat zwischen einer Reduktion der Oberfläche ausgestattet mit einer effizienten Wasserdampf-Sperre und einer dennoch gut funktio-
nierenden Fotosynthese geschafft.

   Die Strategie heisst ‹mit Stacheln bewehrte Sukkulenz des Stammes›,
der mit Spaltöffnungen übersät ist und Gewebe für Fotosynthese und Gasaustausch analog den Blättern anderer Pflanzen birgt; dank des bereits bei
den Bromeliaceen erwähnten *Crassulaceen Acid Metabolism* (CAM) sind dem
durch die Fotosynthese bedingten Wasserverlust enge Grenzen gesetzt, indem
die Spaltöffnungen hauptsächlich in der (vergleichsweise kühlen) Nacht für die
Aufnahme von Kohlendioxid offen stehen; der ganze ‹Torso› ist von einer stark
wachshaltigen, die Transpiration hemmenden Schicht (Kutikula) überzogen; die
am Stamm üblicherweise auftretende Kork- und Rindenbildung, die den foto-
synthetischen Gasaustausch beenden würde, ist für Jahre verzögert, und last but
not least, der grüne, saftige Stoff- und Wasserspeicher ist mit kräftigen Stacheln
ausgerüstet – häufig zu Areolen gruppiert und von spitzen, die Haut reizenden
Haaren (Glochiden) umsäumt (Mauseth 2006).

   Kakteen sind also erfolgreiche, kraut- bis baumartige Xerophyten (gr. xe-
ros ‹trocken›, phytos ‹Pflanze›) von grosser Formenvielfalt und besiedeln Wüsten
und Halbwüsten, aber auch den epiphytischen Lebensraum im Regenwald (z. B.
Weberocereus tunilla). Am auffälligsten ist der riesige, bis 15 m hohe und mehrere
Tonnen schwere *Saguaro*, ein Säulenkaktus (*Carnegiera gigantea*) der Sonora-
Wüste Nordamerikas. Nebst den erwähnten Epiphyten gibt es auch Kletterer,
wie die unten dargestellten Arten von *Hylocereus* und *Selenicereus*, welche die
essbaren Drachenfrüchte, *pitahaya*, liefern. Die häufig sehr grossen, weissen

oder auffällig rot und gelb pigmentierten Blüten, mit vielen gleichartigen Hüll- bzw. Blüten- und vielen Staubblättern, besitzen im Innern einen Fruchtknoten, der aus 3 bis sehr vielen Fruchtblättern zusammengesetzt ist. Wirtschaftlich gesehen sind die Kakteen, abgesehen von ihrem Ernährungspotenzial (Früchte, junge Sprosse), beliebte und in alle Welt verkaufte Zierpflanzen. Die einstmals wichtige Bedeutung der Opuntien in der Produktion von Karmin (Cochenille) wird unten beleuchtet. Schliesslich sei erwähnt, dass einige Kakteenarten (z. B. *Lophophora*) Meskalin, ein Phenethylamin, enthalten, das die menschlichen Sinne in wundersamer Weise schärft.

Die Cactaceen werden in die drei Unterfamilien Opuntioideae, Cactoideae und die monogenerischen Pereskioideae aufgeteilt. Die Arten der letzteren haben xeromorphe Blätter und sind in ihrer Gesamtheit lange als die lebende Urform der eigentlichen Kakteen angesehen worden. Neuere molekularbiologische Untersuchungen an allen drei Genomen (Kern, Chloroplasten, Mitochondrien) der erfassten Arten haben jedoch ergeben, dass *Pereskia* paraphyletisch ist, d.h. dass ihre Arten im südlichen Südamerika und in den Anden der Kerngruppe der Cactaceen (Cactoideae & Opuntioideae) näher stehen als jenen des karibischen Raumes. Es scheint, dass sich die Familie relativ früh in einen nördlichen (nördliches Südamerika, Karibik, Zentralamerika) und einen südlichen (südliches Südamerika) Ast aufgetrennt hatte. Möglicherweise stand die ‹Wiege› der Kerngruppe in den zentralen Anden Perus, Boliviens und Nord-Argentiniens (Nyffeler 2002, Griffith 2004a–c, Edwards *et al.* 2005). Eine kürzlich erschienene phylogenetische Untersuchung zu den verwandtschaftlichen Beziehungen zwischen den Kakteen- und Portulakgewächsen weist auf eine bevorstehende Revision der betroffenen Taxa hin (Nyffeler 2007).

FEIGENKAKTUS *Opuntia ficus-indica* (L.) Miller

engl. prickly pear; fr. figuier de Barbarie; ger. Feigenkaktus; port. tabaibeira; sp. tuna, nopal.

Die Gattung *Opuntia* Miller umfasst ca. 200 Arten, die sich auf ihrem Ursprungskontinent einen Lebensraum eroberten, der von Britisch-Kolumbien im Nordwesten Kanadas bis zum südlichen Ende des südamerikanischen Festlandes an der Magellanstrasse, und vom Meeresspiegel bis auf 4000 m ü. d. M. in den Anden reicht. Die Blüten, deren Pigmentierung das ganze Spektrum der Betalaine auslotet, sitzen an der Peripherie der meist abgeflachten Sprosssegmente (Kladodien). Nicht nur dort, aber auch an seinen Flächen ist das Kladodium, wie es sich für einen richtigen Kaktus gehört, von Stacheln bewehrt, und zwar in Gesellschaft mit Büscheln von irritierenden Haaren, die bei der leichtesten Berührung abfallen und sich mit ihrer sägezahnartigen Spitzen unverzüglich in die menschliche Haut einbohren. Die 100 bis 150 g schweren Früchte, Beeren mit meist vielen Samen und einer Farbenvielfalt gleich, aber nicht unbedingt korrelierend zu den Blüten, sind essbar, zuckerhaltig, aber auch etwas fade. Junge Kladodien werden in Mexiko, das als die ursprüngliche Heimat der Opuntien gilt (Griffith 2004a–c), *nopalitos* genannt, als Ganzes gekocht und gegessen.

Opuntia polyacantha Haw., ein winterharter, äusserst stacheliger Kaktus (Montana, USA)

Opuntia ficus-indica (L.) Miller: Kladodien mit den vorwiegend an ihren Rändern aufgereihten jungen Früchten. Blüte, daneben Areolen mit wenigen Stacheln. Areole mit Glochiden und einem Stachel. Fotos Reto Kaspar, Promotrend AG

Ältere Segmente werden in Streifen geschnitten und als so genannte *nopales* oder *pencas* verzehrt. Doch meistens wird mit diesen derberen Stadien das Vieh beglückt. Weil die Opuntien eine gewisse ethnopharmazeutische Bedeutung aufweisen können und mittlerweile an vielen geeigneten Standorten in aller Welt in beträchtlichem Ausmass kultiviert werden, stellen sie eine ideale und wohlfeile Quelle zur Produktion von *Nutraceuticals* für die durch unsachgemässe Ernährung geplagte ‹zivilisierte› Bevölkerung dar (Feugang *et al.* 2006). Was dem Vieh recht ist, soll dem Menschen billig sein!

Damit ist die Verwendung der Opuntien keineswegs abschliessend behandelt. Erwähnt sei noch ihre Rolle als Lieferantinnen von Flüssigkeit (Wasser der Früchte und Kladodien) für die Menschen in der Wüste, von Binde- und Dichtungsmittel (‹Schleime› der Kladodien) für die Herstellung von Pflaster und Bausteinen sowie als Substrat für die Zucht von Cochenille-Läusen (s. unten) und so fort. Ein umfassendes Bild geben die gründlichen Übersichtsarbeiten von Stintzing und Carle (2005) sowie Feugang *et al.* (2006).

Der Feigenkaktus ist die mit Abstand wichtigste und am weitesten verbreitete Kakteenart. Er wird nachweislich seit ca. zehntausend Jahren von Menschen gegessen. Er ist im Codex Mendoza, der frühesten Aufzeichnungen der spanischen Eroberer, als zu zahlender Tribut an die herrschende Schicht aufgeführt und ziert die Flagge Mexikos. Die weltweite Verbreitung hat viele Ursachen. Da ist einmal sein Einsatz gegen Skorbut durch die Seefahrer, dann die ‹entrückte› Produktion von Cochenille (s. unten), die ihren Ursprung in Mexiko hatte, und schliesslich seine geschätzte Verwendung im Heckenbau. Der Feigenkaktus hat also eine lange Domestizierung hinter sich und so erstaunen seine vielen Varietäten und Hybriden nicht, die zuweilen als eigene Taxa angesehen werden. Ist also die stachelfreie *Opuntia ficus-indica* eine von Menschenhand selektionierte Kulturform der stacheligen *O. megacantha* oder deren nächste Verwandte (Griffiths 1914, Labra *et al.* 2003, Griffith 2004a–c)? Wo muss die wilde Urform des Feigenkaktus angesiedelt werden? Heute ist seine zumeist invasive Ausbreitung an manchen Orten zu einer lästigen Plage geworden, die mittels Motten und ihren Larven aus dem Ursprungshabitat bekämpft wird.

ILLUSTRATION. Links oben die ganzen bzw. längs- oder quergeschnittenen Früchte des Feigenkaktus, *Opuntia ficus-indica*. Rechts oben ein Kladodium mit den relativ kleinen, aber doch essbaren Früchten des ‹Gartenflüchters› *Opuntia humifusa*, deren Blütenfarbe von gelb über orange und rot bis zu violett reichen kann. Diese Spezies hat sich in den südlichen Regionen der Schweiz als Neophyt etabliert. Ihre Ausbreitung erfolgt sehr wahrscheinlich über Samen durch Vögel. Unmittelbar darunter ein in Entwicklung begriffenes Kladodium der gleichen Art mit kleinen Blattschuppen, die abfallen, wobei sich an deren Stelle Stacheln und Haare bilden. Unten ganze und längs geteilte Drachenfrüchte, auch *Pitahaya* oder Pitaya genannt: rot = *Hylocereus undatus*, gelb = *Selenicereus megalanthus*. Das etwas fade Fruchtfleisch enthält viele Samen, aus denen sich mit einem ‹grünen Daumen› und viel Geduld diese dreikantigen Kletterkakteen ziehen lassen, die nach ca. 20 Jahren erstmals mit Früchten aufwarten! Die grossen weissen Blüten öffnen sich nur für eine Nacht und verströmen dann einen süssen, betörenden Duft, weshalb diesen Arten der Beiname *reina de la noche*, Königin der Nacht, gegeben wurde.

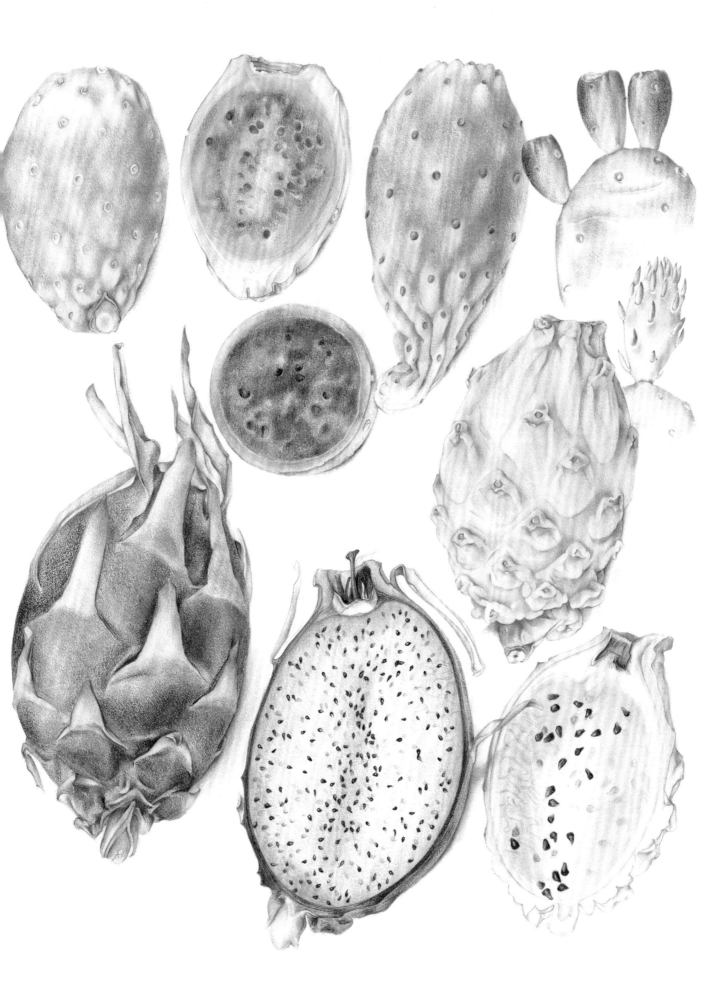

Cochenille oder Cochineal

Diese Bezeichnungen stehen einerseits für eine Schildlaus (*Dactylopius coccus* Costa) und ihre nächsten Verwandten sowie andrerseits für das Pigment (Karminsäure), das diese bildet und die Menschen in verschiedenen Kulturen seit alters her faszinierte. Weshalb die Schildläuse dies tun, war den Leuten der Neuen Welt, welche die Winzlinge schon in der präkolumbischen Zeit in so genannten Nopalgärten auf *Opuntia cochenillifera* (L.) Mill. oder dem nahe verwandten Feigenkaktus zur Gewinnung des Farbstoffes züchteten, nicht bekannt. Heute wissen wir, dass die Karminsäure und ihre Nebenpigmente Anthrachinon-Derivate sind und der chemischen Verteidigung der Laus sowie all ihren Entwicklungsstadien dienen, sei es gegen Ameisen, Fleisch fressende Insektenlarven oder Vögel (Eisner *et al.* 1980, Hilker *et al.* 1992, Hernandez-Hernandez *et al.* 2003). Ob und welche Vorstufen aus der Pflanze für die Bildung der Farbstoffe verwendet werden, ist nicht bekannt. Auch einige, in Europa heimische Schildläuse akkumulieren diese Pigmente, wofür sie seit der frühen Eisenzeit zum gleichen Zwecke auf der Kermeseiche (*Quercus coccifera* L.) gehegt und gepflegt wurden. Doch die industrielle Revolution in Europa, die im Bereich der organischen Chemie mit der Harnstoffsynthese (1828) durch Friedrich Wöhler (1800–1882) ihren Anfang nahm, liess die Menschen und Läuse bald überflüssig werden, denn bereits 1833 gelang es dem bei Hamburg geborenen Friedlieb Ferdinand Runge (1794–1867), Entdecker des Koffeins, Emeraldin und Anilinschwarz, die ersten Anilinfarbstoffe, auf der Grundlage von Steinkohlenteer zu synthetisieren. Ein knappes Vierteljahrhundert später (1856) erfolgte die ‹Zweitentdeckung› durch den Engländer William Henry Perkin (1838–1907), der das Verfahren patentieren liess und mit seiner Anregung an die Obrigkeit, eine Teerfarbenindustrie aufzubauen, erfolgreicher als seinerzeit Runge war (Anft 1937). Damit waren der Herstellung von Farbstoffen aller ‹Schattierungen› Tür und Tor geöffnet.

Am Beispiel von Guatemala und speziell an der Region von Antigua wollen wir kurz den Aufstieg und Zerfall der Cochenille-Produktion – «eine Herrlichkeit, die leider nur wenige Jahrzehnte dauerte» – skizzieren. Dies ist möglich, weil ein professioneller Zeitzeuge seine Beobachtungen niedergeschrieben hat – Otto Stoll (1849–1922), Mitbegründer des Völkerkundemuseums der Universität Zürich, der von 1878 bis 1883 als Arzt in Guatemala arbeitete und nebenbei die lokale Fauna und Flora sowie Sprache und Lebensweise der indigenen Bevölkerung erforschte.

■ Nach der Ernte (s. unten), die auf den Beginn der Regenzeit, d.h. von Anfang Mai bis Anfang Juni fällt, müssen die letzten Schildläuse samt den Kladodien, auf denen sie sich festgesetzt haben, in so genannten *almacenes* (Magazine) unter Dach und Fach gebracht werden, damit sie nicht vollends abgewaschen werden. Denn die Weibchen, die nicht nur Pigmente sondern auch eine grosse Nachkommenschaft produzieren und unter dem Körper beschützen, sind sessil und würden – einmal auf den Boden gespült – ihre Funktionen nicht mehr wahrnehmen können. Die Männchen sind geflügelt und verantwortlich für die Bewahrung der genetischen Heterogenität.

■ Mit dem Beginn der Trockenzeit, d.h. im Januar und Februar, werden die Cochenille-Schildläuse in die Nopalgärten, hier in einem ehemaligen Kloster-

Fotos von Otto Stoll aus Guatemala
(1878–1883):
Regal, *almacen,* für die Aufbewahrung
der von Cochenille-Läusen parasitierten
Kladodien

Nopal-Garten im Hof eines ehemaligen
Klosters in Antigua

Indigenas am Sammelplatz – Inspektion
der Ernte

garten in Antigua, ausgesetzt, wo zwei Ficus-Indica-Varietäten kultiviert werden: *Mozote* mit stachelfreien, glatten und grossen Kladodien und *nopal costeño* mit kleinen, dicht bestachelten ‹Ohren›. Letztere Varietät besitzt den Vorteil, dass die kostbaren Läuse während eines unvorgesehenen Regengusses nicht gänzlich weg geschwemmt werden. Die ‹Beimpfung› der Pflanzen geschieht mittels Gazebeutelchen, in denen sich die Schildläuse befinden und die an die Kladodien geheftet werden.

Die indigenen Frauen sammeln durch Abbürsten die *grana* (= Clusters von Schildläusen mit weissem, wachsartigem Überzug) in flachen Körben. Die Ernte wird in besonderen Öfen über einem Kohlefeuer getrocknet. Es werden gemäss Stoll drei Qualitäten unterschieden: 1. *Cascarilla*, Muttertiere nach dem Eierlegen. Sie ergeben nach dem Trocknen schwarze Grana ohne Silberglanz mit dem höchsten Pigmentgehalt (dies steht im Widerspruch zu neueren Angaben, wonach die Eier mit hohen Anthrachinonkonzentrationen ausgestattet (chemischer Schutz) sind und deshalb die Weibchen zwecks bester Qualität kurz vor der Eiablage abgeerntet werden). 2. *Primera*, erste Ernte, ergibt Grana mit Silberglanz. 3. *Segunda*, zweite Ernte, sind kleinere Tiere mit Silberglanz. In den besten Jahren sollen bis zu 2000 t exportiert worden sein!

Cochenille bzw. seine Pigmente wurden in erster Linie zum Färben von tierischen Fasern, also Wolle und Seide, verwendet. Da die Haftung an Baumwolle schlecht ist, setzten die Menschen bereits im vorspanischen Mexiko eine Beize aus Aluminium, *piedra alumbre*, ein (Cobo 1956 zit. in Donkin 1977). Die Pigmente – das sind Karminsäure (C-Glucosid der Kermessäure) als Hauptfarbstoff, begleitet von geringen Konzentrationen an Kermessäure und Flavokermessäure – werden mit heissem, schwefelsaurem Wasser aus den getrockneten und so über Jahre haltbaren Grana ausgezogen und anschliessend durch Zugabe von Alaun und Kalk gefällt, was Karmin ergibt. Gemäss Definition (Pharmacopoea Helvetica V) ist Karmin der aus dem wässrigen Auszug echter Cochenille-Schildläuse gewonnene Aluminium-Calcium-Lack. Der Karminsäure-Gehalt der Grana liegt zwischen 5 und 15 %, je nach Qualität (s. oben). Karmin wird heute kaum mehr zum Färben von Textilien gebraucht, sondern ist in erster Linie ein natürlicher Lebensmittelfarbstoff (E 120), den wir mit einem Campari® aufnehmen und auf Lippen oder Ostereiern antreffen. Zudem ist es ein äusserst wichtiges Pigment in der Zellforschung zur selektiven Anfärbung der Kerne und Chromosomen (Harms 1957). Die Produktion von Cochineal beläuft sich auf rund 300 t und wird vor allem in Peru und auf Lanzarote erbracht. Synthetisches Karmin ist E 124.

Abschliessend sei erwähnt, dass Antigua nach der Cochenille-Hausse wieder in völlige Armut versank, denn auch die mittlerweile als Ersatz etablierten Kaffeeplantagen waren keine verlässliche Einnahmequelle. So fielen beispielsweise 1881 in einer einzigen Nacht alle Sträucher dem Frost zum Opfer, was auch Otto Stoll als Arzt zu spüren bekam, da seine Klientel die Honorare nicht mehr bezahlen konnte. Im Jahre 1976 wurde die Stadt durch ein starkes Erdbeben erneut zerstört und von 1960 bis 1996 herrschte im ganzen Land ein brutaler Bürgerkrieg, wobei die Verfolgung links stehender Gruppen durch die USA unterstützt wurde. Dabei sind ca. 200'000 Menschen umgekommen. Der Zufall will es, dass ein Namensvetter von Otto Stoll, nämlich der Anthropologe David Stoll, die Schilderungen der guatemaltekischen Friedensnobelpreisträgerin als Lüge bezeichnet (Stoll 1999) und damit an den US-amerikanischen Universitäten eine heftige Diskussion über die Lauterkeit von Rigoberta Menchú und über den Umgang der lateinamerikanischen Literatur mit Fantasmen und Fakten vom Zaune gerissen hat. Da fragt es sich, ob hier wohl vom grossen Verbrechen abgelenkt werde? Hoffen wir, es sei dies der erste Schritt zu seiner Aufarbeitung!

CARICACEAE

Papaya *Carica papaya* L.

Die systematische Stellung der Caricaceen, die gleich wie 15 weitere Familien des Pflanzenreiches Senfölglykoside (Glucosinolate) bildet und speichert, ist relativ ungewiss. Nach neuesten Untersuchungen, in denen molekulare Daten mit morphologisch-anatomischen Eigenschaften kombiniert wurden, positioniert sie sich als Schwesterfamilie der Moringaceen (Ronse de Craene und Haston 2006). Sie gehört eindeutig zur glucosinolatbildenden Ordnung der Brassicales (Capparales), die unter anderem die uns wohlbekannten Kohl-, Kapern- oder Kapuzinerkressengewächse enthält. Die Caricaceen, auch Melonenbaum- oder Papayagewächse genannt, sind eine kleine Familie mit 6 Gattungen, wovon eine, *Cylicomorpha* (2 Arten) in Äquatorialafrika beheimatet ist, während die restlichen – *Horovitzia* (1), *Jarilla* (3), *Jacaratia* (7), *Vasconcellea* (21), *Carica* (1) – in Südamerika vorkommen (Badillo 1971, 2000; Kyndt *et al.* 2005; siehe auch http://users.ugent.be/~tdirckx/caricaceae.htm). Es handelt sich in der Regel um Bäume mit gedrungenem, weichem Stamm, häufig mit Stacheln besetzt, seltener um Lianen. Der oberirdische Pflanzenkörper wird von einem anastomosierenden Netz aus gegliederten Milchröhren durchzogen. Die grossen, spiralig angeordneten Blätter sind handförmig geteilt oder stark gelappt. Die Pflanzen sind ein-, aber sehr häufig auch zweihäusig mit achselständigen, trugdoldigen Infloreszenzen. Die Blüte ist 5-zählig. In der männlichen Blüte sind die Kronblätter zu einer Röhre verwachsen, mit Nektar zwischen den Staubblattbasen, während die nektarfreie, weibliche Blüte choripetal ist, d. h. getrennte Kronblätter hat (Rohweder und Endress 1983 SW).

Die Leidenschaften eines Schülers

Der Bezug dieses Buches und seiner Inhalte zu Henri Pittier ist ausschliesslich im **PROLOG** dargestellt. Hier drängt sich jedoch eine durch den Kontext begründete Ausnahme auf: Victor M. Badillo (1920–), der sich wie kein anderer um die systematische Bearbeitung der Caricaceen verdient gemacht hat, ist einer seiner Schüler und zwar mit Abstand der erfolgreichste aus wissenschaftlicher Sicht. Mehr noch, er hat die Arbeit, die Pittier in seinem letzten Lebensabschnitt begonnen hatte – die Erforschung der venezolanischen Flora – konsequent wei-

Ausschnitt aus einem Gruppenbild aus dem Jahre 1943, von li nach re: Zoraida Luces, Francisco Tamayo, Victor Badillo (aus Tamayo 1985)

tergeführt. Seine Monografie der Caricaceen, in der mit hoher Kompetenz die morphologischen und pflanzengeografischen Gegebenheiten der Familie beurteilt werden, ist **das** Standardwerk dieses Taxons. Auch die neuesten molekularbiologischen Untersuchungen können die Sichtweise von Badillo nur bestätigen. Er selber kam durch intensives Studium mit herkömmlichen Methoden zur Überzeugung, dass a) *Cylicomorpha*, die ausschliesslich in den Feuchtgebieten Äquatorialafrikas beheimatet ist (Badillo 1971), die ursprünglichste Gattung der Familie sein müsse, und b) dass *Vasconcell(e)a*, deren Arten früher *Carica* zugeteilt worden waren, wieder als eigene Gattung angesehen werden müsse (Badillo 2000). Einzig seine Hypothese zur basalen Stellung der weitverbreiteten *Jacaratia* scheint nicht zuzutreffen (Kyndt *et al.* 2005). Victor Badillo arbeitete von 1946–48 unter Henri Pittier als Assistent im *Servicio Botánico* und anschliessend im *Instituto Botánico* in Caracas, Venezuela. Zuvor (1945–46) weilte er mit einem Henri-Pittier-Stipendium am *Instituto de Agricultura Tropical* in Puerto Rico. Im Jahre 1948 graduierte er zum *Ingeniero Agronómico*. Bald darauf wurde er Leiter der Ingenieur-Schule an der Fakultät für Agronomie, wo er von 1949–1953 als Dekan wirkte. Damals beschäftigte sich Victor Badillo vor allem mit den Acanthaceen und Asteraceen. Später bildeten die Caricaceen den Fokus seiner Forschung. Gegen 150 Taxa des Pflanzenreiches tragen seinen Namen als Autor. Heute arbeitet Victor Badillo am *Herbario Maracay* der *Universidad Central de Venezuela*.

Carica papaya L.

PAPAYA *Carica papaya* L.

engl. papaw, papaya, tree melon; fr. papayer, papaye; ger. Melonenbaum, Papaya; port. mamoeiro, mamão; sp. papayo, lechosa, mamón, árbol de melón, olocotón, papaya, fruta bomba.

Mit Enzymen gespickt für den Braten und gegen Raupen

Der Papaya- oder Melonenbaum ist ein ‹krautiger Baum› mit einem 20 bis 30 cm dicken, unverholzten Stamm, der meist kaum verzweigt ist und an seiner Peripherie grobe Blattnarben hat. An seinem Scheitel steht ein dichter Schopf von langgestielten, grossen Blättern mit stark gelappter Spreite. Die Sorten sind meist zweihäusig (= diözisch): Ihre Individuen haben entweder nur weibliche oder nur männliche Blüten. Daneben gibt es aber auch gynodiözische Sorten, bei denen die einen Bäume nur weibliche Blüten und die anderen Zwitterblüten tragen. Nebst Selbst- und Fremdbefruchtung gibt es auch die Parthenokarpie, d. h. Fruchtansatz ohne Befruchtung. Schliesslich werden das Geschlecht und die Biologie der Blüte durch Umweltfaktoren wie hohe Temperaturen und Trockenheit beeinflusst. In der Regel werden die diözischen Sorten wegen ihres hohen Ertrags und der voraussagbaren Fruchtform angepflanzt. Entweder wird direkt an Ort und Stelle ausgesät oder es werden erst Keimpflanzen angezogen. Weil das Geschlecht der Pflanzen frühestens bei Blühbeginn festgestellt werden kann, müssen, um schliesslich das in der Plantage optimale Verhältnis von 1 männlich zu 8–10 weiblich zu erzielen, an jener Stelle, wo später ein Baum stehen soll, drei bis vier Pflanzen gross gezogen werden (s. ‹Biology and ecology of papaya (paw paw), *Carica papaya* L., in Australia›, http://www.ogtr.gov.au).

Weibliche Blüten

Männliche Blütenstände

Ökonomisch gesehen ist *Carica papaya* die wichtigste Art innerhalb der Familie und wird heute weltweit zu kulinarischen Zwecken der Früchte, die frisch, als Saft, Marmelade, *Candies* oder in getrockneter Form konsumiert werden, angebaut. Blüten, grüne Früchte und junge Blätter werden gekocht als Gemüse gegessen. Die Frucht ist wie die Mango eine gute Quelle von Vitamin A, an dem es in der Ernährung der Dritten Welt häufig mangelt, was zur Erblindung führen kann. Auch der Vitamin C-Gehalt ist relativ hoch, d. h. ca. doppelt so viel pro Gewichtseinheit als in Zitrusfrüchten. Die Früchte der artenreichsten Gattung der Familie, *Vasconcell(e)a*, wurden bis anhin vorwiegend von der indigenen Bevölkerung konsumiert. Doch gewinnen diese so genannten Hochland-Papayas zunehmend an Bedeutung und zwar nicht nur, weil sie Resistenzen gegen Krankheiten aufweisen, die den Anbau der herkömmlichen Papaya je länger desto mehr gefährden, sondern auch wegen der Möglichkeit, Hybriden mit den gewünschten Eigenschaften zu züchten (Van Droogenbroeck *et al.* 2004, 2005, 2006). So ist der *babaco*, ein Hybrid aus *V. pubescens* und *V. heilbornii*, fast samenlos und parthenokarp. Da seine klimatischen Ansprüche vergleichsweise bescheiden sind, wird er nicht nur in den Anden Ekuadors, sondern auch in Neuseeland, Italien, Spanien und Südafrika angebaut. Eine weitere Spezies, *V. cundinamarcensis*, wird in Chile kultiviert. Schliesslich weist der Latex der *Vasconellea*-Arten im Vergleich zu *Carica papaya* eine deutlich höhere proteolytische Aktivität auf (Kyndt *et al.* 2007), womit wir beim eigentlichen Thema angelangt sind.

Trotz der erwähnten, züchterischen Fortschritte ist der Melonenbaum unter den Caricaceen der wichtigste Lieferant von Latex für pharmazeutische und technische Belange. Die noch grüne, erst zu zwei Dritteln reife Papaya wird am frühen Morgen mit einer scharfen, stahlfreien Klinge angeschnitten, wobei die etwa 4 bis 6 longitudinalen und höchstens 2 bis 3 mm tiefen Schnitte gegen das untere Ende der am Baum hängenden Frucht gezogen werden. Der Latex wird in zuvor rund um den Baumstamm angebrachten schirmartigen Gebilden aus Tuch oder Polyäthylen aufgefangen. Nach Koagulation wird der Milchsaft schonend getrocknet und weiter verarbeitet. Er enthält unter anderem die Cystein-Endopeptidasen Papain, Chymopapain, Caricain sowie eine Glycyl-Endopeptidase (Azarkan *et al.* 2003). Diese Enzyme werden auch als Sulfhydril-Proteasen bezeichnet, weil für ihre katalytische Aktivität die entsprechende SH-Gruppe im reduzierten Zustand vorliegen muss. Rohpapain, wie der getrocknete Latex mit all seinen verschiedenen Enzymaktivitäten heisst, wird seit jeher als ‹Weichmacher› von Fleisch eingesetzt. Einst waren es die Indios, welche die zähen Fleischstücke während Tagen in die latexhaltigen Blättern eingewickelt hielten, später kam ein Papain-Pulver als so genannter *Meat Tenderizer* auf den Markt und es ist noch nicht lange her, seit die Fleisch-Technokraten den Schlachttieren Papain *ante mortem* injizierten – als Selbstverdauungshilfe vor dem verdienten Tod (Caygill 1979). Weit erfreulicher ist sein Einsatz in der Bierbrauerei: Die im ‹Gerstensaft› gelösten Proteine würden sich bei seinem ersten Kaltstellen mit den Phenolen, die nicht nur wesentlich zum Aroma beitragen, sondern auch neuerdings als so genannte Radikalfänger geschätzt werden, zu einer unlöslichen Trübung vergesellschaften. Der enzymatische Abbau der Eiweisse muss selektiv geschehen, denn ohne sie gibt es keinen stabilen Schaum (Kapp und Bamforth 2002).

Wie schon angedeutet, durchzieht ein dichtes, anastomosierendes Netz von gegliederten Milchröhren alle oberirdischen Teile der Pflanze. Der Milchsaft ist thixotrop, d. h. er stellt *in situ* eine Art Gel dar, was auch erklären mag, weshalb dem Milchröhrensystem kaum eine Transportfunktion zukommt (Frey-Wyssling 1935). Der Anteil an Trockensubstanz im Latex hängt stark vom ‹Wasserstatus› der Pflanze ab und liegt im Schnitt bei 15 %. Zwei Fünftel davon sind Enzymproteine, wovon wiederum 80 % Cystein-Endopeptidasen (auch Cystein-Proteasen genannt) sind. Diese würden für die Pflanze wegen ihrer starken Verdauungswirkung eine grosse Gefahr darstellen, wären sie nicht als inaktive Vorstufen in der Milchröhre eingelagert. Über die Funktion dieser geballten Ladung an proteolytischer Aktivität für den Melonenbaum und seine Verwandten wurde lange gerätselt. Erst kürzlich gelang der eindeutige Beweis für die lang gehegte Vermutung, dass diesen Enzymen eine Verteidigungsaufgabe zukomme: Wenn die Pflanze durch Raupenfrass verletzt wird, kommt es zu einem massiven Ausfliessen von Latex, der an der Luft polymerisiert. Die proteolytische Aktivität im Latex steigt nach Verwundung steil an. Die Schmetterlingslarven stagnieren in ihrer Entwicklung oder gehen innerhalb von 4 Tagen nach dem Schlüpfen zugrunde. Die gleichzeitige Applikation eines spezifischen Protease-Hemmers hebt die toxische Wirkung des Latex zu einem grossen Teil auf (Konno *et al.* 2004). Diese effiziente chemische Verteidigung beruht hier wahrscheinlich auf dem gleichen Prinzip, wie es kürzlich für die Raupe des Mais-Zünsler, *Spodoptera frugi-*

vora, gezeigt werden konnte, gegen welche die Maispflanze an der Frassstelle eine Cystein-Protease bildet: Das Enzym baut die peritrophische Matrix ab (Mohan *et al.* 2006). Es sind dies von Proteinen zusammengehaltene Chitinfibrillen, die das zarte Mitteldarmepithel von Schmetterlingslarven in dünner Schicht überziehen (Lehane 1997). Der Papaya-Latex enthält bereits ‹von Haus aus› Chitinase-Aktivität, aber die wiederholte Verwundung der Frucht induziert eine zusätzliche Bildung von weiteren Enymen mit proteolytischer oder Chitinase-Aktivität, was vermutlich die gezielte Abwehr gegen Pilze oder Insekten ermöglicht (Azarkan *et al.* 2004). Der Latex von Papaya wird in der Ethnomedizin erfolgreich gegen Pilzinfektionen verwendet (Gupta *et al.* 1993, Runyoro *et al.* 2006), was auf die Anwesenheit der Chitinase-Aktivität zurückgeführt werden kann (Giordani *et al.* 1991). Da die Zusammensetzung des Latex und damit des ‹Papains› offenbar stark vom Umgang mit der Pflanze während der Gewinnung abhängt, müssten künftig die Präparate für die Humanmedizin besser definiert werden. Damit liesse sich die so genannte Enzymtherapie, wie sie beipielsweise in der Behandlung von Tumoren und rheumatischen Leiden eingesetzt wird (Leipner und Saller 2000, Leipner *et al.* 2001), auf eine sicherere Basis stellen. Zu guter Letzt sei darauf hingewiesen, dass eine Lipase-Aktivität fest an die wasserlösliche Fraktion des Roh-Papains gebunden ist, was diesem die Natur eines natürlichen, immobilisierten Biokatalysators verleiht, der unter anderem für die Modifikation von Fetten und Ölen sowie für die stereoselektive Auflösung von Gemischen organischer Säuren von grossem technischen Nutzen sein wird (Dominguez de María *et al.* 2006).

EBENACEAE

Schwarze Sapote *Diospyros digyna* Jacq.
Lotuspflaume *Diospyros lotus* L.
Kaki *Diospyros kaki* L.f.

Nach neuesten Erkenntnissen setzt sich diese Familie aus den beiden Unterfamilien Lissocarpoideae und Ebenoideae mit den vier unterschiedlich grossen Gattungen *Lissocarpa* (8 Arten), *Euclea* (ca. 20), *Royena* (ca. 20) und *Diospyros* (ca. 500) zusammen. Sie ist pantropisch und gehört zusammen mit vielen anderen Familien wie z.B. den weiter unten behandelten Sapotaceen zur Ordnung der Ericales (APG II 2003, Schönenberger *et al.* 2005, Duangjai *et al.* 2006). Bei den Ebenaceen handelt es sich um Büsche oder Bäume mit der Fähigkeit, Naphthochinone zu bilden. Diese Verbindungen zusammen mit Gerbstoffen sind verantwortlich für die dunkle Pigmentierung des harten Ebenholzes, das wegen des geringen Lufteinschlusses deutlich schwerer als Wasser sein kann (spezifisches Gewicht bis 1.12) und aus einer Vielzahl von *Diospyros*-Arten (s. unten) gewonnen wird (Uphof 1968 SW). Ein weiteres Charakteristikum dieser Familie ist der grosse Kelch, der die beerenartige Frucht auch in ihrem reifen Zustand noch ziert. Einige *Diospyros*-Arten haben essbare Früchte, wie z.B. die Lotuspflaume, Kaki oder die hier im Fokus stehende Schwarze Sapote. Essbare Früchte finden sich auch in der Gattung *Euclea*. Die Rinde, Wurzeln und Früchte vieler Arten dieser Familie dienen zur Gewinnung von schwarzen Pigmenten zum Färben von Textilien, Tierhäuten, Holz etc. Zur Verwendung diverser Familienglieder als Jagd- und Fischfang-Gifte und zu ihrer Chemie und Ethnopharmakologie siehe Neuwinger (1994 SW).

SCHWARZE SAPOTE *Diospyros digyna* Jacq.

engl. black apple, black sapote, black persimmon; fr. caca poule, sapote noire; ger. Schwarze Sapote; port. ébano das Antilhas; sp. zapote/sapote negro, zapote prieto, zapote de mico, matasano de mico.

Wie schon im **PROLOG** erwähnt, ist der ‹Breiapfel›, die Sapote, ein typisches Element der Tropenfrucht-Palette – mit derber Haut, die ein breiartiges oder kremiges Fruchtfleisch einschliesst. Der taxonomische Hort der Breiäpfel ist, wie es der

Name besagt, die Familie der Sapotaceen, aber auch die nahe Verwandtschaft, wie eben die Ebenaceen, produziert diesen Fruchttyp.

Diospyros ist fast ausschliesslich pantropisch mit wenigen Vertreterinnen in der gemässigten Zone. Nicht nur zahlenmässig (500 Arten) sondern auch ökonomisch betrachtet ist *Diospyros* die bedeutendste Gattung der Ebenaceen, indem sie viele Arten mit essbaren, saftigen Früchten besitzt, wobei die Kaki, *D. kaki*, als beste gilt. Ihr Holz aber auch jenes anderer Arten ist hart, edel und sehr dekorativ. Aus dem Kaki-Holz werden in Japan kunstvolle Truhen, Schreibtische oder Mosaike angefertigt. Wie angetönt liefert die Gattung die so genannten Ebenhölzer. Das echte Ebenholz, das primär mit *D. ebenum* (Ceylon) assoziiert ist, wird nach Entfernung des weichen Splints aus dem dunklen bis schwarzen Kern auch der folgenden Arten gewonnen: *D. dendo* und *D. mespiliformis* (Afrika), *D. crassiflora* (Gabon und Kamerun), *D. melanoxylon* (Indien), *D. perrieri* und *D. haplostylis* (Madagaskar) und *D. celebica* (Celebes). Daneben gibt es *D.*-Arten mit grünem, rotem, weissem oder buntscheckigem Kernholz (Uphof 1968 SW, Mallavadhani *et al.* 1998). Eine bemerkenswerte Bedeutung haben zudem die Tendublätter (*D. melanoxylon*): Wegen ihres Aromas und ihrer physikalischen Eigenschaften eignen sie sich bestens für die Hülle der *bidis* (Mallavadhani *et al.* 1998). Das sind indische, durch Kinderarbeit erzeugte Zigaretten, die vor allem von den Armen im Mittleren Osten geraucht werden und bei uns als Exklusivität Anklang finden.

Die Blüten sind 3- bis 5-zählig, meist eingeschlechtlich und diözisch verteilt; die Zahl der Staubblätter reicht von 2 bis ca. 100; der oberständige Fruchtknoten hat 3 bis 10 (16) Fächer mit in der Regel je einer Samenanlage. Die hier nebst der schwarzen Sapote illustrierten *D. lotus* und *D. kaki* gehören zusammen mit *D. virginiana* L., die häufig als Unterlage für letztere gebraucht wird, zu einer asiatisch-nordamerikanischen Gruppe gemässigter Zonen mit essbaren Früchten (Duangjai *et al.* 2006).

Die Schwarze Sapote ist wie viele andere Pflanzen der Tropen mehrmals ‹entdeckt› worden und ein gutes Beispiel dafür, wie die Wissenschaft der schnellen Ausbreitung der Arten durch die Seefahrt hinterher hinkte. So fand der Fribourger Naturforscher Guerrard-Samuel Perrottet (1790–1870), der wegen der sukzessiven Abschaffung der Sklaverei in Lateinamerika im Auftrag

ILLUSTRATION. *Diospyros lotus* L., Lotuspflaume, hat ihren Ursprung im Genzentrum von Savadkouh (Iran), am südlichen Ende des Kaspischen Meeres, wo die reifen Früchte des bis zu 20 m hohen Baumes entweder frisch oder getrocknet gegessen werden (Khoshbakht und Hammer 2005).
Diospyros kaki L.f., Kaki oder Kakipflaume, stammt aus Japan, China, Burma und dem Himalaja. Eine Auslese über mindestens zwei Jahrtausende hinweg und die intensive Züchtung der letzten Jahrzehnte resultierten in einer samenfreien Kakifrucht mit zur Reife geringem Gerbstoffgehalt. Die typische Matschigkeit fehlt der Sharon-Frucht, einer Züchtung aus Israel mit essbarer Schale und ‹immer währender› Festigkeit. Das wie ein Adstringens wirkende Kaki-Tannin ist eine Mischung aus polymeren Proanthocyanidinen, die in speziellen Zellen (Idioblasten) akkumuliert sind und unter bestimmten Bedingungen zu einem glasigen, unlöslichem Gel präzipitieren, wobei Acetaldehyd ein wichtiger Faktor zu sein scheint; doch auch die während der Reifung gebildeten Abbauprodukte des Pektins vermindern den adstringierenden Charakter (Matsuo und Itoo 1982, Taira *et al.* 1997, Arnal und Del Rio 2003).

Frankreichs im Fernen Osten Ausschau nach neuen *Human Resources* hielt (Uldry 1987), im Jahre 1825 auf den Philippinen eine ‹neue› Pflanzenart, die dort von den Kreolen der Maskarenen mit *sapot negro* bezeichnet wurde. Er nannte sie *Diospyros nigra* Perrottet und stellte später fest, dass diese Spezies auch in Cayenne angepflanzt werde. Heute wird davon ausgegangen, dass *D. digyna* in Südmexiko und Zentralamerika beheimatet ist, wo sie heute angebaut und auf den Märkten feilgeboten wird (Howard 1961). Inwiefern die durch die Kolonialmächte verschleppten Sklaven *nolens volens* zum ausbreitenden Vektor wurden, ist weitgehend ungeklärt. Ein bekannter Fall ist jedoch Ackee, die Frucht von *Blighia sapida* (siehe **KATALOG**, Sapindaceae), die von den aus Westafrika nach Jamaica gebrachten Sklaven mitgeführt und angepflanzt wurde.

Mousse au Chocolat direkt vom Baum

Der Reifungsprozess der Schwarzen Sapote, während welchem die Gerbstoffe abgebaut und das Fleisch durch Pektinase-Aktivität weich wird, manifestiert sich äusserlich wenig. Er beginnt bereits 24 Stunden nach dem Pflücken der grün glänzenden Frucht und erreicht das Maximum (Klimakterium) nach 5 bis 6 Tagen. Die Haut verliert dabei etwas von ihrem Glanz und wird matt. Die Frucht wird plötzlich sehr weich und der relativ hohe Gehalt an Askorbinsäure (180 bis 190 mg/100 g) sinkt auf ca. einen Drittel ab (Arellano-Gómez *et al.* 2005). Die Farbe des reifenden Fruchtfleisches verändert sich von braun nach braunschwarz und entspricht in seiner Konsistenz ganz einem Mousse au Chocolat. Mit etwas Vanille gewürzt, schmeckt diese süsse Pulpa sehr gut, auch wenn die visuell-gustatorische Anfreundung mit einer derart dunkel pigmentierten Pflanzenmasse schwer fällt. Bei 10 °C kann die noch harte Frucht monatelang aufbewahrt werden, kommt dann aber bei Raumtemperatur innerhalb weniger Tage zur Vollreife. Einmal reif muss sie sofort konsumiert werden. An einen Transport in diesem Zustand darf nicht gedacht werden, da es sich hier um einen Breiapfel im wahrsten Sinne des Wortes handelt. Gelegentlich wird die Schwarze Sapote zu Konserven oder einer Art Brandy verarbeitet.

ILLUSTRATION. *Diospyros digyna* Jacq., Schwarze Sapote. Immergrüner, 10–25 m grosser Baum mit kräftigem Hauptstamm. Blätter wechselständig, länglich-lanzettlich, entweder an beiden Enden gleichmässig verjüngt oder mit runder Basis und stumpfer Spitze, 10 bis 30 cm lang, lederig. Nervatur aufsteigend und bogenförmig, in Randnähe anastomosierend. Achselständige Blüten, entweder eingeschlechtlich oder zwittrig, die männlichen meistens in Büscheln, die weiblichen einzeln. Kelch grün und persistierend. Weisse Kronröhre aus 4, selten 5 Kronblättern, Zipfel bildend; Fruchtknoten 8-, 10- oder 12-kammerig mit einer Samenanlage pro Kammer. Die Frucht ist eine abgeflacht-kugelige, schwach gelappte Beere, 5–15 cm im Durchmesser, dunkel-olivegrün, mit 4–6-zähligem Kelch, wobei die einzelnen Lappen breit-eiförmig sind und der Kelch als Ganzes gewellt erscheint; zur Reife ist er zurückgebogen. Samen 0–12, flach, ca. 2 cm lang, glatt, braun. Die mindestens kakigrossen Früchte entwickeln sich an den neuen Trieben und sind auch in Vollreife noch grün. Sie werden mit Vorteil vor diesem Stadium geerntet, denn sonst fallen sie zu Boden und zerplatzen zu Kuhfladen ähnlichen Gebilden, die von Schmetterlingen (z. B. *Morpho rhetenor*) zuhauf besucht werden, ganz vergleichbar dem bunten Spektakel der Admirale, das im Spätherbst unter unseren Birnbäumen beobachtet werden kann.

FABACEAE

Korallenbäume *Erythrina spp.*

Diese riesige Familie, auch Leguminosae genannt, mit ca. 18'000 Arten und 650 Gattungen (18'000/650) bildet zusammen mit den Polygalaceen (850/17) und zwei weiteren, kleinen Familien die Ordnung der Fabales. Die Fabaceen werden in die Unterfamilien Mimosoideae (2500/40), Caesalpinoideae (2700/150) und Papillionoideae (= Fabiodeae) (12'600/429) aufgeteilt, wobei die Gattung *Erythrina*, die hier näher betrachtet wird, in der letzteren angesiedelt ist. Die Leguminosen der Tropen und Subtropen sind nicht nur für die globale sondern auch für die lokale Ökonomie von unschätzbarem Wert. Als Resultat ihrer Vergesellschaftung mit Stickstoff fixierenden Mikroorganismen (s. unten) liefern sie proteinreiche Samen für die menschliche Ernährung und sind daher auch die wichtigsten Futterpflanzen für Tiere. Zudem gibt es in dieser Familie Fett liefernde Arten wie z.B. Erdnuss oder Soja. Weniger beachtet aber nicht minder wichtig ist ihr Einsatz in der tropischen Landwirtschaft als Spenderinnen von Schatten und Stickstoff in den Plantagen (Judd *et al.* 1999 SW, Franke 1997 SW).

Kein Zoff mit Stickstoff!

Alle diesbezüglich untersuchten Gattungen der Leguminosen – und dies sind bis anhin ca. 57 % – können eine mutuelle Symbiose mit Rhizobien, so genannten Wurzelknöllchen-Bakterien, eingehen. Der gegenseitige Nutzen kann wie folgt umschrieben werden: Die Bakterien werden von der Pflanze ernährt und reduzieren mit Hilfe des Enzyms Nitrogenase den elementaren, gasförmigen Stickstoff der Luft (N_2; Anteil 78 %) formal zu Ammoniak (NH_3), das vom pflanzlichen Stoffwechsel übernommen und für die Synthese von Aminosäuren und Proteinen eingesetzt wird. Nach Absterben der Wurzel oder der ganzen Pflanze gelangen die Bakterien, die sich in der Symbiose stark vermehren konnten, zurück in das Erdreich und der Infektionsprozess, dem eine gegenseitige Erkennung vorausgeht, kann von neuem beginnen. In den Tropen werden durch die Aktivität der Rhizobien in den Wurzelknöllchen zwischen 25 und 250 kg Stickstoff (N) pro Hektare und Jahr fixiert, was einen Teil- oder sogar den Gesamtbedarf der Pflanze ausmacht und in jedem Fall die Konkurrenzfähigkeit gegenüber anderen Arten an Standorten mit N-Mangel deutlich verbessert. Heute sind 48 verschiedene Arten von Rhizobien (im erweiterten Sinne) bekannt, die sich mit Leguminosen vergesellschaften. Neuerdings sind aber auch andere, mit Rhizobien nicht verwandte Bakterien, z.B. *Burkholderia*, mit gleichen Eigenschaften isoliert worden. Es sei noch darauf hingewiesen, dass solche Symbiosen, bei denen im Wurzelbereich der Luftstickstoff fixiert wird, in weiteren Pflanzentaxa vorkommen: *Parasponia*, eine Gattung der Ulmengewächse, ist das einzige Taxon ausserhalb der Leguminosen, das mit Rhizobium eine Symbiose eingeht; das *Frankia*-Bakterium noduliert Pflanzen aus 25 Gattungen in 8 Familien, darunter z.B. die in der gemässigten Klimazone angesiedelten Birkengewächse oder die Casuarinaceen der Paläotropen; Cyanobakterien schliesslich vergesellschaften sich mit den Wurzeln der Palmfarne (Cycadales). Einen tieferen Einblick in die Thematik geben die Arbeiten von Dakora (2003), Vessey *et al.* (2005) und Willems (2006).

Hier scheint es angebracht, noch einen kurzen Blick auf die Biologie des Bodens zu werfen, die vergleichsweise schlecht erforscht ist, was aber nur wenig damit zu tun hat, dass sich die Wissenschaft lange fast ausschliesslich auf die oberirdischen Phänomene konzentriert und das Geschehen des verborgenen Lebensraumes im Dunkeln gelassen hatte. Der wahre Grund liegt in seiner fast unendlichen Komplexität, die wir lediglich erahnen können. Nur ein ‹kleines Beispiel›: Der Boden ist ein bevorzugter Tummelplatz für Fadenwürmer (Nematoden), deren Artenzahl nach Schätzungen in die Millionen geht und deren weitere systematische Erfassung noch ca. 1300 (!) Jahre benötigen würde, falls die Bestimmungskadenz (zurzeit sind erst ca. 20'000 Arten beschrieben) unverändert bliebe (De Ley, 2000). Diese Organismen befallen die Wurzeln vieler Kulturpflanzen, was sich in der Bildung von Wurzelgallen und grossen Ernteverlusten äussert. Unter ihnen befinden sich aber auch wichtige Nützlinge, mit denen heute Schadinsekten wie z.B. Dickmaulrüssler oder Raupen der Eulenfalter erfolgreich bekämpft werden. Fadenwürmer interagieren nicht nur mit Pflanzenwurzeln und Boden bewohnenden Insekten und ihren Stadien sondern auch mit den zahllosen terrestrischen Bakterien und Pilzen. Es ist unbestritten, dass dem Boden und seinen Bewohnern eine zentrale Funktion in der Pflanzenentwicklung zukommt. Er stellt bezüglich biologischer Vielfalt und ihrer Vernetzung wohl das komplexeste Ökosystem dar. Im Fokus der heutigen Forschung stehen die oben dargestellte Fixierung von Luftstickstoff sowie die Mykorrhizierung, eine Vergesellschaftung der Pflanze mit Höheren Pilzen, deren riesige Myzelien die Mobilisierung und Zulieferung von Nährstoffen aus einem weiten Bereich des Bodens in die Wurzeln sicherstellt. Jene, die sich für die Bedeutung der Mykorrhiza in tropischen Böden interessieren, sind auf den Übersichtsartikel von Cardoso und Kuyper (2006) verwiesen. Um das Bild abzurunden, sei erwähnt, dass sich die Pflanzenwurzel bei ihrem Eindringen in den Boden eine eigene Sphäre, die so genannte Rhizosphäre, schafft. Durch Signalaustausch mit Mikroorganismen aber auch anderen Bodenbewohnern kommt es zur Etablierung eines Mikro-Biotops spezifischer Zusammensetzung, das die Wurzel umgibt und in unterschiedlichem Masse besiedelt, die Entwicklung der Pflanze begünstigt sowie antagonistisch auf pflanzenpathogene Organismen einwirkt (Heller und Theiler-Hedtrich 1994, Lambers und Colmer 2005). Noch ist die Systembiologie weit davon entfernt, uns sagen zu können, wie sich der intime Stoffaustausch in der Rhizosphäre auf uns Menschen als Pflanzen Vertilgende auswirkt.

Gartenbohne mit Wurzelknöllchen

Früchte und Samen
von *Erythrina*:

E. poeppigiana

nicht bestimmt

E. poeppigiana

E. fusca

E. costaricensis

E. herbacea (rechts)

nicht bestimmt

Erythrina-Samen enthalten
nebst so genannten nicht-
proteinogenen Amino-
säuren eine grosse Zahl
von ‹*Erythrina*-Alkaloiden›,
deren Wirkungen und
chemische Synthese
intensiv untersucht wird
(s. BLOG5 EPILOG,
Phytochemie).

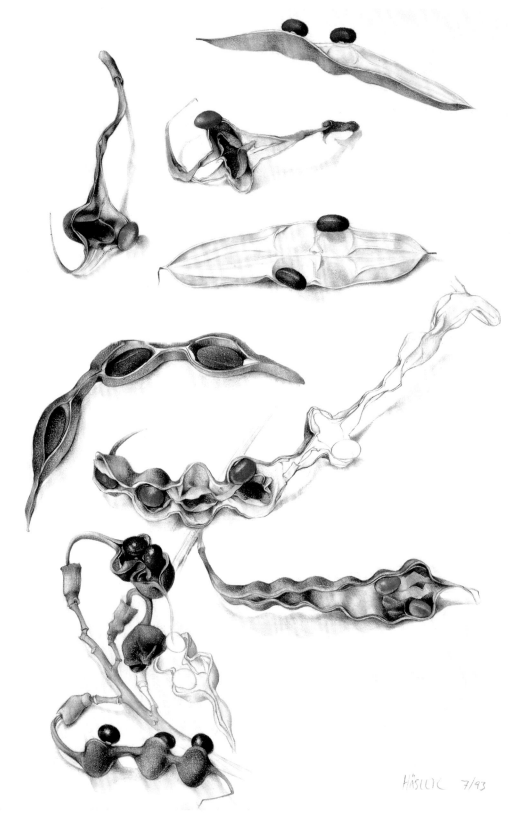

KORALLENBÄUME *Erythrina spp.*

Poró *E. fusca* Lour.
Poró extranjero *E. poeppigiana* (Walpers) O.F. Cook
Poró de cerca *E. berteroana* Urban
Alabarda de cardenal *E. herbacea* L.

Diese faszinierende Gattung – alle 112 Arten mit leuchtend roten, duftfreien aber nektarreichen Blüten – ist pantropisch, abgesehen von wenigen Vertreterinnen in der (warmen) gemässigten Zone. Die Blätter dieser Sträucher oder Bäume sind aus drei Teilblättchen zusammengesetzt, ein Bild, das wir von ‹unserer Gartenbohne›, *Phaseolus vulgaris* L., her kennen. Die pragmatische Zuordnung von *Erythrina* zum Tribus Phaseoleae geschah jedoch aus dem Unvermögen heraus, verwandtschaftliche Beziehungen zu anderen Gattungen der Papillionoideae auszumachen. Trotz molekularer Studien konnte bis heute dieses Rätsel nicht gelöst werden. Eigenheiten der Korallenbäume sind unter anderem drüsige Nebenblätter, die einheitliche Chromosomenzahl (x = 21), die Bildung und Akkumulation von *Erythrina*-Alkaloiden (siehe **BLOG5 EPILOG**, Phytochemie) und schliesslich die starke Expression einer Nitratreduktase mit geringer Affinität (Km ca. 10 mM) und unbekannter Funktion (Orebamjo *et al.* 1982). Als pantropische Gattung ist ihr natürlicher Lebensraum an allen ‹Ecken und Enden› gefährdet. Ihr heutiges Überleben in vielen Kollektionen verdankt sie ihrem blütenbiologischen Faszinosum und ihrer mühelosen Kultivierbarkeit. Alle Korallenbäume werden durch Vögel bestäubt; in der Neuen Welt sind dies, nebst Sperlingen, vor allem Kolibris, während in der Alten Welt ausschliesslich Sperlinge diese Funktion ausüben. Die herkömmliche Gliederung der Gattung sieht 26 Sektionen in 5 Untergattungen vor (Raven 1974, Krukoff und Barneby 1974), wobei sich die taxonomischen Grenzen nicht unbedingt mit den geografischen decken müssen: Die grösste Untergattung *Erythrina* (mit ca. 70 Arten) wächst hauptsächlich in Amerika aber auch in Asien, Malaysia und Südostafrika; *Erythraster* (13) ist pantropisch, in Afrika limitiert auf ein schmales Segment im Osten, d.h. auf Äthiopien, Tansania, Somalia und die madegassischen Inseln. Hingegen ist *Micropterix* (7) mit Ausnahme der pantropischen *E. fusca* neotropisch (meist Südamerika), und *Chirocalyx* (19) kommt endemisch in Afrika vor. Um sich ein Bild der geografischen Verteilung machen zu können, sei hier die numerische Übersicht von Krukoff (1982) wiedergegeben (Anzahl Arten, mit Überlappungen): Mexico (27), Zentralamerika (25), Südamerika (21), Westindien (9), tropisches Afrika (26), Südafrika (5), kontinentales Asien (6), Malaysia und Pazifik (6), Australien (2). Hinzu kommen die pantropische *E. fusca* sowie *E. herbacea* und *E. flabelliformis* in Nordamerika bis ca. 32 Grad nördlicher Breite. Wie es zu dieser Verteilung gekommen ist, bleibt dank der phylogenetischen Forschung, in der heute nebst morphologischen, physiologischen und chemischen Eigenschaften auch molekulare Daten (DNS und RNS Sequenzen) sowie fossile Funde berücksichtigt werden, kein unlösbares Rätsel mehr. Es wird davon ausgegangen, dass die Verteilung nicht das Resultat des Kontinentaldrifts (Gondwana) sein kann, sondern dass die Gattung erst im Frühtertiär mit dem Aufkommen der bestäubenden Vögel in Nordamerika entstanden ist und anschliessend nach Südamerika, Afrika und Asien diversifizierte.

E. herbacea L., (oben) Alabarda de cardenal, hat ein Verbreitungsgebiet, das vom Südosten (ab ca. 32° nördlicher Breite) der USA bis nach Mexiko reicht. Die Spezies ist ein perennierendes Kraut mit dicker, fleischiger Wurzel, aus der mehrere beblätterte Achsen spriessen. Im tropischen Florida und in Mexiko entwickelt sich die Pflanze zum Busch oder kleinen Baum, meist mit einem einzigen Stamm.
Die Blüten und jungen Triebe von *E. berteroana* Urban (unten), dem Zaunporó, von dem auf den nächsten Seiten die ‹Rede› sein wird, sind gekocht ein vielerorts geschätztes Gemüse.

E. poeppigiana (Walpers) O.F. Cook verziert verwildert die Abhänge des Rio Reventazón bei Turrialba, Costa Rica (oben), oder dient dem Pfeffer als kultivierter Kletterbaum in der nahen Finca (unten).

Die Ausbreitung der Samen geschah durch migrierende Vögel. Aber die Tatsache, dass einige Arten schwimmfähige, salzresistente Samen haben, lässt ebenso eine Überbrückung der Kontinente durch Meeresströmungen plausibel erscheinen (Bruneau und Doyle 1993, Bruneau 1996, Bruneau 1997).

Landschaftsmalerinnen

Die Vielseitigkeit dieser Gattung wird am besten mit Ausschnitten aus dem Werk Standleys (Standley 1919, 1922) umrissen, die hier frei zusammengestellt und übersetzt sind: «Die *Erythrina*-Arten werden häufig als Hecken gepflanzt, sei es wegen ihrer meist gut bewaffneten Äste oder wegen ihrer auffälligen roten Blüten. Es wird berichtet, dass die Azteken diese Pflanzen, gleich wie es heute die Menschen des modernen Mexikos tun, vielfältig nutzten. Abgebrochene Äste der Bäume oder Sträucher, in den Boden gesteckt, bewurzeln sich rasch. Heute werden die Bäume manchmal zur Schattierung des Kaffees gepflanzt. Das Holz ist sehr weich und leicht und wird als Kork verwendet, oder um kleine Figürchen und Bilder etc. zu schnitzen. Die Borke liefert einen gelben Farbstoff für Kleider usw. Die fleischigen Blüten werden gegessen, entweder roh oder gekocht, als Gemüse oder Salat. Die schönen Samen, meist aus vielen Rot-Nuancen, wurden in Mexiko vor der Eroberung, aber auch heute noch, als Schmuck verwendet. Im frühen Mexiko dienten sie für eine Art Würfelspiel, bekannt als *patol*. Es werden den mexikanischen *Erythrinae* verschiedene medizinische Eigenschaften zugeordnet: Die Wurzeln sind Schweiss treibend; ein Dekokt der Blüten wird manchmal gegen Brustbeschwerden eingesetzt und die Rinde (Borke) soll einen purgierenden und diuretischen Effekt haben. Der Saft aus dem Stamm wird als Heilmittel bei Skorpionstichen verwendet. Die giftigen Eigenschaften der Samen sind in Mexiko wohlbekannt, und sie dienen zur Vernichtung von Schadorganismen. Sie werden auch als Hypnotikum eingesetzt. Wegen ihrer narkotischen Eigenschaften werden zerquetschte Stämme der Pflanzen ins Wasser geworfen, um die Fische zu betäuben.»

Es wird vermutet, dass gerade die eingangs erwähnte charakteristische Blüte, die mit leuchtender Pigmentierung und Nektarreichtum prangt, entscheidend zur weiten Verbreitung und Artbildung von *Erythrina* beigetragen habe. Der Schaueffekt wird in sehr vielen *E.*-Arten dadurch verstärkt, dass zur Zeit der Blüte, die sich über mehrere Monate der Trockenperiode hinzieht, die Pflanze blattlos ist. Durch Kolibris bestäubte Arten produzieren einen Nektar mit hoher, von Saccharose dominierter Zuckerkonzentration, während der Nektar der durch Sperlinge besuchten Arten einen geringeren, hexosereichen Zuckergehalt, aber dafür eine wesentlich (ca. 10x) höhere Aminosäure-Konzentration, aufweist (Baker und Baker 1982). Die oben erwähnte Verbreitungsarbeit der Vögel an vielen *E.*-Arten erfährt keine direkte Belohnung, da diese offenbar durch einen so genannten Imitationsarillus der harten Samen getäuscht werden (van der Pijl 1982).

Erythrina und Agroforestry

Mit dem Begriff ‹Agroforestry› wird eine Art von Wald-Landwirtschaft bezeichnet, in der verschiedene Baum- oder Straucharten sinnvoll miteinander kombiniert werden. Eine in Costa Rica häufig angebaute und dort auch gut untersuchte Kombination ist jene aus Kaffee, *Coffea arabica*, oder Kakao, *Theobroma cacao*, mit dem Poró, *Erythrina poeppigiana*. Der Poró dient als Stickstoff fixierender Schattenspender mit hohem Biomasse-Ertrag und wird jährlich 2- bis 3-mal zurück geschnitten. Die Blätter und die ausserordentlich weichholzigen Äste eines solchen Rückschnittes werden als Mulch der Anbaufläche zurückgeführt. Auf diese Weise wird der Plantage ebensoviel Stickstoff zugeführt wie dies mit der empfohlenen, maximalen anorganischen Düngung der Fall ist, d.h. bis 270 kg/ha/a. Vielfach beherbergt die Kombination eine zweite Baumart wie z.B. den heimischen Laurel (*Cordia alliodora*, Borretschgewächse), der unter anderem ein schönes, hartes Nutzholz liefert, oder die aus Australien eingeführte Macadamia, *M. integrifolia*, deren schmackhafte Nüsse ebenfalls genutzt werden. Die konsequente Weiterentwicklung führt zum äusserst harmonischen Anbausystem des so genannten *Multistorey Tree Garden*, eine Art Waldplantage, in der Vertreterinnen aus allen Baumschichten artgerecht kombiniert werden. Es versteht sich von selbst, dass sich einer solchen Gemeinschaft die entsprechende Fauna rasch zugesellt, womit ein vielfältiges ökologisches Gefüge entsteht, ohne dass die Nutzung durch den Menschen zu kurz kommt. Schliesslich bieten diese Waldgärten die wertvolle Möglichkeit, neue Arten aus dem Regenwald zu integrieren und so ihre Eignung zum Anbau zu erproben. Diese Anbausysteme werden in allen tropischen Regionen betrieben und haben, obschon ihre Zusammensetzung aus pflanzengeografischen, klimatischen, bodenbedingten und sozioökonomischen Gründen variiert, immer das Folgende gemeinsam (Wiersum 1982, Nair und Muschler 1993):

- Eine gute Ausnützung der Umgebungsfaktoren und vielseitige Produktivität übers ganze Jahr.
- Die Nährstoffe befinden sich vorwiegend in der wachsenden Biomasse; die Gefahr von Erosionsverlusten wird stark reduziert. Es findet Mineralisierung und Stickstoff-Fixierung statt.
- Der Waldgarten, der nährstoffreiche Produkte liefert, besetzt in der Regel nur einen Teil des kultivierten Landes und stellt eine Ergänzung zum Anbau von Reis, Mais und Maniok dar, welche die Hauptnahrungsmittel stellen.
- Die Produktivität an nützlichen Gütern ist vergleichsweise klein, aber die Ernte ist nachhaltig, das heisst, dass sich in Zeiten der Not (Ernteausfall, Überangebot) die Diversifikation auszahlt.

Kaffeeplantagen in Costa Rica. Links in ‹Mischkultur› mit Bananen und vereinzelten Porós; rechts mit weiteren Baumarten wie Zitrus und Guaven (die Porós sind stark zurückgeschnitten). Im ausgeprägten ‹Waldgarten› mit Holznutzung wäre die ganze Anpflanzung z. B. von Guavos (*Inga*-Arten) und Laurel (*Cordia alliodora*) überdacht.

ILLUSTRATION. Falls nicht anders vermerkt, stammen die folgenden Angaben aus den Beiträgen Krukoff's zu *Erythrina* (Krukoff 1939, 1982; Krukoff und Barneby 1974). Es sei vorausgeschickt, dass bei einigen Arten der Blütenstand nach Abschneiden des blühenden Astes relativ bald ‹abgeworfen› wird, was das Illustrieren erschwert.

Erythrina fusca Lour. (Mitte) der Untergattung *Micropteryx* ist die weitestverbreitete Art dieser Gattung und die einzige, die auf drei Kontinenten vorkommt. Da sie auch auf weit voneinander entfernten Meeresinseln heimisch ist, darf mit Sicherheit angenommen werden, dass die Verbreitung der Samen durch Meeresströmungen erfolgte. Dieser Schluss liegt auch deshalb nahe, weil die leichten Samen im Wasser schwimmen, von einer harten Schale umgeben sind und nach Behandlung mit Meerwasser noch keimen. In Costa Rica, wo diese Art auf der pazifischen Abdachung mit tropisch-wechselfeuchtem Wetter aufgefunden wurde, wird sie häufig einfach Poró genannt. Sie wird in der Neuen Welt als Schattenbaum für Kaffee und Kakao verwendet und hat dadurch ein grosses Verbreitungsgebiet erhalten. Die Unterscheidung ‹nativ oder verwildert› ist deshalb vielfach schwierig. *E. fusca* ist ein sehr grosser Baum, der bevorzugt an feuchten Standorten der tiefen Regionen wächst und dort bisweilen mächtige Forste bildet. Er wird oft als Zierbaum angepflanzt. Eine enge, bestäubungsbiologische Vergesellschaftung mit dem Orchard Oriole, *Icterus spurius*, wird für diese Spezies in Panama beschrieben (Morton 1979), der dort als einziger Vogel, und zwar nur das adulte Männchen, in ‹richtiger› Weise die Blüte öffnen kann, um zum aminosäurereichen Nektar zu gelangen und dabei Pollen empfängt. Beim Öffnen der Blüte kommt die Färbung der ‹Flügel›-Petalen zum Vorschein, die in erstaunlicher Weise mit jener des Oriole-Männchens übereinstimmt. Zudem ist bemerkenswert, dass Weibchen und männliche Jungvögel olivgrün bis gelb sind und durch die erwachsenen Männchen aus der Krone des Baumes vertrieben werden, sodass jene mehr Zeit und Energie für das Jagen von Insekten aufwenden müssen. Die Assoziation Oriole/*Erythrina* wird dahin interpretiert, dass das Outcrossing, das heisst die Kreuzung des Baumes mit anderen Individuen, gefördert werde, weil durch das Öffnen der Blüten immer mehr ‹Signale› (vorgetäuschte Zunahme der arteigenen Dichte) entstünden, was die Übersiedelung auf einen anderen Baum auslösen dürfte.

Erythrina poeppigiana (Walpers) O.F. Cook (Einzelblüten unten links) aus der Untergattung *Micropteryx* ist der Korallenbaum Südamerikas, dessen natürliche Verbreitung in Panama gegen Norden ihr Ende findet. Es handelt sich um einen sehr grossen Baum, der bis auf 1400 m ü. d. M. vorkommt. Er ist nicht nur in Costa Rica – dort Poró extranjero genannt – ein wichtiger Schattenspender in Plantagen (siehe Text), sondern erfüllt diese Funktion, wie Feinsinger *et al.* (1979) berichten, auch in Trinidad und Tobago (dort *anauca* genannt), wohin er vom US-Botaniker Orator F. Cook (1867–1949) aus den unteren Abhängen der venezolanischen Anden (dort als *búcare* bezeichnet) im 19. Jahrhundert gebracht wurde. Der Baum hat sich dort so sehr etabliert, dass er sich ohne menschliche Hilfe verbreitet. Dies geschieht durch den Wind, der die geöffneten, leichten und mit Samen besetzten Hülsen über weite Distanzen ‹segeln› lässt (s. Illustration Früchte und Samen). Die gleichen Autoren veranschaulichen die Blütenpracht und geben an, dass zur Blütezeit ein ‹erwachsenes›, dann meist blattloses Individuum zu jedem Zeitpunkt etwa 15'000 orange-rote Blüten trage, die nach einer Lebenszeit von einem Tag abfallen. Zur Hauptblütezeit seien riesige Flächen beider Inseln, wie aus der Luft ersichtlich, orange-rot gefärbt, und ihre Ausdehnung auf Kosten des grünen Bereichs zeigten das Ausmass menschlicher Zerstörung ... Schliesslich sei erwähnt, dass die Blüten als Salat oder in Suppen gegessen werden. Auf den kolumbianischen Märkten werden sie als *barbatusco* angeboten.

Erythrina berteroana Urban (rechts) der Untergattung *Erythrina* ist die am häufigsten aufgefundene Art des neotropischen Amerikas. Sie kommt zusammen mit *E. fusca* auf den westindischen Inseln (ob dort ursprünglich, ist fraglich), in Zentral- sowie Südamerika vor. In Costa Rica sind ihre Fundorte die gleichen wie für *E. fusca*. Es handelt sich um einen mittelgrossen Baum, der sowohl in Tiefenlagen als auch in mässiger Höhe gedeiht und in seinem Ausbreitungsgebiet vegetativ vermehrt wird. Aus ihm werden häufig ‹lebende Zäune und Pfosten› herangezogen, weshalb er Poró de cerca heisst.

MALPIGHIACEAE

Nance *Byrsonima crassifolia* H.B. & K.
Acerola *Malpighia glabra* L.

Geflügelte Spaltfrucht von *Heteropterys chrysophylla* DC. Die Gattung *Heteropterys* ist die grösste (140) der Familie, besiedelt mit der Ausnahme von einer Art, die es nach Afrika geschafft hat, die Tropen und Subtropen der Neuen Welt und ist gekennzeichnet durch den gut entwickelten, dorsalen Flügel. Siehe auch http://herbarium.lsa.umich.edu/malpigh/index.html

Acerola/Barbadoskirsche. Die essbare, jedoch sehr saure Steinfrucht von *Malpighia glabra* L. (syn. *M. punicifolia* L.) hält mit 1,7 bis 4 g pro 100 g Frischgewicht Fruchtfleisch den Rekord für Vitamin C. Der 2 bis 3 m hohe Strauch wird heute deswegen weltweit angebaut. Mit dem Fruchtextrakt werden Säfte des Handels vitaminisiert. Der Extrakt kann auch zu Pulver getrocknet und dieses zur vitaminhaltigen (27 % Vitamin C) Tablette gepresst werden.

Diese Familie gehört zusammen mit 30 weiteren Familien – darunter die wohlbekannten Passionsblumen- (Passifloraceae; s. KATALOG), Weiden- (Salicaceae) und Wolfsmilchgewächse (Euphorbiaceae) – zur Ordnung der Malpighiales und umfasst ca. 1250 Arten in etwa 65 Gattungen der Tropen und Subtropen. Die Malpighiaceen werden in die beiden Unterfamilien Byrsonimoideae (Neue Welt) und Malpighioideae (Neue und Alte Welt) aufgeteilt (Davis *et al.* 2001, Cameron *et al.* 2001). Auffällig ist, dass in der Neuen Welt die Vielfalt dieser Büsche, Bäume oder Lianen wesentlich grösser (1150/50) ist als in der Alten Welt (100/15). Die Neuwelt-Arten besitzen – nebst zwei kleinen Blattdrüsen (Castro *et al.* 2001) – höchst auffällige, an der Aussenseite des Kelches paarig angeordnete Drüsenorgane. Diese Strukturen werden Elaiophoren (gr. *elaion* ‹Öl›) genannt, weil sie ein fettes Öl absondern, das von spezialisierten Bienen abgeerntet wird, wobei es infolge einer ‹sterischen Zwangslage› zur erfolgreichen Bestäubung kommt (Vogel 1974, Gottsberger und Silberbauer-Gottsberger 2006 SW). Einige Altwelt-Arten weisen an gleicher Stelle des Kelches zuckerhaltige Nektardrüsen auf. Die Malpighiaceen-Früchte sind vielgestaltig – fleischig, stachelig oder geflügelt – und werden durch Vögel, Säuger und den Wind sowie vereinzelt durch Fische ausgebreitet (Judd *et al.* 1999 SW, Mabberley 1997 SW). Im Gegensatz dazu weisen die Blüten eine verblüffende ‹Stereotypie› auf, weshalb ursprünglich die Morphologie der Früchte eine wichtige, aber vielfach irreführende Grundlage für die systematische Unterteilung bildete. Erst die molekulare Phylogenie schaffte Klarheit in den familiären Verhältnissen und ergab, dass sich bestimmte Fruchttypen mehrmals entwickelt hatten. Ebenso gelang es, die Elatinaceen, ein kleines paläotropisches Taxon mit meist aquatisch lebenden Arten, als nächste Verwandten auszumachen (Davis und Chase 2004). Schliesslich sei darauf hingewiesen, dasss alle Malpighiaceen-Arten ein Kleid aus einzelligen, verzweigten – zwei Arme auf gemeinsamer Säule – Haaren besitzen.

Von ökonomischer Bedeutung ist die Barbados-Kirsche/Acerola, *Malpighia gabra* L., wegen ihrer hohen Konzentration an Vitamin C. Arten von *Byrsonima* liefern schöne Hölzer und gewisse Vertreterinnen von *Banisteriopsis* enthalten Harman-Alkaloide, die Bestandteil von Ayahuasca, dem Trank der

Götter (Schultes und Hofmann 1980), sind. Schliesslich werden einige Glieder der Familie als Zierpflanzen geschätzt.

Bevor wir mit dem eigentlichen Thema beginnen, sei hier ein Seitenblick auf den heute viel zitierten Gebrauch von Ayahuasca gestattet, und zwar, weil die peruanische Familie der im **PROLOG** vorgestellten Finca Tica, Ausgangspunkt unserer literarischen Odyssee, im Hausgarten einige Gewächse zieht, die an ihre alte Heimat und an den Trank aus Peru und Ekuador erinnern. Ayahuasca (Hayahuasca) bezeichnet nicht nur den Trank sondern auch die Pflanze *Banisteriopsis caapi* (Spruce ex Griseb.) C.V.Morton, die übersetzt ‹Seelenranke› und spanisch wegen ihrer potenziell negativen Auswirkung *liana del muerto* heisst. Diese Malpighiaceen-Liane ist Hauptbestandteil des Trankes, den die Shamanen Perus und Ekuadors zur hellseherischen Heilung ihrer Klientelen benötigen. Weitere Arten, die beigemischt werden, sind *Psychotria viridis* Rutz & Pav., *Ilex guayusa* Loes., *Brunfelsia grandiflora* D. Don. sowie verschiedene *Brugmansia*-Arten. Die β-Carbolin-Alkaloide (Harman, Harmalin) der Liane hemmen die Monoaminoxidase (MAO), die in unserem Körper biogene Amine sofort inaktivieren würde. So kommt es zu einer ungebremsten Wirkung des Halluzinogens Dimethyltryptamin aus *Psychotria viridis*, das spirituelle, mystische Erfahrungen hervorrufen kann. Die *Brugmansia*-Arten tragen durch einen hohen Gehalt an Tropan-Alkaloiden bei, die sich – gleich den β-Carbolinen (Maier *et al.* 1981) – in ‹unseren Hexenpflanzen› finden und unter anderem eine verschärfte Wahrnehmung der Befindlichkeit des Gegenübers vermitteln. Die für die Zubereitung von Ayahuasca beigemischten Blätter von *Ilex guayusa* sind stark koffeinhaltig, was aber ihre Verwendung nicht erklären kann. Ebenso ist das narkotische Prinzip von *Brunfelsia*, einer potenziell tropanalkaloidhaltigen (Calystegine, Bekkouche *et al.* 2001) Gattung, nicht ausreichend ergründet.

‹Ingredienzien› von Ayahuasca (von li nach re): *Brunfelsia sp.; Brugmansia sanguinea* D. Don; *Banisteriopsis* sp.

Leicht exzentrisch und stark ölig

Wer einmal irgendeine Malpighiaceen-Blüte aufmerksam angeschaut hat, wird später fast jede blühende Art dieser Familie sofort erkennen. Die Gleichförmigkeit ist verblüffend und wird darauf zurückgeführt, dass der eingeschränkte, hoch spezialisierte Kreis der bestäubenden Bienen, meist *Centris*-Arten, eine durch Anpassung hervorgerufene Auffächerung (adaptive Radiation) der Blütenmorphologie unnötig werden liess. Die Blütenhülle besteht aus je 5 Kelch-

und Kronblättern. Erstere tragen an ihrer Aussenseite die paarig angeordneten Öldrüsen, während letztere die Form eines Löffels besitzen, dessen meist dünner Stiel (Nagel) grosse Lücken für den leichten Zugang zu den Belohnungspolstern schafft. Dann folgen 10 Staubblätter in zwei Kreisen und schliesslich ein dreifächeriger Fruchtknoten.

Bemerkenswert ist, dass die Blüte auf den ersten Blick radialsymmetrisch erscheint. Beim genaueren Hinsehen fällt jedoch auf, dass das adaxiale Kronblatt etwas aufsteht, meist eine etwas festere Textur hat und in der Seneszenz als erstes der Kronblätter seine Pigmentierung ändert. Es muss diese Asymmetrie sein, die von den bestäubenden Bienenweibchen, meist *Centris*- und *Epicharis*-Arten (Apidae, Tribus Centridini) erkannt wird, welche, den Kopf zum Fahnenblatt ausgerichtet, auf der Blüte landen und sich mit den Vorderbeinen den Zugang zu den Drüsen schaffen, während sie mit ihrem ‹Bauch›, dem die Pollen des letzten Besuchs ankleben, die Bestäubung vollziehen. An der Oberfläche der reifen Drüse zeichnet sich eine dünnhäutige Blase ab, die zum Platzen mit Öl gefüllt ist (Endress 1994 SW). Die Bienen kratzen mit ihren Vorderbeinen, die mit speziellen kammartigen Einrichtungen ausgerüstet sind, an den Drüsen und zwischenlagern dort das Öl in Kissen, um es später zusammen mit Pollen in den Scopae der Hinterbeine ins Nest zu transportieren (Gottsberger und Silberbauer-Gottsberger 2006 SW). Das ‹Blütenöl› besteht aus Mono- und Diglyzeriden sowie wenig freien Fettsäuren. Im Falle des Öls von *Byrsonima crassifolia* finden sich, nach Verseifung, vor allem Palmitin-, Stearin- und Ölsäure sowie eine zweifach ungesättigte Eicosansäure unterschiedlichen Anteils (Vinson *et al.* 1997). Bemerkenswert ist die Tatsache, dass im Kontext der medizinischen Bedeutung der erwähnten Spezies, also ganz unabhängig vom Aspekt der Elaiophoren, in den Blättern Glykolipide aufgefunden worden sind (Amarquaye *et al.* 1994, Rastrelli *et al.* 1997). In ihnen ist ein Mol Glukose (bzw. auch ihr Sulfo-Derivat) mit einem Mol Öl vergesellschaftet. Ob in dieser Speicherform wohl der metabolisch-evolutive Schlüssel zum eingangs erwähnten Dualismus der Malpighiaceen, entweder Nektar oder Öl, liegt?

NANCE *Byrsonima crassifolia* L.

engl. golden spoon, shoemaker tree; fr. moureiller des savanes; ger. Nance; port. murici; sp. nance, nancite, nanchi.

ILLUSTRATION. *Byrsonima crassifolia* ist 7 bis 10 m hoch, immergrün, mit nur einem Stamm als schöner Alleebaum auf Zentralamerikas Strassen und Plätzen, oder an der Basis verzweigt als Strauch im natürlichen Habitat der Tiefland-Savannen zwischen Mexiko und Paraguay, wo er seine Feuerresistenz unter Beweis stellt. Er ist ein beliebter Lieferant von Holzkohle. Vor allem die jungen Blätter von Nance und verwandten Arten sind mit einem dichten Haarkleid überzogen, das nicht nur dem Wasserverlust entgegenwirkt, sondern auch phytophage Insekten in Grenzen hält. Nichtsdestotrotz flechten adaptierte Schmetterlingsraupen aus eben diesen Haaren ein eigenes Kleid, um die Trockenheit zu überstehen (Andrade *et al* 1999, Flinte *et al.* 2006). Die voll expandierten Blätter fühlen sich fest an, was ihnen die Bezeichnung *crassifolia* eingetragen hat. Die Frucht, erst grün und zur Reife gelb, hat einen Durchmesser von etwa 2 cm und ein essbares, ölhaltiges Exokarp, das einen Stein mit drei Samen umgibt.

Die Gattung *Byrsonima* ist mit ca. 150 Arten die grösste der Familie und reicht von Südbrasilien bis in den Süden Floridas. Sie hat fleischige Früchte, die von Vögeln aber auch Fischen ausgebreitet werden. Das Holz ist braun-rötlich, hart, schwer und kompakt, leicht zu bearbeiten und wird für exklusive Möbelstücke verwendet.

Die Früchte von *Byrsonima crassifolia*, Nance oder *muricí,* werden auf den lokalen Märkten Zentralamerikas oder des Amazonas angeboten. In Belém wird aus den *muricí* eine Eiskreme zubereitet, die lecker sein soll (Janzen 1983). Die Frucht hat ein stechend säuerliches Aroma mit ranzigem Einschlag. Der brasilianische Volksmund berichtet daher, dass die portugiesischen Erforscher der Neuen Welt sich beim Genuss der Frucht an ihre alte Heimat erinnert fühlten, genauer gesagt, an die kleinen Ziegenkäse, *queijinhos*, aus Évora (Alentejo), die nicht nur mit ihrem Gelbstich sondern auch biochemisch den muricí gleichen: Butter-, Hexan- sowie Caprylsäure und ihre Derivate prägen das gemeinsame Aroma (Alves und Franco 2003, Rezende und Fraga 2003, Franco und Janzantti 2005). Die Rinde ist stark tanninhaltig und wird zum Gerben von Tierhäuten verwendet, was sich im Namen, gr. *byrsa* ‹Leder›, ausdrückt. Soweit untersucht handelt es sich um Proanthocyanidine aus (+)-Epikatechinen mit zum Teil neuartigen, dimeren und trimeren Strukturen (Geiss *et al.* 1995). *B. crassifolia* wird zu verschiedensten Heilzwecken eingesetzt. Genauere Angaben liegen zur Verwendung der Rinde durch die Mixe- und Popoluca-Indios Mexikos vor, die in der Bekämpfung von Magen-Darmbeschwerden, Hautinfektionen und Entzündungen von Scheide und Gebärmutter liegt. Die genannten Tannine der Rindenextrakte sind nicht nur nematizid – parasitäre Nematoden sind häufig die Ursache von Darmerkrankungen in den Tropen – , sondern zeigen auch antibakterielle Wirkungen, zum Beispiel gegen Staphylokokken und Salmonellen (Geiss *et al.* 1995, Leonti *et al.* 2001). Hier liegt wie bei vielen anderen, in der Ethnopharmazie verwendeten Pflanzen, noch ein weites Feld zur phytochemischen Bearbeitung. Da die Rinde β-Amyrin, das Ausgangsprodukt für Triterpen-Sapo(ge)nine, enthält, ist mit dem Auffinden von medizinisch wichtigen Verbindungen dieses Typs zu rechnen.

MYRTACEAE

Arazá *Eugenia stipitata* McVaugh
Surinamkirsche *Eugenia uniflora* L.
Echte Guave *Psidium guajava* L.
Costa Rica-Guave *Psidium friedrichsthalianum* Nied.
Malayen-Apfel *Syzygium malaccense* (L.) Merr. & L. M. Perry

Ein Dutzend Pflanzenfamilien – gekennzeichnet durch verzierte Tüpfel, kollaterale Leibündel, ein Hypantium (Blütenbecher), an dessen Rand die Staubblätter sitzen, durch ein Ovar aus 2 bis 5 vollständig verwachsenen, in einen einzigen Griffel mündenden Fruchtblättern und durch ganzrandige Blätter – bilden die Ordnung der Myrtales. Darunter befinden sich, abgesehen von den hier zu besprechenden Myrtaceen, die bei uns bekannten Lythraceen (Weiderichgewächse) und Onagraceen (Nachtkerzengewächse). Die Ordnung kann in zwei Stämme aufgeschlüsselt werden, die unter anderen die Myrtaceen bzw. Onagraceen enthalten (Conti *et al.* 1996, 1997). Zur Biogeografie des ersteren (PHMV-Stamm) s. Sytsma *et al.* (2004) und zur elektronenmikroskopischen Struktur der Tüpfel s. Wardrop *et al.* (1963).

Die Familie der Myrtaceen ist eine der grössten innerhalb der Blütenpflanzen mit gegen 4000, vorwiegend tropischen Baumarten in mindestens 133 Gattungen. Ihre Diversitätszentren liegen in Australien, Südostasien und im tropischen Amerika einschliesslich der südlichen gemässigten Klima-Zone. Die Erkennungsmerkmale sind, abgesehen von den Ordnungseigenschaften, die zahlreichen Staubblätter und die mit ätherischem Öl gefüllten schizolysigenen Behälter der oberirdischen Organe, worauf der ‹aromatische› Charakter dieser Familie beruht. Bis vor kurzem wurden zwei Unterfamilien unterschieden, wovon die eine (Leptospermoideae) ihr Zentrum in Australien (z.B. *Eucalyptus*) hat und durch alternierende Blätter, trockene Streufrüchte und, soweit untersucht (4 Gattungen), durch Tricetin, ein Pentahydroxyflavon, im Pollen ausgezeichnet ist (Campos *et al.* 2002), während die andere (Myrtoideae) sowohl in der Alten als auch der Neuen Welt verbreitet ist, gegenständige Blätter hat und fleischige Schliessfrüchte ausbildet. Neuere molekulare Untersuchungen kombiniert mit morphologischen Eigenschaften zeigen jedoch, dass die Familie aus 11 distinkten, monophyletischen Gruppen besteht und dass die Taxa mit fleischigen Früchten nicht monophyletisch sind, d.h. dass dieser Charakter mehrmals entstanden ist (Wilson *et al.* 2001, Lucas *et al.* 2005). Bei den Myrtaceen handelt es sich um eine äusserst natürliche Gruppierung, was sich in der relativ gleichförmigen Blütengestalt manifestiert und Gattungsabgrenzungen stark erschwert. Die Morphologie des Embryos ist ein wichtiges taxonomisches Merkmal für die Gattungsgliederung (de Candolle zitiert in McVaugh 1968).

Eine grosse, aromatische Baumfamilie

Myrtaceen bergen ein gewaltiges wirtschaftliches Potenzial und werden wegen ihrer Früchte, Gewürze, ätherischen Ölen und ihres Holzes geschätzt und partiell kultiviert. Sie zeigen nicht nur eine Vielfalt an Gattungen, sondern schliessen zudem drei so genannte *Big Plant Genera* (Frodin 2004) ein: *Eucalyptus* (600+), *Eugenia* (550+) sowie *Syzygium* (1000). Artenreiche Gattungen bestechen durch die kaum absehbaren Spielarten und Abwandlungen wesentlicher Eigenschaften. Am Beispiel von *Eucalyptus* heisst dies: Dauerhafte, schöne Hölzer in allen Schattierungen, Härtegraden und Imprägnierungstypen (z. B. gegen Termiten und Feuer); ‹Manna› zur Ernährung, Harze und ätherische Öle in unvorstellbarer Vielfalt für Medizin, Parfümerie und technische Belange.

Die mediterrane Myrte (*Myrtus communis* L.) ist die einzige in Europa natürlich vorkommende Myrtaceen-Art. Sie wächst in der Macchie, der Hartlaubvegetation im Mittelmeerraum. Wir beschränken uns hier auf vier Arten, je zwei aus den Gattungen *Eugenia* und *Psidium*, die in den Neotropen heimisch sind. Gleichsam als ästhetische Zugabe wird eine Vertreterin der Gattung *Syzygium* aus der Alten Welt vorgestellt.

Kirschmyrten *Eugenia* spp.

Sie ist eine riesige (500+), neotropische Gattung und zeichnet sich durch ein Hypantium aus, das nur wenig oder nicht über den zweikammerigen, mit einigen oder vielen Samenanlagen ausgestatteten Fruchtknoten hinausreicht. Die Ausprägung der embryonalen Keimblätter wird als pseudomonokotyledonär bezeichnet, d. h. sie sind miteinander zu einem homogenen Gebilde verschmolzen. Der Kelch ist vierteilig, und die Blüten sind entweder traubig oder einzeln an den tiefer gelegenen (blattlosen) Knoten beblätterter Zweige angeordnet (McVaugh 1968). Die Blüten der Kirschmyrten sind wie jene der unten dargestellten Guaven und anderer Myrtaceen sehr auffällig, indem eine weisse, flache Krone von zahlreichen weissen Staubblättern überragt wird, was zusammen mit dem süssen Duft ein deutliches Signal für Bienen, Käfer und Fliegen ist, die zur Bestäubung angelockt werden (Gottsberger und Silberbauer-Gottsberger 2006 SW).

Wir beschränken und hier auf zwei essbare, bei uns noch wenig bekannte Arten. Angaben zu weiteren essbaren Früchten dieser Gattung finden Interessierte bei Uphof (1968 SW).

ILLUSTRATION. Arazá, *Eugenia stipitata*, ist nur eine der vielen Fruchtarten dieser riesigen (550+) Gattung. Sie stammt aus dem westlichen Amazonas und gedeiht im Anbau am besten zwischen 0 und 10° geografischer Breite und in tiefen Lagen (bis 500 m ü. d. M.). Der Hartlaub-Busch, der bereits im zweiten Jahr Früchte trägt und ca. 2.5 m hoch und ebenso breit wird, kann im Jahr mehrere Ernten liefern. Der fremdbestäubende Busch ist sehr blühfreudig, aber nur wenige Blüten machen Früchte. Die Frucht ist eine leicht abgeplattete Beere, gegen ein halbes Kilogramm schwer und mit einer Entwicklungszeit von lediglich zwei Monaten. Trotz ihres einmaligen Aromas und ihrer verblüffenden Gelierfähigkeit hat es diese attraktive, tropische Frucht bei uns noch nicht zur Marktreife geschafft. Im Bild sind Blüten, unreife und reife Frucht dargestellt, die alle zur selben Zeit vom gleichen Busch geerntet worden waren.

ARAZÁ *Eugenia stipitata* McVaugh

engl. arazá; port. araça-boi; sp. arazá, pichi (Peru).

Frucht mit grossem Potential

McVaugh, der vor rund 50 Jahren diese Spezies bestimmt und beschrieben hat, unterscheidet die beiden Subspezies *stipitata* und *soraria*. Erstere ist ein kleiner, nicht domestizierter Baum im Unterwuchs des Regenwaldes, von dem wahrscheinlich die halbdomestizierte Arazá (= Unterart *soraria*) hergeleitet ist, die buschig ist und mehr Staubblätter besitzt (McVaugh 1956, Clement 1990).

Die Heimat der Art liegt im westlichen Amazonasbecken. Sie wird vor allem in Peru von Kleinbauern in bescheidenem Masse angebaut und besitzt eine etwas flachgedrückte, apfel- bis grapefruitgrosse Frucht, überzogen von einer samtigen, dünnen Haut, die das Gelb eines Kanarienvogels hat. Das Fruchtfleisch ist ebenso gefärbt und sehr saftig. Es enthält durchschnittlich 10 (1 bis 20) Samen, die rund einen Fünftel des Fruchtgewichtes (200 bis 500 g) ausmachen (Ferreira 1992). Das Fleisch hat den für viele ‹myrtoide Arten› typischen säuerlich-fruchtigen Geruch und Geschmack, den wir am ehesten mit dem in unseren

Breitengraden zunehmend bekannten Guaven-Aroma vergleichen können. Die Frucht ist schlecht halt- bzw. transportierbar – die Haut reisst leicht auf – und dient nebst dem rohen Verzehr der Herstellung von Fruchtsäften und Speiseeis, aber auch speziell von Marmelade, die bereits nach wenigen Minuten Kochzeit (langes Kochen führt hier zu raschem Aromaverlust) in einer Weise geliert, welche die Herzen der Belegschaft einer Pektinfabrik höher schlagen lassen würde. Die Haut der reifen Frucht verströmt einen höchst angenehmen, Raum füllenden Duft – ein Potenzial, das bis jetzt von der Parfüm-Industrie noch nicht wahrgenommen wurde. Eine neuere Untersuchung zeigt, dass das Aroma (Headspace-Analyse) der Arazá eine komplexe Mischung aus vorwiegend Sesquiterpenen mit Germacren D als Hauptkomponente (38 %) ist (Franco und Shibamoto 2000).

Nebst ihren geschmacklichen Qualitäten weist Arazá den Vorteil auf, dass sie pro Jahr drei Ernten liefert, wobei die Entwicklung von der Blüte bis zur Fruchtreife lediglich 50–60 Tage benötigt (Falcão *et al.* 1988, Falcão *et al.* 2000). Am CATIE in Costa Rica wurden Agroforestry-Studien zum kommerziellen Anbau von Arazá in Baja Talamanca durchgeführt, wobei *Cordia alliodora* (Laurel), *Acacia mangium* (eine schnell wachsende Pionierbaumart Australiens) und *Musa sp.* (Platano) als Begleitbäume dienten. Der grösste errechnete Ertrag wurde mit Platano als Zwischenkultur erreicht und betrug rund 26 t pro Hektare und Jahr. Mit Laurel, einem wichtigen Nutzholzbaum, lag der entsprechende Ertrag bei 19 t. Da die reife Frucht kaum transportabel ist, wird eine Verarbeitung der Fruchtpulpa an Ort und Stelle empfohlen. Interessant ist, dass die grüne Frucht, sobald die ersten gelb-pigmentierten Flecken erscheinen, ohne Qualitätsverlust geerntet werden kann (van Kanten 1994, 2005). Weitere Angaben zur Ökologie, Phytogeografie, Genetik und Kultivierung dieser Spezies, die immer noch auf dem Weg zur Domestizierung ist, finden sich im FAO-Report von Bermejo und Léon (1992).

SURINAMKIRSCHE *Eugenia uniflora* L.

engl. Surinam cherry, Barbados cherry, red Brazil cherry; fr. cerise de Cayenne, roussaille; ger. Surinamkirsche, Cayennekirsche, Pitanga; port. pitanga da praia; sp. pitanga, cerezo de Cayena

Harzige Zierde

Das Ursprungsgebiet der Surinamkirsche liegt nicht nur in Surinam, sondern erstreckt sich von dort bis in den Süden Brasiliens sowie nach Uruguay und Paraguay. Sie ist ein wichtiger Bestandteil der Mata Atlântica und des benachbarten *restinga*-Ökosystems, wo ihre noch vorhandene genetische Vielfalt stark bedroht ist (Salgueiro *et al.* 2004). Heute treffen wir sie überall in den Tropen und Subtropen, selten in Südostasien an, wo sie wegen des immergrünen Laubes und der orangegelb bis rot leuchtenden Früchte häufig als Zierpflanze gezogen wird. Sie ist auch eine hervorragende Heckenpflanze, die nach dem Rückschnitt ein dichtes Astwerk bildet. Weitere Eigenschaften wie die Toleranz gegenüber Kälte bzw. Frost sowie Trockenheit erleichtern ihre Kultivierung, die in Guatemala bis auf eine Höhe von 1800 m ü. d. M. reicht und angeblich im Mittelmeerraum seit langer Zeit praktiziert wird. Die eigenartig geformten Früchte werden entweder frisch gegessen und als Saft getrunken, oder dann zu Konfitüre, Gelee, Würze und Pickles verarbeitet. Aber auch Likör und Wein wird aus den Surinamkirschen hergestellt. Letzterer soll medizinische Eigenschaften haben. Eindeutiger ist die Heilwirkung der Blätter, aus denen in der Volksmedizin ein Tee gegen Fieber, Rheumatismus und Magenerkrankungen zubereitet wird. Ihr ätherisches Öl, das mittels Wasserdampfdestillation gewonnen wurde, soll Verdauungsbeschwerden jeder Art kurieren. Es besteht vor allem aus Sesquiterpenen und enthält fast keine Monoterpene. Furanodien hat einen pilzartigen, holzigen und scharfen Geruch, während Selinatrienon eine grüne, gurkige Note beiträgt (Weyerstahl *et al.* 1988). Die Rinde enthält 20–28 % Tannin und wird zum Gerben verwendet. Die Samen sind äusserst harzhaltig und giftig (Verheji und Coronel 1991 SW).

In Paraguay wird diese Spezies volksmedizinisch unter der Bezeichnung Ñangapiry verwendet. Da aber dieser indigene Name auch für andere Arten der gleichen oder sogar einer anderen Gattung gebraucht wird, ist die Suche nach den pharmazeutisch aktiven Prinzipien und die Interpretation der Resultate schwierig (Ferro *et al.* 1988, Hirschmann 1988). Die mannigfaltigen ‹Heilwirkungen› der Pitanga sind bei Auricchio und Bacchi (2003) zusammengestellt.

Surinamkirsche, *Eugenia uniflora* L.
Es handelt sich um einen Busch oder Baum, bis zu 7 m (nur 70 cm in der *restinga*) hoch mit sparrigen, schlanken, oft gekrümmten Ästen. Die hängende Frucht ist eine Beere, 1 bis 4 cm im Durchmesser, oberflächlich segmentartig, 7 bis 8-rippig, gelborange und in der vollen Reife rot bis weinrot.
Das Fruchtfleisch ist orangerot. Samen entweder 1 (gross) oder 2 bis 3 (klein). Drei Wochen (!) nach der Anthese sind die säuerlich-süssen Früchte reif, welche die Konsistenz unserer Kirschen besitzen und mit ihrem leicht harzigen Aroma, das in Lateinamerika geschätzt wird und unter anderem auf der Anwesenheit von Pinen (Pino *et al.* 2003, Oliveira *et al.* 2006) beruht, unseren Gaumen etwas strapazieren.

Guaven *Psidium spp.*

Es handelt sich um eine ausschliesslich in den Neotropen beheimatete Gattung mit ca. 100 Arten, wovon viele essbar sind. Aber nicht alle Früchte, die in Lateinamerika als Guaven bezeichnet werden, gehören zu dieser Gattung: *Guayabo, guayabillo* oder *guayabito* und Suffixe wie *agrio, dulce* oder *de monte* sind die Namen für einen Fruchttyp mit in der Regel dünner Haut, die mitgegessen wird. Dies im Gegensatz zu vielen Tropenfrüchten, die eine dicke Schale haben und deren Fleisch ausgelöffelt (s. Sapotaceae) oder erst nach Schälen zugänglich wird, und dann meist vom Kern abgelutscht werden muss.

Der Geruch der ‹echten› Guavenfrüchte ist unverkennbar einzigartig und wird zur Not mit jenem der Quitte verglichen. Er gilt als ‹Inbegriff der Tropen› und kann dort einen ganzen Markt parfümieren. Es gibt unzählige Arbeiten über das Aroma der Guaven, doch ist noch nicht klar – dies ganz vergleichbar mit der Situation des Kaffees –, worin seine Exklusivität chemisch begründet ist. Als Anwärterinnen kommen die folgenden Verbindungen in Frage: β-Ionon, β-Caryophyllen, Zimtsäure- und C6-Derivate. In diesem Zusammenhang ist eine erstmals entdeckte Substanz von Interesse: es handelt sich um 2-Pentanthiol, das als reines Enantiomer für den typischen Geruch verantwortlich gemacht wird. Eine neuere Arbeit verwendete die olfaktometrische GC-Methode, in der nach der Auftrennung vor der Detektion gesplittet wird, damit der Substanzpeak von erfahrenen Parfüm-Experten ‹geschnüffelt› werden kann. Im Fruchtpüree konnten 18 Substanzen detektiert werden, die entscheidend zum Guaven-Aroma beitragen (Jordan *et al.* 2003).

Die Früchte müssen bei der Ernte reif sein; unreife werden wohl weich, aber entwickeln kein volles Aroma. Guaven werden roh gegessen oder zu Konfitüre, Kompott, Nektar, Gelee und Paste verarbeitet. Letztere ist in Farbe und Konsistenz mit unserer Quittenpaste vergleichbar und wird in der Karibik, wo sie *Guava Cheese* genannt wird, besonders geschätzt. Grosse Liebhaber bzw. Importeure von *Jelly*, der klaren Paste, sind die Briten (Pittier 1908 SW).

Es werden zwei Arten näher betrachtet, wobei die erste den Sprung in die Getränkeindustrie geschafft hat, während die zweite stellvertretend für jene Arten ist, die unbemerkt bleiben, aber zum Tropenalltag gehören.

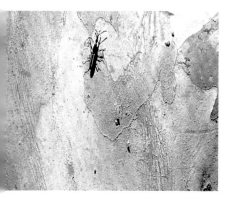

ILLUSTRATION. Die Guave, *Psidium guajava* L., ist ein kleiner, bis 10 m hoher Busch oder Baum mit glatter Rinde, grün bis rotbraun, in dünnen Schuppen abblätternd. Die jungen Zweige sind vierkantig, kaum biegsam und fein behaart. Die gegenständigen, drüsenhaltigen Blätter sind auf ihrer Unterseite fein behaart und durch vorstehende Nerven gezeichnet. Die elliptische bis längliche und etwa Kinderhand grosse Spreite wird von einem wenige mm langen Stiel getragen. Die etwa 3 cm grossen Blüten sitzen einzeln, manchmal auch zu zweit oder zu dritt in den Blattachseln. Die 4 bis 6 unregelmässig geformten Kelchblätter sind ausdauernd. Die weisse Krone wird von zahlreichen, ebenfalls weissen Staubblättern und dem langen Griffel überragt. Aus dem unterständigen Fruchtknoten entwickelt sich eine runde, ei- oder birnenförmige, grün bis gelbe, wachsige Beere, 4 bis 12 cm lang, an ihrem Ende verziert mit einer ‹Kelchkrone›. Das Fruchtfleisch zeigt je nach Sorte alle Schattierungen von weiss über gelb nach rosa bis zu rot. Die Samen sind in der Regel zahlreich.

GUAVE *Psidium guajava* L.

engl. common guava, guava; fr. goyave, goyavier; ger. Guave; port. araçá goiaba, goiaba, goiabeira; sp. apas, guayaba, guayabo.

Trotz Maden traumhaft tropisch

Die Herkunft der Guave innerhalb der Neotropen ist nicht bekannt. Ihre Heimat liegt sehr wahrscheinlich zwischen Mexiko und Peru. Heute ist sie überall in den Tropen verbreitet, oft in einem solchen Ausmass, dass sie zu einer wahren Plage werden kann. Unkraut gleich sind die zahlreichen Samen gut keimfähig, und die daraus resultierenden Pflanzen stellen nur geringe Ansprüche an den Boden. So können sie sich auf tropischem Kultur- und Weideland rasch in ein Dickicht verwandeln, das kleine, adstringierende Früchte von geringem Wert liefert. Diese Beobachtung machte der Chronist Juan de Echagoian (Biblioteca Luis Angel Arango, http://www.lablaa.org) bereits im Jahre 1568: «…como el ganado alcance a comer esta fruta, de lo que estercola, como es tierra tan fértil, de cada grano se ha hecho y hace un árbol; …y como haya nacido tanto número de árboles, …, que están tan espesos los árboles que no se puede caminar… y por ser

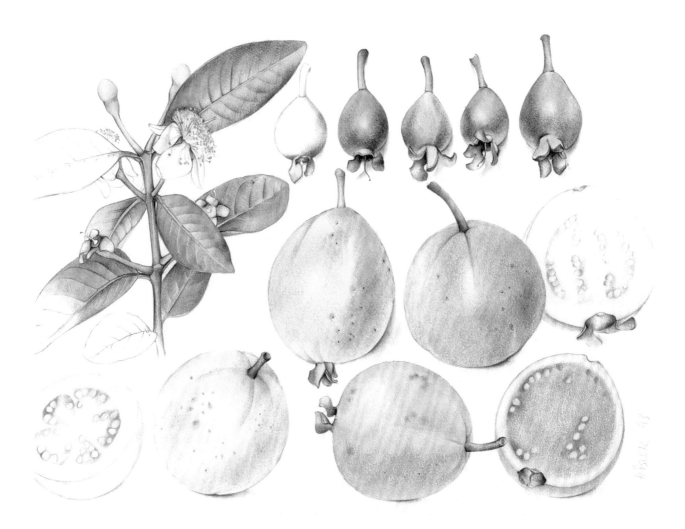

*frei übersetzt: «... sobald das Vieh es
schafft, diese Früchte zu fressen und mit
seinen Ausscheidungen ein fruchtbares
Terrain zu generieren, wächst aus jedem
Samen ein Baum ... und sobald dann
viele Bäume entstanden sind ... bildet
sich ein undurchdringliches Dickicht ...
und in seinem Schatten wächst auf der
Weide weder Gras noch irgend was
anderes ...»

el pasto sombrío no hay tanta yerba, ni se cría grano ...»*. Ganz in diesem Sinne stellte Janzen (1983 SW) fest, dass das Beweiden (Viehzucht) die letzte Nutzung tropischer Böden vor ihrer definitiven Zerstörung sei.

Da die Pflanze einen leichten Frost überstehen kann und ab einer mittleren Temperatur von 16 °C blüht und fruchtet, kann sie über die Subtropen hinaus kultiviert werden (Verheij und Coronel 1991 SW). So figurieren Ägypten, Israel oder Sizilien als Anbauregionen. Attacken durch Fruchtfliegen, insbesondere *Anastephra* in den Neotropen, sind sehr häufig und stellen im kommerziellen Anbau ein grosses Problem dar. Kleine dunkle Punkte bzw. Narben an der Fruchtoberfläche (s. Illustration) signalisieren die Präsenz von mehr oder weniger ‹fetten› Larven im Fruchtfleisch, die ein Markenzeichen der Guave und vor allem ihrer ‹Schwester› Cas (s. unten) sind, was z.B. in Costa Rica kaum jemanden beim Verzehr der frischen Frucht und schon gar nicht der aus ihr verarbeiteten Produkte stören mag! Diese echten Fruchtfliegen der Gattung *Anastrepha* (Tephritidae) gehören zu den ärgsten Schädlingen in der Landwirtschaft. Ihr natürlicher Lebensraum sind die Tropen und Subtropen der Neuen Welt, der vom Süden der USA bis in den Norden Argentiniens reicht, einschliesslich der Karibischen Inseln. Es sind gegen 200 Arten bekannt, aber erst von weniger als 10 Arten ist die Biologie untersucht worden. Das Weibchen deponiert die Eier, einzeln oder, je nach Spezies, in Clustern von bis zu 100 (!), in das reifende Fruchtfleisch oder, wenn es mit einer langen Legeröhre ausgerüstet ist, sogar in die Samen. Die Larven gehen durch drei Stadien, bevor sie die Frucht verlassen, um sich am Boden zu verpuppen. Bei Gelegenheit verpuppen sie sich auch in der Frucht. Einige Arten produzieren mehrere Generationen pro Jahr. Die Fruchtfliege selber lebt über ein Jahr lang. In Costa Rica ist es vor allem *A. striata*, welche die Guaven-Früchte befällt. Ihre Bekämpfung geschieht meist mit McPhail-Fallen, wobei sich der menschliche Urin als billiges und effizientes Lockmittel erwiesen hat (Hedström 1988)! Auch die Bekämpfung mit Nützlingen wird untersucht (Sivinski *et al.* 1999, Hopper 2003). Früchte, die in den Handel kommen, werden zur Abtötung mit Wärme behandelt, ähnlich wie dies für die Mango (s. Anacardiaceae) beschrieben wurde. Eine Übersicht zur Biologie und Bekämpfung der Fruchtfliegen findet sich bei Aluja (1994).

Alle Pflanzenbestandteile, aber vor allem die Blätter werden als Adstringens verwendet; wichtigste Indikationen sind Magen- und Darmbeschwerden sowie Diarrhöe. Die Blätter enthalten 9–12 % Gerbstoffe und 0,3 % ätherisches Öl mit Eugenol und Caryophyllen-Verbindungen. Die Rinde mit 25–30 % Gerbstoffen wird auch als Gerbmittel verwendet. Der Pflanze wird ferner eine Fieber senkende, antiseptische und antirheumatische Wirkung zugeschrieben.

COSTA RICA-GUAVE *Psidium friedrichsthalianum* Nied.

engl. Costarican guava; ger. Costa Rica-Guave; sp. cas, cas ácido.

Sie kommt in ganz Zentralamerika vor, nimmt aber in Costa Rica wegen ihrer Beliebtheit die inoffizielle Sonderstellung einer Nationalfrucht ein. Der Name *cas* stammt von den dort im Süden lebenden Brunka-Indianern: In ihrer Sprache heisst diese Frucht *kás-kra*, wobei *kra* Frucht bedeutet. Von den Ticos und Ticas wird sie auch *cas ácido* genannt, wenn es gilt, sie von der aus Brasilien stammenden Erdbeer-Guave, der *cas dulce*, zu unterscheiden.

Der Baum wird 8 bis 10, höchstens 12 m hoch, hat drahtige, unregelmässig belaubte Äste, was ihm ein stark zerzaustes Aussehen verleiht. Die im Vergleich zur echten Guave kleine Frucht hat ein leicht saures, intensives Aroma, das unvergleichlich ist. Bis anhin wurden 173 Komponenten identifiziert, wovon unter anderen die folgenden als charakteristisch empfunden werden: β-Caryophyllen und sein Epoxid, Terpineol, α-Pinen, 3-Hexenol und seine Ester sowie weitere aliphatische Ester. Sie ist mit Abstand diejenige Guave, die mengenmässig am meisten (flüchtige) Aromastoffe enthält (Pino *et al.* 2002).

Erdbeer-Guave, *Psidium littorale* Raddi, syn. *Psidium cattleianum* Sabine (links). Ihr natürliches Verbreitungsgebiet liegt wahrscheinlich nahe der Ostküste Brasiliens. Viele stossen sich an der Moschusnote der echten Guave und bevorzugen die Erdbeer-Guave. Sie erträgt tiefere Temperaturen als jene und kann überall dort, wo Citrus-Arten gedeihen, angepflanzt werden. Costa Rica-Guave, *Psidium friedrichsthalianum* Nied. (Mitte rechts). Einzelfrucht der feijoa, *Acca selowina* (O. Berg) Burret, die auch brasilianische oder Ananas-Guave genannt wird (ganz rechts). Dieser Baum mit durch die roten Staubblätter auffälligen Blüten kann bei uns als Zierpflanze im Kübel und bald einmal im Freiland kultiviert werden, da er Temperaturen bis −10 °C erträgt. Die Frucht ist sehr schmackhaft.

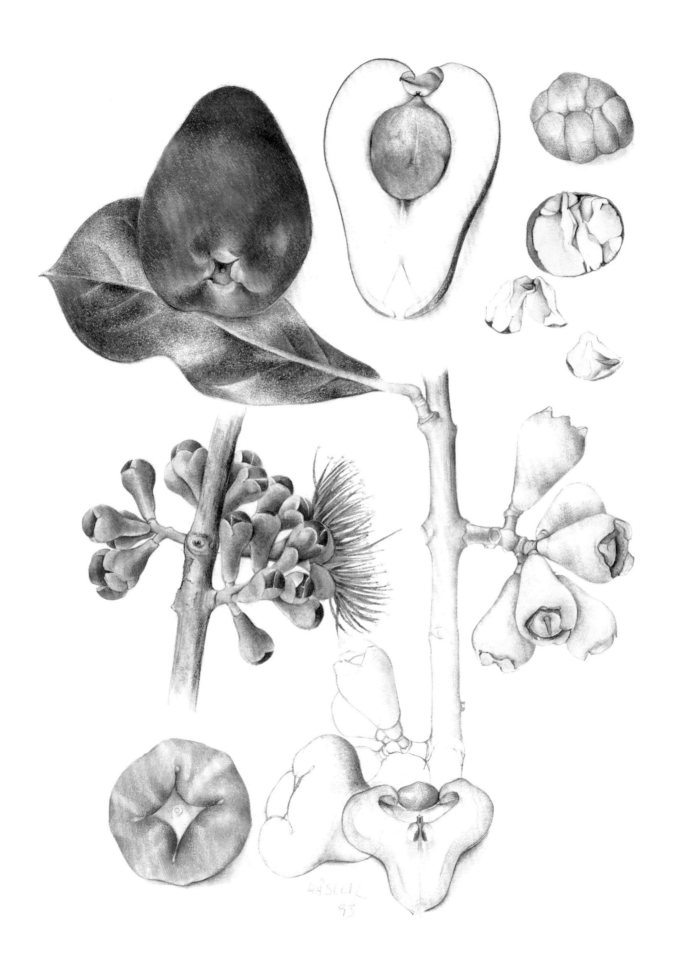

‹Rosenäpfel› *Syzygium spp.*

Diese Gattung umfasst heute ca. 1000 Arten in den Paläotropen. Diese hohe Zahl ist durch Umteilungen (ca. 500 Arten) aus *Eugenia*, die nunmehr als rein neotropische Gattung betrachtet wird, entstanden. Mit den hier vorgestellten Arten werfen wir also einen Blick nach Südostasien, ohne Costa Rica verlassen zu müssen, weil diese in Zentralamerika ebenfalls Gefallen gefunden haben.

MALAYEN-APFEL *Syzygium malaccense* (L.) Merr. & Perry

engl. Malay apple, pomerac; fr. pomme Malac, pomerac, poirier de Malaque; ger. Malayen-Apfel; port. jambo vermelho, jambeiro; sp. manzana de agua, pera de agua, pomarosa de Malaca.

Auf dem Markt in Turrialba werden karminrote, birnenförmige Früchte mit weissem Fruchtfleisch angeboten, die an wässerige Äpfel erinnern, aber ein dezentes Rosen-Aroma besitzen, das aus der Kombination von 2-Phenylethanol und seiner Ester (rosig) mit 1-Octen-3-ol (krautig) entsteht (Pino *et al.* 2004. Sie werden *manzana de agua* genannt, und mit Salz bestreut roh gegessen. Im CATIE ziert eine ganze Baumreihe einen grossen Abschnitt des Hauptweges durch die ‹Collección›: Das einzelne Individuum beeindruckt durch den geraden Hauptstamm und den weit unten angesetzten Ästen, was den Habitus eines ausladenden, wohlgeformten Parkbaumes ergibt. Die karminrote Blütenpracht hebt sich leuchtend von den dunkelgrünen Laub ab, ein Bild, das sich mit dem Verblühen farblich kaum wandelt, weil an ihre Stelle rasch die zahlreichen karminroten Früchte treten, die bereits nach ca. 60 Tagen reif vom Baume fallen.

Die irreführende Bezeichnung *manzana de agua* in Costa Rica, das schwache Rosen-Aroma sowie die äussere Ähnlichkeit mit dem Java-Apfel können zu Verwechslungen zwischen vier in Südostasien beheimateten *Syzygium*-Arten führen. Deshalb hier eine kurze Beschreibung der Früchte: Der **Wasserapfel** (*S. aqueum*), mit gelbweissen Blüten, ist gewunden, klein (3,5 cm), weiss bis rot, fade-wässrig und hat kleine Samen (1–2(–6)). Der **Rosenapfel** (*S. jambos*), mit grünlich-weissen Blüten, ist kugelig, mittelgross (5 cm), gelblich-weiss, manchmal rosa, besitzt ein ausgeprägtes Rosenaroma und etwas grössere (bis 1,5 cm) Samen (2(–4)). Der **Malayen-Apfel** (*S. malaccense*), mit roten (!) Blüten, ist ellipsoid, gross (< 8 cm), karminrot oder gelbweiss, saftig-aromatisch und besitzt nur einen einzigen grossen (< 3,5 cm), polyembryonischen Samen. Der **Java-Apfel** (*S. samarangense*) schliesslich, mit gelbweissen Blüten, ist birnförmig, ca. so gross wie der (kugelige) Rosenapfel, hellrot bis weiss, schwammig-saftig, süss-sauer, mit kleinen (0,8 cm) Samen (1–2).

ILLUSTRATION. Malayen-Apfel , *Syzygium malaccense* (L.) Merr. & Perry. Java-Apfel, *S. samarangense* (Blume) Merr. & Perry (unten).

PASSIFLORACEAE

Passionsfrucht *Passiflora edulis* Sims
Süsse Granadilla *Passiflora ligularis* Juss.
Riesengranadilla *Passiflora quadrangularis* L.
Curuba *Passiflora molissima* (Kunth) L. H. Bailey

Leiden und Leidenschaften

Die ca. 650 verschiedenen Passionsblumengewächse gehören zur Ordnung der Malpighiales (APG II 2003) und können in zwei Gruppen aufgeteilt werden (Escobar 1988), wovon die eine (Tribus Paraopsieae, 6 Gattungen) aus Büschen und Bäumen ohne Ranken besteht und in Afrika sowie Madagaskar beheimatet ist, während die andere (Tribus Passifloreae, 14 Gattungen) sowohl in der Neuen (5 Gattungen) als auch in der Alten Welt (9 Gattungen) vorkommt und ausschliesslich Lianen mit Ranken zählt. Die Familie ist mit eigenartigen Blüten ausgestattet, deren kunstvolle Morphologie mit dem Leiden Jesu (Passionsgeschichte) in Verbindung gebracht wurde und deshalb Namen gebend war: Die drei Griffel symbolisieren die drei Nägel, mit denen Jesus ans Kreuz geschlagen wurde, die Narben stehen für den mit Essig getränkten Schwamm, die so genannte Corona, ein ‹Strahlenkranz› aus Filamenten oder anderen Strukturen, entspricht der Dornenkrone, der gestielte Fruchtknoten dem Kelch, die fünf Staubbeutel den fünf Wundmalen und so fort (Vanderplanck 1991, Meier 1995b). Das Faszinierende der Passionsblume kommt zudem durch einen Blütenbecher mannigfaltigster Ausprägung – von der flachen ‹Tortenplatte› über den weiten ‹Pokal› bis zum schlanken ‹Sektglas› – zustande, der die Corona trägt und aus dessen Mitte das Androgynophor ragt, das ‹jahrmarktschreierisch› die Staubblätter und Fruchtknoten samt Griffel hoch über das Blüten-Karussell hinaushebt und anpreist. Bleiben wir noch beim Leiden! Viele Arten dieser Familie, vor allem aus der Gattung *Passiflora*, helfen gegen Ängste (anxiolytisch) und Unruhe (sedierend). Die für diesen Zweck am meisten verwendete ist *P. incarnata*, also die ‹Fleisch Gewordene› und uns Menschen Erlösende. Auf die wissenschaftlich Forschenden hingegen wirken diese Arten keineswegs beruhigend oder erlösend, ist es ihnen in den letzten Jahrzehnten trotz bester Analytik doch nicht gelungen, das aktive Prinzip dingfest zu machen. Erst waren es die β-Carboline Harman, Harmalin etc, denen wir beim Zaubertrank Ayahuasca (s. Malpighiaceae) begegnet sind und die als phytochemische Kandidaten galten. Heute wissen wir, dass diese Verbindungen, wenn überhaupt, nur in Spuren in der medizinisch verwendeten Blattdroge vorkommen. Dann wurde Maltol, ein γ-Pyron aufgefunden, Mäusen injiziert und diese zu tausenden in den ausgeklü-

Passiflora edulis Sims

Passiflora ‹Sunburst›
(*P. gilbertiana x jorullensis*)

gelten Irrgarten, Elevated Plus-Maze Model, spazieren geschickt bis ruchbar wurde, dass sich diese Substanz sogar im langweiligsten Toastbrot nach seiner Erhitzung findet. Nachher wurde gezeigt, dass Chrysin, ein Dihydroxi-Flavon, das heute als Potenzmittel angepriesen wird, an die Benzodiazepin-Rezeptoren bindet und den Mäusen die Angst nimmt (Wolfman *et al.* 1994). Schliesslich gerieten C-Glycosylflavone in den Fokus wie z.B. Schaftosid oder Isovitexin und sein O-Glukosid. Dies war in den 90er Jahren (Meier 1995a) und heute ist die Situation noch die gleiche und erinnert an die pharmazeutisch-phytochemischen Odysseen, die mit dem guten, alten Baldrian und dem en vogue geratenen Johanniskraut noch in vollem Gange sind. Bemerkenswert ist, dass die für diese Familie charakteristischen Blausäureglykoside (Cyclopentenyl-Derivate) in diesen Betrachtungen völlig ausgeklammert werden, obschon sie den unbeschwerten Sommervögeln lebenswichtiges Medikament sind (s. Butterfly-Connection).

Wenden wir uns noch den Leidenschaften zu, von denen sich hier zwei aufdrängen. Erstens liefern mehrere Dutzend Arten der Gattung *Passiflora* essbare Früchte mit exquisitem Aroma, was ihnen eine grosse Anhängerschaft und den Zugang zum Weltmarkt verschaffte. Die vier zurzeit kommerziell wichtigsten Arten sind unten vorgestellt. Zweitens fasziniert die Passionsblüte nicht nur ein breites Publikum sondern auch weite Kreise der Züchtung, die mit Hingabe und Leidenschaft die riesige Formenvielfalt (*Passiflora*, ca. 400 Arten) bis heute mit schätzungsweise 500 neuen, spektakulären Hybriden und Varietäten durch Kreuzung und Auslese bereichert haben (www.passionflow.co.uk), eine Arbeit, die nicht nur das menschliche Auge erfreuen mag, sondern auch einen tiefen Einblick in die plasmatische Vererbung, das heisst der Plastiden und Mitochondrien, vermittelte. Es wurde lange angenommen – aber auch immer bezweifelt (Corriveau und Coleman 1988) –, dass die extrachromosomalen Gene, also jene der Mitochondrien und Plastiden, immer und gänzlich von der Mutter (Eizelle) eingebracht würden. Dass dies nicht zutrifft, haben nun Studien an Passionsblumen eindeutig belegt. Zumindest für das Genom der Plastiden sind alle Formen der Vererbung verwirklicht: Paternal, maternal und biparental (Muschner *et al.* 2006, Hansen *et al.* 2007). Weil die an der molekularen Phylogenie Interessierten ihre Resultate mitunter auf solche DNS-Sequenzen und ihre Veränderungen im Laufe der Zeit abstützten, müssen etliche Zuordnungen überprüft werden. Das Zifferblatt der ‹molekularen Uhr› hat sich beschlagen!

Heliconius sapho und *Passiflora pittieri* Mast. Die Raupe dieses Schmetterlings ist monophag, d. h. sie kann sich nur auf dieser Passionsblumenart entwickeln, mit welcher der berühmte, englische Arzt, Botaniker und Herausgeber William Masters (1833–1907) den Schweizer Tropenforscher ehrte.

Butterfly-Connection

Ehrlich und Raven, die im Jahre 1964 den Begriff der Koevolution schufen, kompilierten aus der Literatur die Kenntnisse über Vergesellschaftungen von Schmetterlingen mit Pflanzen und schrieben über die Affinität bestimmter Edelfalter (Heliconiinae und Argynninae) zu den Passionsblumengewächsen Folgendes: «No biochemical basis is known for the association…, but we confidently predict that one eventually will be found.» Es dauerte 25 Jahre bis es David Raubenheimer (1989) als Erstem gelang zu zeigen, dass die Raupen solcher Schmetterlinge aus den Wirtspflanzen cyanogene Glykoside vom Gynocardin-Typ (Coburn und Long 1966) aufnehmen, um sie später in den Imagines zu speichern. Dieser Vorgang, in der Fachsprache Sequestrierung genannt, schützt den geschlüpften Schmetterling vor seinen Jägern, vor allem Vögeln, die sehr

empfindlich gegenüber Blausäure-Glykosiden sind. Sogar die gelegten Eier geniessen durch Einlagerung den Schutz vor räuberischen Insekten bzw. Larven. Diesbezüglich am besten untersucht ist heute das *Heliconius-Passiflora* System: Etwa 40 Schmetterlinge der Gattung *Heliconius* haben eine enge Beziehung zu den *Passiflora*-Arten. Die Raupen ernähren sich ausschliesslich von deren cyanogenen Blättern. Der adulte Schmetterling ist sozusagen zweifach cyanogen, indem die Raupe nicht nur sequestriert sondern darüber hinaus die Fähigkeit zur Eigensynthese besitzt und zwar der aliphatischen cyanogenen Glykoside Linamarin und Lotaustralin (Wray *et al.* 1983). Monophage Schmetterlinge wie etwa *Heliconius sapho*, der sich nur auf *Passiflora pittieri* entwickeln kann, vernachlässigen die Eigensynthese zugunsten einer starken Sequestrierung (Engler-Chaouat und Gilbert 2007). Die Angelegenheit wird noch etwas komplizierter dadurch, dass auch in der Pflanze beide Typen von cyanogenen Glykosiden nebeneinander vorkommen können. So enthält zum Beispiel die winterhärteste (−30 °C) aller Passifloraceen, die gelbe *P. lutea*, aliphatische und gleichzeitig cyclopentenoide Verbindungen (Spencer und Seigler 1985).

Um sich vor allzu starkem Frass durch Raupen zu schützen, haben einige *Passiflora*-Arten im Laufe der Koevolution mit *Heliconius* Strukturen ausgebildet, die Schmetterlingseiern gleichen und offenbar ein Signal im Sinne von ‹schon besetzt› bedeuten. Diese Art von Mimikry reduziert die Eiablage durch das Schmetterlingsweibchen deutlich (Williams und Gilbert 1981). Eine schöne Übersicht zur Biologie von *Heliconius* findet sich bei Brown (1981). Die Biologie der Bestäubung, die vielfach durch ‹grosse› Bienen, seltener durch Kolibris und in einzelnen Fällen durch Fledermäuse geprägt wird, ist bei Endress (1994 SW) und Gottsberger und Silberbauer-Gottsberger (2006 SW) beschrieben.

Passionsblumen *Passiflora spp.*

Diese überwiegend neotropische Gattung ist mit ca. 430 Vertreterinnen die weitaus artenreichste innerhalb der Familie und wartet mit einer unvergleichlichen Vielfalt an Formen der Blätter, Blüten und Früchte auf, die morphologisch-systematisch gut erfasst ist und eine komplexe Taxonomie dieser grossen Gruppe bewirkte: 23 Untergattungen, wovon einige noch in Sektionen unterteilt sind (Killip 1938, Escobar 1988). Eine taxonomische Bündelung wird in neueren Arbeiten unter anderem mit molekularen Methoden angestrebt (Muschner *et al.* 2003, Yockteng und Nadot 2004, Feuillet und MacDougal 2004, Hansen *et al.* 2006). Die Früchte von ca. 50 bis 60 *Passiflora*-Arten sind essbar, aber nur wenige sind ausserhalb ihrer Heimat, den amerikanischen Tropen, bekannt. Etwa ein Dutzend besitzen ein ökonomisches Potenzial und eine Handvoll hat es zur Marktreife gebracht. Der Genpool der weniger bekannten essbaren Arten wird in Zukunft von grosser Bedeutung für die nachhaltige Züchtung der heute populären Arten sein (Martin und Nakasone 1970). Ihre häufige Bezeichnung ‹Granadilla›, kleiner Granatapfel, bezieht sich auf eine gewisse Ähnlichkeit mit jener Frucht aus der Alten Welt: Zahlreiche Samen, umhüllt von essbarer Pulpa, sind in einer leicht aufbrechbaren, festen, derben Fruchtschale eingeschlossen. Bei *P. ligularis* ist diese Analogie am offensichtlichsten. Phytochemie, Pharmakologie, Toxikologie und ethnobotanische Aspekte sind kürzlich von Dhawan *et al.* (2004) in einer Übersichtsarbeit zusammengefasst worden.

ILLUSTRATION. Die Passifloraceen warten mit einer eindrücklichen Formenvielfalt auf, welche – vor allem und wie nirgends sonst unter den Blütenpflanzen – die Blätter betrifft: Ihre Grösse reicht von wenigen Zentimetern bis zu einem Meter in der Länge und sie sind oval, länglich, sichelförmig, schwach oder stark gelappt bis gefingert, unterteilt oder halbkreisförmig. Da die Formen der einzelnen Arten oft schwierig zu beschreiben sind, wird im Epitheton Zuflucht genommen, das beispielsweise *viti-, mori-, capparidi-,* oder *laurifolia* heisst. Die Blattform kann einerseits innerhalb einer Art stark variieren und andrerseits zeigen die Blätter von Art zu Art manchmal eine so verblüffende Ähnlichkeit, dass ohne weitere Merkmale nicht einmal eine grobe Zuteilung möglich ist (Plotze *et al.* 2005). Deutlich sind die extrafloralen Nektarien am Stiel oder auf der Unterseite des Blattes zu sehen.

PASSIONSFRUCHT *Passiflora edulis* Sims

engl. purple bzw. yellow passion fruit, wild passion fruit, purple granadilla; fr.
grenadille; ger. rote bzw. gelbe Passionsfrucht; port. maracujá; sp. pasionara morada, granadilla morada, parchita maracuya bzw. parchita amarilla.

Es werden also zwei Formen unterschieden, nämlich f. *edulis* und f. *flavicarpa*,
wobei in unseren Tagen und Breitengraden vor allen letztere, eine ei- bis ku-
gelförmige Frucht von gelber Farbe, verkauft wird. Ihr Ursprung ist nicht klar,
sie gedeiht jedoch nur im tropischen Tiefland und ist sehr ertragreich. Ihre
Toleranz gegenüber *Fusarium*, einem pathogenen Pilz, der zusammen mit anderen Krankheiten den Anbau der Wildform *edulis* beinahe zum Erliegen brachte,
hat ihr zum Durchbruch verholfen, obschon die etwas kleinere, kältetolerantere
f. *edulis* mit Heimat in Brasilien einen besseren Geschmack hat. Sie wird heute
auf f. *flavicarpa* gepfropft. Die bis 8 cm grosse Blüte der genannten Formen
sind weiss, wobei der an seiner Peripherie zerknitterte Strahlenkranz gegen
das Zentrum hin rot-violett pigmentiert ist. Noch nicht vollreife Früchte von
Passiflora edulis weisen einen toxischen Gehalt an Prunasin (cyanogen) auf, der
während der letzten Reifungsphase weitgehend abgebaut wird. Es wird deshalb
empfohlen, in ‹freier Wildbahn› die Früchte vom Boden aufzulesen und nicht
von der Pflanze zu ernten (Spencer und Seigler 1983).

SÜSSE GRANADILLA *Passiflora ligularis* Juss.

engl. sweet granadilla, sweet passion fruit, water lemon; fr. grenadille douce,
grenadille des montagnes; ger. süsse Granadilla; sp. granadilla dulce, parchita
dulce.

P. ligularis ist eine ausserordentlich kräftige und starkwüchsige Liane mit einem Verbreitungsgebiet, das sich zugleich mit dem Anbaugebiet deckt und von
Zentralmexiko bis nach dem Westen Südamerikas (Peru, Bolivien) auf Höhen
zwischen 100 und 3000 m ü. d. M. reicht. Die weissen Blüten besitzen einen rot-
violett gebänderten Strahlenkranz und duften süss. Sie wird manchmal auch
als die ‹wahre Granadilla› bezeichnet (Vanderplanck 1991), weil ihre eiförmige
Frucht – mit 8 cm Länge und 6 cm Durchmesser deutlich grösser als die bereits
erwähnten – die beste unter ihresgleichen (Granadillas) sein soll: Sie ist weniger
sauer, wegen der festen Schale haltbarer und besser für den Frischverzehr geeignet. Das Aroma wird mit jenem einer säurearmen Stachelbeere verglichen (Gysin
1984 SW). *De gustibus non est disputandum*, denn sogar die rote Passionsfrucht
mit intensivsten Aroma und schönster Säure hat ‹keinen Chance›, wenn sie auf
Granadilla-Rezeptoren stösst, die durch Süsswaren konditioniert sind.

Passiflora ligularis

Passiflora edulis

Passiflora quadrangularis

Passiflora mollissima

RIESENGRANADILLA *Passiflora quadrangularis* L.

engl. giant granadilla; fr. barbadine; ger. Riesengranadilla, Melonengranadille; port. maracujá-assú, maracujá de caiena, maracujá-grande, maracujá-mamao sp. badea, corvejo, granadilla de fresco, granadilla grande, granadilla para refrescos, granadilla real, parcha granadina, parcha de Guinea, sandia de pasión, tambo.

Sie ist der ‹Goliath› der Gattung. Die wohlriechende, dunkelrot-violette Blüte – aussen weiss oder rosa – hat einen Durchmesser von bis zu 12 cm und die eiförmige, grün-orange Frucht eine Länge von ca. 30 cm. Die Riesengranadilla, deren Herkunft unbekannt ist, wird im ganzen tropischen Amerika meist unter 900 m ü. d. M., in Ekuador jedoch bis auf 2200 m angebaut. Die üppige Liane mit ca. 20 cm grossen, herzförmigen Blättern und dem vierkantigen (Name!), geflügelten Stamm wächst unter günstigen Bedingungen bis in eine Höhe von 45 m. Die Samenpulpa von *P. quadrangularis* wird wie jene der anderen Arten verwendet. Die dicke, fleischige Fruchtwand (Mesokarp) kann ebenfalls verzehrt werden. Sie hat einen etwas faden Geschmack, der mit Zitronensaft aufgebessert werden kann. Im unreifen Zustand wird aus dem Fruchtfleisch ein Gemüse zubereitet.

CURUBA *Passiflora mollissima* (Kunth) L. H. Bailey

engl. banana passion fruit, banana poka; fr. curuba, tacso; ger. Curuba; port. maracujá-curuba; sp. curuba, curuba de Castilla, parcha, tacso, tumbo serrano, tumbo del norte, trompos, tintin.

Diese Spezies gehört gemäss Klassifikation von Killip (1938) mit ca. 35 weiteren Arten zur Untergattung *Tacsonia*, deren schlanker, röhrenförmiger Blütenbecher charakteristisch und bei *P. mollissima* fast 10 cm lang ist. Die Farbe der von Kolibris besuchten Blüte reicht von blass-lila bis zum kräftigen Rot. Die reife gelbe Curuba ist länglich, bis 12 cm lang, was ihr den Namen ‹Banana Passion Fruit› eingetragen hat. Der Stängel sowie etwas weniger auch die Blätter, der Fruchtknoten und die Frucht sind von einem sehr weichen (mollissima!) Haarfilz überzogen. Der natürliche Standort dieser Art ist die Andenregion von Venezuela, Kolumbien (hier ist sie die Nationalfrucht), Ekuador, Bolivien und Peru zwischen 2000 und 3200 m ü. d. M. Aus diesem Grunde ist sie leicht frosttolerant und kann in unseren Breitengraden während der warmen Jahreszeit im Freien gezogen und, falls der Boden nicht gefriert, überwintert werden. Die Frucht ist ausserhalb Südamerikas nicht populär. Wegen ihrer schönen Blüte ist diese Art schon früh ins Sortiment botanischer Gärten rund um die Welt aufgenommen worden und überall dort, wo das Klima es gestattete, in die ‹Freiheit› ausgebrochen, wie zum Beispiel in Australien, Neuseeland oder Hawaii. Es handelt sich nach Green (1994) vielleicht um das schönste Unkraut der Welt. Der hohe Kletterer dringt in die Kronenschicht der Bäume, um von dort in einem weiten Vorhang hinunterzustürzen, der die ganze Vegetation einhüllt. Dies vor allem an Waldrändern und in grossen Lichtungen. Vögel und Haarschweine, welche die Früchte sichtlich geniessen, tragen in unmanierlicher Weise zur Ausbreitung bei, sodass heute in Hawaii gegen 40'000 Hektaren damit überdeckt sind. Seit mehr als 25 Jahren wird versucht, den Fremdling biologisch in Schach zu halten, zuerst mit blattfressenden Schmetterlingsraupen der Heliconiinae (Waage *et al.* 1981), dann mit Blatt, Knospen und junge Triebe liebenden Motten oder mit Fliegen, deren Larven sich in den Früchten entwickeln (Causton *et al.* 2000), und schliesslich mit pathogenen Blattpilzen (Trujillo *et al.* 2001).

Die Passifloraceen gehörten zu ‹Pittiers Passionen› (s. PROLOG). Auf seiner Exkursion zum Valle del Rio Grande de Térraba im Süden Costa Ricas traf er auf eine Horde von Kapuzineraffen, *Cebus hypoleucus*, die ihm besonders auffiel, weil ein Weibchen, wie es eingeborene Frauen tun, beide Ohren mit je einer knallroten Passionsblüte, wahrscheinlich *P. vitifolia*, geschmückt hatte: «Ich hätte mir nie träumen lassen, dass das grösste Laster der Töchter Evas, die Koketterie, auch bei den Affenfrauen verbreitet sein würde. Dies scheint mir einen wichtigen Beitrag zur vergleichenden Psychologie von Mensch und Vierbeiner zu liefern.» (Pittier 1891, aus dem Spanischen übersetzt)

SAPINDACEAE

Ackee *Blighia sapida* L.

Diese Familie, wegen ihrer Schaum bildenden Eigenschaft Seifenbaumgewächse genannt, ist die grösste der Sapindales (s. auch Anacardiaceae) und besteht aus Bäumen, Büschen und berankten Lianen mit gegen 1500 Arten in 133 Gattungen, die in den Tropen und Subtropen leben, wobei aber wenige Gattungen auch im gemässigten Klima weltweit anzutreffen sind. Zu den letzteren gehören jene der Ahorn- (Aceraceae) und Rosskastaniengewächse (Hippocastanaceae), die ihren Familienstatus wie schon früher einmal eingebüsst haben und nun gemeinsam als Hippocastanoideae (4/140) eine Unterfamilie der Sapindaceen *s.l.* bilden (Harrington *et al.* 2005). Eine weitere Unterfamilie, Dodonaeoideae (1/68; 2 oder seltener mehr Samen pro Fach), besteht aus pantropischen Arten oder solchen in warm-gemässigten Zonen mit Schwerpunkt der Verbreitung in Australien und Südostasien. Bezüglich Anzahl Gattungen und Arten ist die pantropische Unterfamilie der Sapindoideae (112/ca. 1230; 1 Same pro Fach) weitaus am wichtigsten. Die Schaumbildung, die auf die Anwesenheit von Saponinen (s. unten) zurückzuführen ist, teilen die Sapindaceen mit vielen anderen Familien wie z.B. den Nelkengewächsen in Gestalt des bei uns wohlbekannten Seifenkrautes. Hingegen gibt es zwei Substanzklassen, die bis anhin ausschliesslich in Seifenbaumgewächsen nachgewiesen wurden (Fowden *et al.* 1969, Hegnauer 1973 und 1990, Aichholz *et al.* 1997, Avato *et al.* 2003 und 2005): Es sind dies einerseits Cyanolipide, also Fette, die Blausäure enthalten und cyanogen sein können; andrerseits sind in einigen Arten Aminosäuren entdeckt worden, die nicht für den Aufbau der Eiweisse verwendet werden, einen Cyclopropanring enthalten und im Säugerorganismus eine Hypoglykämie bewirken, die ohne Gegenmassnahme zum Tod führt (s. unten).

Die ökonomische Bedeutung der Familie ist vielfältig. Ein hervorstechendes Merkmal ist der Arillus (s. **PROLOG** ‹Arillus – süsse und fleischige Verlockung›), der im Dienste der Artausbreitung steht und in manchen Fällen auch vom *Homo sapiens* genüsslich verzehrt wird, sei es wegen seiner Süsse, wie uns dies von den Litschi-, *Litchi chinensis*, und Rambutanfrüchten, *Nephelium lappaceum*, her bekannt ist, oder sei es wegen seines vorzüglichen Aromas und hohen Nährwertes, wie es in diesem Kapitel am Beispiel der Ackee-Frucht, *Blighia sapida*, gezeigt wird. Süss und nahrhaft ist auch der Ahornsirup Nordamerikas, stark eingedickter Xylemsaft des Zucker-Ahorns, *Acer saccharum*, dessen Stamm im Frühjahr angezapft wird. Viele Arten werden dem Familiennamen gerecht und produzieren tüchtig ‹Seife› – es handelt sich um Triterpen-Saponine, häufig mit Hederagenin oder Oleanolsäure als Aglykon – , die vielfältig genutzt wird (s. unten). Dann darf der Zierwert einiger Familienglieder nicht vergessen werden, wie etwa jener der Rosskastanie, die Plätze und Alleen schmückt. Die neotropische Ballonrebe, *Cardiospermum halicacabum*, mit schwarzen Samen und hellem herzförmigen Fleck (Herzsame), kann bei uns einjährig im Freiland gehalten werden. Last but not least wird auf die beiden koffeingaltigen *Paullinia*-Arten, *P. cupana* (s. **PROLOG**) und *P. yoco*, hingewiesen, die im zentralen Amazonasgebiet Brasiliens bzw. im Süden Kolumbiens und Nordosten Ekuadors genutzt werden, indem aus den Samen bzw. Teilen der Rinde je ein stark stimulierendes Getränk zubereitet wird (Weckerle *et al.* 2003). Bekanntlich ist die lokale wirtschaftliche Bedeutung der meisten Pflanzen weit grösser als in den Standardwerken angegeben. Erst die gründliche ethnografische Erkundung gibt Aufschluss über die Verwendung. So hat Beck (1990) die Daten für knapp 40 der ca. 180 *Paullinia*-Arten zusammen-gestellt (mit Überschneidungen): 28 werden zum Fischfang eingesetzt, 13 sind Medizinalpflanzen, 10 liefern Nahrung und 6 Werk- oder Baustoffe, 3 dienen als (Jagd-) Gifte und weitere 3 für die Zubereitung stimulierender Getränke.

Mit Pflanzenseife nicht nur auf Fischfang

Das schäumende Prinzip dieser Familie sind die Saponine. Ihr einfachster Nachweis besteht darin, das zu testende Pflanzenmaterial etwas zu verletzen und hernach in Wasser zu schütteln. Es muss sich ein stabiler Schaum bilden, dessen Höhe unter definierten Bedingungen eine Quantifizierung erlaubt. Weil Saponine aus einem hydrophilen (Zucker) und hydrophoben (Aglykon, Sapogenin) Teil bestehen, setzen sie die Grenzflächenspannung herab. Für den praktischen, physikalischen Alltag heisst dies, dass der Dreck sich innig mit dem Wasser verbindet und besser beseitigt werden kann, was seit alters her erkannt und genutzt wurde. So dienen die Früchte (nicht die Samen!) mehrerer Sapindaceen-Arten in allen Teilen der Tropen als so genannte ‹Seifennüsse›: Die Frucht wird wie ein Stück Seife in die Hand genommen, um damit den zu reinigenden Gegenstand einzurei-ben. In der Biologie hat die Herabsetzung der Oberflächenspannung jedoch eine ganz andere, weiter reichende Bedeutung: Die Grenzflächen der Organismen und ihrer Zellen bestehen häufig aus delikaten Membranen, die durch den Einsatz von Saponinen geschädigt werden können. Ein eindrückliches Beispiel ist die Hämolyse, die Zerstörung der Erythrozyten, die als Mass für den biologischen Wert eines Saponins herangezogen wird.

In den Kiemen der Fische trennt eine dünne Membran den Blut- vom Wasserstrom, wo im Gegenstromverfahren der Sauerstoff aufgenommen wird (Wehner und Gehring 1995 SW). Am Wasser lebende Ethnien der ganzen Welt setzen seit Menschengedenken saponinhaltige Pflanzen dieser und anderer Fami-lien für den Fischfang ein (Sparg *et al.* 2004, Beck 1990): Die Pflanzenteile (Wurzeln, Blätter, Achsen) werden vorgängig mechanisch verletzt und dann mit grosser Wucht und wiederholt ins Wasser geschlagen und zerquetscht, bis sich ein Schaum bildet. Mit Vorteil wird eine strömungsarme Zone oder Lagune aus-gewählt, wo sich die Fische aufhalten bzw. die Saponine nicht weggespült werden. Bereits nach zwei Stunden können die betäubten Fische an der Oberfläche des Gewässers eingesammelt werden. Es scheint, dass die Humantoxizität der Fischgifte relativ gering ist (Teixeira *et al.* 1984). Von unschätzbarem Wert ist die Verwendung saponinhaltiger Pflanzen im Kampf gegen Wasserschnecken als Überträgerinnen von gefährlichen Tropenkrankheiten (Queiroz *et al.* 2005). Um den Verdauungstrakt wiederkäuender Nutztiere von Parasiten zu befreien, wird mit saponinhaltigem Futter ‹defauniert›. Eine tropenweit wichtige Stellung nimmt dabei die Gattung *Sapindus* ein (Wina *et al.* 2005 und 2006, Ni *et al.* 2006). Es scheint, dass die Beimischung ihrer Früchte zum Futter die Produktion von Methan, dem ‹Klimakiller› Nummer zwei, drastisch reduzieren könnte (Hess *et al.* 2004)!

ACKEE *Blighia sapida* L.

engl. ackee, akee, akee-apple; fr. arbre fricassé, ris de veau végétal; ger. Ackee, Akee, Akipflaume; port. castanha de Africa; sp. aki, huevo vegetal, seso vegetal; Westafrika: akye, finzan, ishin, kaka.

Captain Bligh

Dieser Baum ist in Westafrika heimisch, wo seine Früchte traditionell seit Menschengedenken genutzt werden. Während der Sklaverei wurden Schwarze von dort in die Karibik als erste Station verschleppt. Offenbar gelang es den Gefangenen, ein wichtiges Element ihrer Kultur, die Ackee, hinüberzuretten. Die heutige Hochburg der Ackee ist Jamaika. Ihre Metropole, Kingston, nennen die JamaikanerInnen scherzhaft Big Ackee in Analogie zu Big Apple NY. Es ist also nicht Captain William Bligh (1754–1817), der Commander der Bounty, der die Ackee nach Westindien brachte und von Linné mit der Gattungsbezeichnung geehrt wurde. Dieser hatte den Auftrag, Stecklinge des Brotfruchtbaums von Tahiti in die karibischen Sklavenkolonien zu bringen, eine im Anbau problemlose Pflanze mit stärkereichen Früchten, welche den Schwarzen im Zuckerrohranbau die nötige Ausdauer garantieren sollten. Ohne auf Einzelheiten der abenteuer-lichen Exkursion, die am 23. Dezember 1787 begann, einzugehen, darf hier festgehalten werden, dass der pflanzenphysiologisch bedingte, lange Aufenthalt (27. Oktober 1788 bis 5. April 1789) – die Bildung von Schösslingen zur Bewurzelung musste abgewartet werden –, die Seemannsmoral der Briten ge-schwächt hatte. Ein Teil der Mannschaft verfiel dem Alkohol und ein anderer dem Liebesreiz der Tahitianerinnen. So kam es bald nach Verlassen der Insel am 28. April 1789 bei den Tongainseln zu einer unblutigen Meuterei: Bligh wurde mit seinen Getreuen in der Barkasse mit spärlichem Proviant ausgesetzt, wäh-rend die Meuterer mit der Bounty und jenen Loyalen, die im Boot nicht Platz fan-den, nach Tahiti zurückkehrten. Innerhalb von 6 Wochen segelte Bligh mit seiner Restmannschaft im kleinen, überfüllten Boot unter schwierigsten Umständen 5800 km übers stürmische Meer nach Timor – eine Leistung, die zu den grössten der Seefahrt gehört. Den meisten Meuterern ging es in der Folge an den Kragen. Einige wurden gefasst und in England zum Tod durch den Strang verurteilt, an-

«Me fader send me to pick out a wife; tell me to tek only those that smile, fe those that do not smile wi' kill me» Beckwith (1929) zitiert in Rashford (2001)

dere wurden von den Einheimischen umgebracht oder verfielen dem Alkohol. Nur eine kleine Gruppe, die mit der Bounty nach der bislang falsch kartierten Insel Pitcairn segelte und dort das Schiff verbrannte, entging der Justiz. Sie überlebte und bildete mit den Tahitianerinnen und den gemeinsamen Kindern eine Kolonie, die letzte verbliebene der Briten im Pazifik. Die Insel wurde am 6. Februar 1808 wiederentdeckt: Der letzte Meuterer, John Adams, einziger erwachsener Mann der 35-köpfigen Kolonie, lebte noch – mittlerweile ein gottesfürchtiger Mann, um dessen Verfehlungen sich in England wegen dem Seekrieg mit Napoleon niemand kümmern wollte. Er starb am 5. März 1829 als angesehenes Oberhaupt auf der Insel eines natürlichen Todes. Interessierte sind auf die zahlreichen Veröffentlichungen im Buchhandel sowie im Speziellen auf http://www.sl.nsw.gov.au/ verwiesen, wo in der PICMAN database Bounty-Originaldokumente (Logbücher, Illustrationen etc.) zur Exkursion und Meuterei eingesehen werden können.

Jamaican vomiting sickness (JVS)

Die Ackee-Frucht hat als Verursacherin der JVS, an der in Jamaica seit Einfuhr der Pflanze schätzungsweise 5000 Menschen gestorben sind, eine traurige Berühmtheit erlangt. Was sind die Hintergründe? Pflanzen schützen sich in ihrem Daseinskampf mittels unterschiedlicher Strategien, wovon eine die chemische Verteidigung ist. Sie richtet sich unter anderem gegen Fressfeinde. Die Blätter brauchen speziell im jungen Zustand, wenn sie eine gute Eiweissquelle darstellen, einen effizienten chemischen Schutz. Später werden sie derb und ernährungsphysiologisch unattraktiv; zudem kann ein durch den Frass induzierter Austrieb rasch für Ersatz sorgen. Ganz anders sind die Verhältnisse bei den generativen, nährstoffreichen Organen, aus denen schliesslich die Samen hervorgehen und die im Dienste der Ausbreitung und Erhaltung der Art stehen. Die Pflanze hat verschiedene Mechanismen entwickelt, um allfälligen Räubern und Frevlern in diesem ‹sensitiven Bereich› das Leben schwer zu machen oder gar zu verkürzen. In diesem Kontext ist auch JVS zu verstehen. Der traditionelle Umgang mit dieser Frucht in der jamaikanischen Küche wird in einem witzigen Artikel (Rashford 2001) mit dem Titel «Those that do not smile will kill me» geschildert. Erst wenn der Mund der Frucht sich öffnet, d. h. wenn sie lacht oder, auch anders interpretiert, gähnt, ist der Same reif und will durch Tiere ausgebreitet werden, die für diese Aufgabe mit seinem Anhängsel, ein Arillus reich an Fetten und Eiweissen, belohnt werden. Es sind diese Arilli, die zusammen mit Stockfisch das beliebteste Gericht der JamaikanerInnen ergeben. Offenbar betätigen sich Menschen auch heute noch und immer wieder als ‹Räuber›, indem sie unreife Früchte ernten und verarbeiten, vor allem in Zeiten von Nahrungsmangel. Das Risiko einer Intoxikation wird durch Abgiessen des Kochwassers reduziert, eine Praxis, welche die viel häufigere Vergiftung von Kindern (wegen ihres tiefen Körpergewichts) erklärt.

Im unreifen Zustand enthält der Arillus die nicht-proteinogene Aminosäure Hypoglycin A in einer Konzentration von weit über 1000 ppm. Wenn die Frucht aufgrund ihrer vollständig gelben oder roten Pigmentierung als reif erscheint, aber noch geschlossen ist, liegt der Gehalt noch immer bei etwa 1000 ppm, sinkt aber mit den ersten sichtbaren Zeichen des Öffnens exponentiell unter die Detektionsschwelle (< 0,1 ppm). Der Same und Reste der Septen bleiben hingegen hochtoxisch (Chase *et al.* 1990, Brown *et al.* 1992). Die Situation ist vergleichbar mit jener der Guaraná-Samen (s. **PROLOG**), wo das Koffein im Arillus während der Reife abgebaut wird, während das Samengewebe seinen Koffeingehalt beibehält. Der diese Spezies ausbreitende Tukan wird durch eine Koffeinbarriere an der Oberfläche der Samen, die er zwecks Arillus-Verdauung zuhauf und vorübergehend in seinen Kropfmagen packt, vor einer Vergiftung bewahrt (Baumann *et al.* 1995).

Hypoglycin A (Strukturformel, Biosynthese, verwandte Verbindungen s. **BLOG6 EPILOG**, Phytochemie) wird im Säuger-Organismus in fataler Weise (Suizid-Reaktion) zu einer Verbindung umgewandelt, die nach Aktivierung zu einem Analogon der Schlüsselsubstanz Acetyl-CoA den Abbau der Fettsäuren irreversibel hemmt (Sherratt 1986). Innerhalb von wenigen Stunden nach Aufnahme kommt es zu Schwindel, Erbrechen, Benommenheit, physischer und mentaler Erschöpfung als Folge eines starken Abfalls des Blutzuckers. Bei schwerer Vergiftung fällt der Patient ins Koma und stirbt nach 12 Stunden (Blake *et al.* 2004). Eine möglichst frühe perorale oder intravenöse Therapie mit Glukose kann Leben rettend sein (Henry *et al.* 1998, Barennes *et al.* 2004).

Regenbogen-Tukan, *Ramphastos sulfuratus*

SAPOTACEEN

Sapodilla *Manilkara zapota* (L.) van Royen
Sapote *Pouteria sapota* (Jaquin) H.E. Moore & Stearn
Canistel *Pouteria campechiana* (Kunth) Baehni
Caimito *Chrysophyllum cainito* L.

Die Vertreter dieser artenreichen (ca. 1250) Familie, die den weiter oben besprochenen Ebenaceen nahe steht und zur grossen Ordnung der Ericales zählt (Schönenberger *et al.* 2005), bilden einen markanten Bestandteil des feuchten Tiefland-Regenwaldes Amerikas, Afrikas, Asiens und der Pazifischen Inseln. Sie kommen dort häufig in hoher Frequenz und Diversität im Unterholz sowie in der A-Schicht (Kronendach, Canopy) vor (Thompson *et al.* 1992, Milliken 1998, ter Steege *et al.* 2006).

Die meisten Früchte dieser Familie sind essbar, und viele Arten liefern bestes, hartes Holz. Der Milchsaft (Latex) einiger Sapotaceen wurde vor Anbruch des ‹Kunststoff-Zeitalters› genutzt: Guttapercha aus *Palaquium gutta* Burck im Malaysischen Archipel, Balata aus *Manilkara bidentata* (A.DC.) A.Chev. und *Ecclinusa balata* Ducke im tropischen Amerika und schliesslich Chicle, die Urform des Kaugummis, aus *Manilkara zapota* (L.) van Royen in Mexico und Guatemala.

Taxonomisch gesehen stellen die Sapotaceen eine Gruppe gut definierbarer Arten dar. Hingegen fällt es schwer, eindeutige und für jeweils alle entsprechenden Arten verbindliche Gattungsmerkmale zu finden. Dieser Umstand erkärt auch, weshalb Aubréville (1964) 122 Gattungen in 15 Triben beschreibt, während Baehni (1965) auf 63 Gattungen in 6 Triben kommt. Es ist offensichtlich, dass die Sapotaceen-Gattungen polythetische Gruppen darstellen (Sokal und Sneath 1963), was konkret bedeutet, dass ein bestimmtes Merkmal für eine grosse Zahl von Arten in einer Gattung zutrifft, aber kein Merkmal allen Arten dieser Gattung gemeinsam ist. Die Gattungsabgrenzung ist hier deshalb so schwierig, weil auf dieser Stufe nur eine kleine Zahl von morphologischen Merkmalen vorhanden ist. In einer neueren Arbeit (Pennington 1990, 1991) wurde deshalb unter Beizug cytologischer, palynologischer und phytochemischer Charakteristika eine Überarbeitung der Gattungsstrukturen vorgenommen, was schliesslich 53 Gattungen (nur 2 sind monothetisch) in 5 Triben ergab. Die Kombination von molekularen mit morphologischen Daten führte kürzlich (Swenson und Anderberg 2005) zur Unterscheidung von drei Subfamilien, nämlich Sarcospermatoideae mit der einzigen Gattung *Sarcosperma*, Sapotoideae (3 Triben) und Chrysophylloideae (2 Triben).

Wir folgen hier den Spuren Henri Pittiers und greifen vier bemerkenswerte Arten heraus, die er in den ‹Plantas usuales de Costa Rica› (1908) sowie in der Serie ‹New or noteworthy plants from Colombia and Central America› (1914) unter dem Titel ‹Zapotes and Zapotillos› beschrieben hat. Die in diesem Kapitel ausnahmsweise aufgeführten, binären Synonyme sollen einen Eindruck von den Schwierigkeiten vermitteln, welche diese Familie den taxonomisch Arbeitenden bereitete.

SAPODILLA *Manilkara zapota* (L.) van Royen

Synonyme: *Achras zapota* L., *Achras zapota* var. *zapotilla* Jacq., *Sapota achras* Mill., *Sapota zapotilla* Coville

engl. chicle tree, naseberry, sapodilla; fr. sapotillier, sapotille; ger. Sapotillbaum, Breiapfelbaum, Sapodilla; port. sapota, sapoti, sapotilha; sp. chicle, chico, chicozapote, níspero; maya: ya; nahuatl: muyozapot, tzicozapotl.

In Spanien und Holland wurde die Sapodilla sprachlich mit der Mispel (*Mespilus germanica*) verknüpft, was zu níspero bzw. mispelboom führte. Spätestens mit der Japanischen Mispel, *Eriobotrya japonica*, haben wir den ‹Fruchtsalat›, der uns bewog, hier der babylonischen Sprachverwirrung mit Text und Bild Einhalt zu gebieten: Links Mispel, Asperl, *Mespilus germanica* L., níspero común, nespola, nespereira da Europa; Mitte Japanische Mispel, *Eriobotrya japonica* (Thunb.) Lindl., Japanese medlar, nèfle du Japon, níspero del Japón, nespola (del Giappone); rechts Sapodilla, *Manilkara zapota* (L.) van Royen, sapodilla, níspero.

Stilreine Schokoladebirnen

Die Entdeckung Amerikas hat den pflanzengeografisch-kulinarischen Stilbruch ermöglicht, nämlich Birnen mit Schokoladencreme. Die Birne aus Eurasien und der Kakao aus den Neotropen ergeben eine ideale Kombination, die von vielen mit Hochgenuss verzehrt wird, aber die geografisch stimmige Paarung *Theobroma cacao*/*Manilkara zapota* an Köstlichkeit bei weitem nicht erreicht. Der Sapotillbaum, im südlichen Tiefland Mexikos bis Honduras oder vielleicht sogar bis Costa Rica heimisch, wird heute vor allem in Südostasien und dort besonders häufig in Thailand als *lamut* angebaut. Hierzulande ermöglichen uns die Thai-Läden, in denen die köstlichen Früchte angeboten werden, den rein neotropischen Schokoladebirnen-Schmaus. Das Birnenartige der Sapodilla hatte Linné bei der Benennung mit *Achras zapota* geleitet, denn lat. *Achras* bedeutet ‹Wilder Birnbaum›. Sie gleicht in Grösse, Farbe sowie in der Textur des Fleisches einer kleinen, braunschorfigen Tafelbirne. Auch ihr Aroma ist jener verwandt, jedoch mit diskret exotischem Geschmack und weniger Säure.

Der Breiapfel-Baum wartet mit zwei weiteren Überraschungen auf. Zum einen führt er in seinen Milchröhren einen Latex, der bis zur Mitte des letzten Jahrhunderts die wichtigste Grundlage für die Kaugummi-Herstellung war. Zum andern bildet er ein äusserst beständiges Holz, das über 1200 Jahre als Türsturzmaterial in den mächtigen Tempeln von Yax Mutal (Tikal) bis zum heutigen Tag dient, wo in der Hochblüte der Mayakultur die Spiele mit Bällen aus Sapodilla-Latex gepflegt wurden.

‹Kaugummibälle›

Der koagulierte Sapodilla-Milchsaft wird *chicle* genannt. Diese Bezeichnung stammt aus dem Nahuatl *tzicozapotl*, ‹Gummizapote›, und prangt noch heute auf den Kaugummi-Packungen, obschon deren Inhalt mit dem Naturprodukt in der Regel nichts mehr zu schaffen hat, denn synthetische Polymere haben *chicle* und ebenso die *chicleros*, jene die den Latex sammelten, weit gehend abgelöst. Im bescheidenen Rahmen wird heute noch Latex von wild wachsenden Exemplaren im atlantischen Tiefland von Mexiko (Quintana Roo), Guatemala (Petén) und Belize gewonnen. Die Milchröhren durchziehen den ganzen Pflanzenkörper und sind später in der Entwicklung vor allem in der Rinde ausgeprägt, wo sie während der Regenzeit durch Zickzack-Schnitte angezapft werden. Der Milchsaft,

ILLUSTRATION. Der Breiapfelbaum ist ein grosser Baum, 20 m oder höher, mit entweder kurzem verzweigtem oder langem unverzweigtem Stamm, der eine braune, mehr oder weniger längsgefurchte Rinde mit Latexausscheidungen hat. Die reich beblätterte Krone ist rundlich oder gestreckt. Die schlanken, kurz gestielten und meist von einem zarten Flaum bedeckten Blätter sind gehäuft gegen das Ende des Astes hin, dort mit unscheinbaren weissen Einzelblüten in ihren Achseln. Die Frucht ist eine bräunliche Beere, deren anfänglich kugelige Form sich in der Entwicklung zu länglich zugespitzt verändert und die zur Reife noch mit den persistierenden Resten des Kelchs gekrönt ist. Es gibt auch Varietäten, die kugelig bleiben; ebenso kann die Grösse variieren, die aber meist bei 10 cm liegt. Der Fruchtstiel ist dick und warzig. Das saftige Fruchtfleisch birgt 0 bis 12 Samen, braun oder schwarz, glatt und glänzend, seitlich mehr oder weniger abgeplattet, mit einer schmalen Keimgrube bis über die Mitte des Samens, wo sich das Foramen mit einem mehr oder weniger ausgeprägten Schnabel befindet.

Häslerr '93

maximal ca. 7 Liter pro Baum / 1–2 Jahre, wird an zentraler Sammelstelle durch Erhitzen oder mit Säure zur Koagulation gebracht, wobei eingedickt bzw. die Fällung separiert wird, um anschliessend das Produkt zu transportfähigen Klötzen zu formen (Schwarzenbach 1992).

Die jährlichen Importe (USA) fielen von 6000 (1930) auf 1000 (1963–66) und schliesslich (1988–90) auf 10 t. Seit vielen Jahren ist Japan Hauptabnehmer der Ernten aus Zentralamerika (über 800 t im Jahre 1994), woraus zu schliessen ist, dass dort noch natürlich gekaut wird; siehe z.B. FAO 2004, corporate document repository: http://www.fao.org/docrep/v9236e/v9236e09.htm

Traditionell geschah die Weiterverarbeitung zu Kaugummi in den Konsumländern. Nach einem Reinigungsschritt wurde die Masse mit Zucker aller Art sowie Aromastoffen, aber auch mit Ton, Kieselgur, Wachs etc. versetzt und zu Kaugummi mit einem *chicle*-Anteil von mindestens 20 % verarbeitet. Da die *chicleros* für die von ihnen abgelieferte Menge bezahlt wurden, war der Übernutzung und Zerstörung der Wildbestände Tür und Tor geöffnet, was sich vor allem während des 2. Weltkrieges verheerend auswirkte, da die USA in Notlage bezüglich Gummi und Kautschuk geriet, weil Asien seine Exporte stoppte. Schliesslich muss erwähnt werden, dass *Manilkara zapota* die Hauptquelle der Latexgewinnung darstellte. Genutzt wurden daneben aber auch andere, nahe verwandte Arten, die alle als nísperos bezeichnet werden und zu welchen beispielsweise *Manilkara chicle* (Pittier) Gilly zählt (Pittier 1919). Noch ein Wort zur Chemie: Kautschuk aus *Hevea brasiliensis* (Euphorbiaceae) ist ein Polyterpen in *cis*-Form (nicht-elastisches 1,4-Polypren-Polymer), während Guttapercha aus *Palaquium gutta* (Sapotaceae) das entsprechende *trans*-Isomer darstellt. *Chicle* ist eine Mischung aus *cis/trans* im Verhältnis von 1 zu 2.

Der Kaugummi ist das eindrückliche Beispiel einer unbedachten Mainstream-Innovation, die mit der Ausbeutung der Menschen in der Dritten Welt sowie der Plünderung natürlicher und fossiler Ressourcen beginnt und mit der Verunstaltung ‹zivilisierter Räume› endet. Einen Einblick in die Problematik

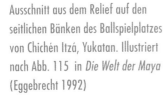

Ausschnitt aus dem Relief auf den seitlichen Bänken des Ballspielplatzes von Chichén Itzá, Yukatan. Illustriert nach Abb. 115 in *Die Welt der Maya* (Eggebrecht 1992)

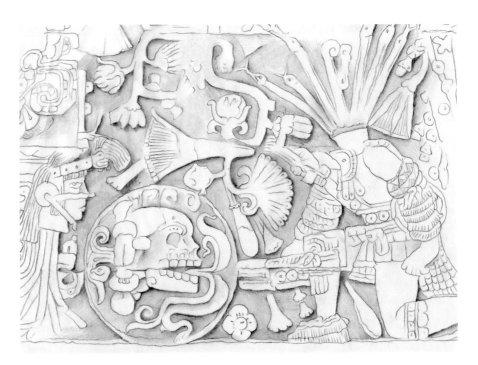

der Gewinnung des natürlichen Kaugummis durch *chicleros* vermittelt der Artikel von Egler (1947). Da das Kauen von Teilen oder Exsudaten der Pflanze bzw. des Tiers (z.B. Bienenwachs) zum Fundus des *Homo sapiens* gehört (Dixon 1972, Tessier *et al.* 1977, Dupaigne 1979), dürfen wir annehmen, dass die Maya als Bewohner der Sapotillbaum-Region *chicle* als Kaumittel verwendeten. Weitaus spektakulärer ist jedoch, dass sie den Gummiball erfunden haben, der später auch von den Azteken in rituellen Spielen eingesetzt wurde. Etymologische Forschungen (Blom 1932) klärten den Zusammenhang zwischen Gummi und Ball und bildeten den Anstoss zur Erkennung bzw. Entdeckung von Hunderten von Ballspielplätzen der Maya. Verwendet wurden etwa nicht – wie vielfach behauptet – ausschliesslich kleine Vollgummibälle. Die Grösse der Ringe, durch welche der Ball geworfen werden musste, sowie Darstellungen von Ballspielszenen deuten auch auf mehr als Kopf grosse Bälle hin, die aus Gründen der Gewichtsreduktion hohl waren. ‹Wol› bedeutete in den Maya-Sprachen nicht nur ‹Gummi› sondern auch einwickeln, umwickeln, umschliessen und ‹rund formen›. Die Darstellung einer Ballspielszene in Chichén Itzá zeigt einen Schädel im Innern eines Balles. Diese Angaben stammen aus dem Ausstellungsband ‹Die Welt der Maya› (Eggebrecht 1992), worin sich auch weiter führende Literatur zur mutmasslichen, rituellen Bedeutung der Ballspiele findet.

Das ‹Holz der Maya›

Wie eingangs erwähnt, ist das Sapodillaholz nicht nur sehr hart sondern auch ausserordentlich widerstandsfähig gegenüber der Zerstörung durch Termiten oder Mikroorganismen, was auf seine natürliche ‹Imprägnierung› mit Saponinen zurückgeführt wird (Sandermann und Funke 1970). Zu Pittiers Zeiten wurden in Costa Rica die Eisenbahnschwellen aus dem Holz der nahe verwandten *Manilkara spectabilis* (Pittier) Standley hergestellt (Pittier 1908 SW). Die hohe Luftfeuchte in den Tropen ist ein Faktor, der die Beständigkeit einer Holzkonstruktion noch zusätzlich belastet. Die eindrücklichste Manifestation der herausragenden Qualität des Holzes von *Manilkara zapota* ist daher seine Verwendung in der Maya-Architektur vor 1200 Jahren. Es hat eine seltene Berühmtheit erlangt, weil es zuerst (seit dem 8. Jahrhundert) in Tikal, Guatemala, die Eingänge zweier Maya-Tempel in Form reich geschnitzter Türstürze ausgekleidet hatte, wo es dann Mitte des 19. Jahrhunderts herausgeschlagen wurde, um schliesslich heute im Museum der Kulturen am Rheinknie als zugeschnittene, so genannte Basler Tafeln bestaunt werden zu können.

Tikal, eine Maya-Ruinenstadt im Petén, dem Tiefland im Norden Guatemalas, ist durch fünf hochaufragende Tempelpyramiden charakterisiert. Dieser protzige Königssitz wurde im 8. und 9. Jahrhundert in einer seit 200 vor Chr. bestehenden Siedlung aufgebaut. Ab ca. 900 wurde die Stadt nach und nach verlassen, vermutlich infolge einer Kombination von Überbevölkerung, anthropogener Zerstörung des Umfeldes, problematischen Sozialstrukturen, Kriegen und Katastrophen. Schliesslich ‹verschwand› die Stätte im neu gebildeten Wald, der sich über und um die gigantischen Gebäude legte, und blieb dort unbehelligt durch menschliche Aktivitäten bis Mitte des 19. Jahrhunderts: Sie wird 1848 durch einen *chiclero* entdeckt und noch im selben Jahr leitet der Guatemalteke Modesto Mendez eine Expedition in die abgelegene Region, worauf 1853 in

Diese Darstellung eines Tempels aus Tikal gibt einen Eindruck vom Zustand der Ruinenstätte, wie sie die Pioniere der ‹modernen Ethnologie› Mitte des 19. Jh. vorgefunden hatten. Angesichts der vom Urwald in Besitz genommenen Gebäude können wir das Anliegen der Entdecker, die Kulturschätze zu retten, verstehen, konnten sie doch nicht damit rechnen, dass die Ruinen bald im ‹neuen Glanz› als touristische Sehenswürdigkeiten auferstehen werden (aus Maudslay 1883)

der Zeitschrift für Allgemeine Erdkunde (Berlin) über den Fund berichtet wird. Im Jahre 1877 erscheint der Basler Arzt und Apotheker Carl Gustav Bernoulli (1834–1878) auf der Bildfläche, lässt die Türstürze 2 und 3 des Tempels IV, so-wie Türsturz 3 des Tempels I herausschlagen und nach Basel verfrachten…

Die nun folgende Schilderung basiert, sofern nicht anders angegeben, auf der gründlichen biografischen Recherche von Meyer-Holdampf (1985). Bernoulli lebte ab 1858 in Guatemala, betrieb dort eine Kaffee-Hacienda und sammelte eifrig botanische, zoologische und ethnologische Objekte. Seine letzte Expedition führte ihn in das besagte Gebiet, wo er bezüglich der Tierfunde recht frustriert war, weil die lokale Bevölkerung, «das unnützeste Pack», nicht koope-rierte. Bernoulli wusste, dass der Engländer J. W. Boddam Wetham kurz zuvor (1876 oder anfangs 1877) das Bruchstück einer Holzskulptur aus Tikal gekauft hatte, was ihn ermunterte, den beschwerlichen Weg dorthin einzuschlagen. In einem Brief an seinen Freund Fritz Müller, Arzt in Basel, vom 17. Oktober 1877 heisst es: «Um doch etwas zu thun, besuchte ich die Ruinen von Tikal, 12 leguas vom obern Ende des [Petén Itzá] See's, tief im Wald, wo noch nie ein Europäer gewesen war. Ich fand in einem Gebäude das Holzwerk der Decke gut erhalten und teilweise mit Reliefs bedeckt, Stücke, die einzig sind…». Nach diesem Besuch trat Bernoulli seine Rückreise nach Retalhuleu, seinen Wohnsitz im pazifischen Tiefland Guatemalas, an, wobei er noch für drei Tage in Cobán beim deutschen Kaffeeplantagenbesitzer Franz Sarg (1840–1920) verweilte. Am 3.1.1878 schrieb Bernoulli an Fritz Müller: «Die noch gut erhaltenen Relief, die ich noch vorfand, liess ich nach Flores [auf einer Insel im Petén Itzá See gelegen] schaffen, konnte aber das nicht selber abwarten, sondern empfahl die ganze Angelegenheit dem Jefe politico (Präfecten). Dieser schrieb mir dann auch später, er habe sämtliche Stücke erhalten und werde sie weiter expedieren, sobald die Regenzeit aufhöre und die Wege etwas besser würden. Seither habe ich nichts mehr von der Sache gehört...».

Franz Sarg beschrieb in ‹Alte Erinnerungen an die Alta Verapaz› (Manuskript 1916–1917), dass Bernoulli 1877 mitten in der Regenzeit, also Ende September, zu Fuss und gesundheitlich schwer angeschlagen bei ihm auf der Hacienda eingetroffen wäre, wo er sich von der beschwerlichen Reise erholte. «Er [...] erzählte mir von den wundervollen Holzskulpturen, die er in den dortigen Tempelbauten vorgefunden und grösstenteils ausgebrochen hatte, ohne sie jedoch wegschaffen zu können, weil das Gewicht der Chico-Zapote-Balken, auf denen sie angebracht waren, viel zu gross war.» Bernoulli hätte ihn, Franz Sarg, bearbeitet, einheimische Leute anzuwerben, um die Balken so zu behauen, dass nur noch die Bild geschmückte Seite in der Festigkeit eines Brettes übrig bleiben würde, und beauftragt, die resultierenden ‹Tafeln› nach Basel verfrachten zu lassen. Offenbar leitete Franz Sarg diese Aktionen mit Erfolg, denn Alfred P. Maudslay, ein britischer Archäologe berichtet 1883 hierzu: «When Dr. Bernouilli [sic!] was at Tikal, he noticed these carved beams, and some time afterwards persuaded some of the natives to return to the ruins and cut out the carvings for him. The natives accomplished this by tearing out the beams and working them down with axes until they were light enough to be carried, but with the removal of the beams a good deal of the stonework naturally fell to the ground.»

Zurück in Retalhuleu verbesserte sich Bernoullis gesundheitlicher Zustand nicht: «Mir selbst hat meine Reise nicht besonders gut gethan; ich bin seit etwa 2 Jahren nicht im Blei, aber jetzt noch weniger als vorher, nur bin ich nicht im Stande, mir eine Diagnose daraus zu machen: es muss etwas am Herzen nicht ganz in Ordnung sein.» Bereits im Mai 1878 verlässt er Guatemala, erreicht aber sein Heimatland im Gegensatz zu den Holztafeln nicht mehr. Die Familie Bernoulli schenkte diese dem Museum für Völkerkunde (heute Museum der Kulturen) und bezahlte die Frachtkosten von CHF 1000. Sein Einsatz in dieser Sache war für Franz Sarg – so in seinen ‹Erinnerungen› (s. oben) – mit einer schmerzlichen Erfahrung verknüpft, denn seine diesbezüglichen Auslagen wurden ihm nie vergütet. Er wurde von der Familie Bernoulli auf den Nachlass des Verstorbenen in Guatemala verwiesen, wo jedoch nichts übrig geblieben war. Abgesehen davon, dass die Arbeit nicht entschädigt wurde, stellt sich hier die Frage nach der Legalität dieser Ausfuhr von Kulturgut. Der deutsche Forscher Teobert Maler (1842–1907), dem Bernoulli in Palenque auf seinem Weg nach Tikal begegnet war, äussert sich hierzu, indem er einen Brief Bernoullis an ihn vom 22.10.1877 erwähnt: «He wrote that ... he had obtained permission from the government of Guatemala to take out this ‹wooden ceiling› and send it to Europe, and he had sent money to the alcaldes [Bürgermeister] of San Andrés and San José to cover the expenses of removing the beams and transporting them...» Gleichsam *post festum* versuchte 1880 Adolf Bastian (1826–1905), dem Bernoulli fünf Jahre zuvor in Guatemala begegnet war, die Tafeln für das Museum für Völkerkunde, heute Ethnologisches Museum, in Berlin zu beanspruchen, für welches diese ur-

Ausschnitt aus dem aus sieben Teilen bestehenden Türsturz 3 (Tempels IV), den Bernoulli herausbrechen und zu transportablen Tafeln behauen liess. Er zeigt den König Yax K'in beim Kriegstanz nach gewonnener Schlacht. Ausschnitt illustriert nach Abb. 41 in *Die Welt der Maya* (Eggebrecht 1992)

sprünglich bestimmt gewesen wären. Zudem tauchte noch der Ethnologe und Sprachforscher Dr. med. Carl Hermann Berendt (1817–1878) auf, deutschstämmiger, naturalisierter US-Amerikaner, der mehrere Jahre im Haus von Franz Sarg verbracht hatte, und sich 1876 mit Bastian verbündete. In Bastians Auftrag hätte er aus den Ruinenstätten von Santa Lucía Cotzumalguapa Steinskulpturen beschaffen und nach Berlin schicken sollen, und zwar auf dem gleichen Schiff, das Bernoullis Tafeln transportierte. Doch infolge technischer Schwierigkeiten konnten die Steinskulpturen nicht an Bord gehievt werden; eine fiel beim Verladen ins Wasser und liegt heute noch auf dem Meeresgrund. Berendt starb kurz darauf, im gleichen Jahr (1878) wie Bernoulli.

Trotz guter Quellen bleiben die Winkelzüge der ‹modernen Ethnologengeneration› ungeklärt, wurden sie doch in einem ‹schwierigen› Umfeld ausgeführt: Der damalige Präsident Guatemalas, Barrios (1873–1885), war ein idealistischer Weltverbesserer, der sich im Laufe seiner Regierungszeit zum machtgierigen Despoten wandelte und sein Land auf Kosten der indianischen Bevölkerung reformierte, indem er deren gesamten Kommunalbesitz an mit Vergünstigungen herbeigelockte Immigranten, vorwiegend Deutsche, verschacherte. Einige Akteure verstanden sich als Retter von Kulturgütern und unterstützten sich in diesem Sinne gegenseitig. So schreibt Otto Stoll (1886, S. 79) über die Skulpuren von Santa Lucía Cotzumalguapa: «Einige der werthvollsten Stücke sind dank dem rastlosen Eifer Prof. Bastian's, der glücklicherweise durch persönlichen Besuch der Ruinenstätte sich für dieselben interessierte, nach Europa gebracht und im Berliner Museum für Völkerkunde aufgestellt worden. Prof. Bastian hat sie auch in einer besondern Arbeit [Bastian A, *Steinsculpturen aus Guatemala*, Königliche Museen zu Berlin, Berlin 1882] beschrieben. Andere Stücke liegen aber noch draussen in den Pflanzungen und im Walde und es wäre wünschenswerth, dass auch für deren Erhaltung etwas geschähe.»

MAMEY ZAPOTE *Pouteria sapota* (Jaquin) H.E. Moore & Stearn

Synonyme: *Achras mammosa* L.; *Calocarpum mammosum* (L.) Pierre; *Lucuma mammosa* Gaertn.; *Pouteria mammosa* (L.) Cronquist; *Sideroxylum sapota* Jacquin; *Vitellaria mammosa* (L.) Radlk.

engl. sapote, mamey sapote, mammee sapote, marmalade (plum) fruit; fr. zapotte, grand sapotillier, sapotier; sp. zapote, mamey zapote, zapote colorado, mamey colorado; nahuatl: tzapotl; maya: haaz; bribri: kurók.

ILLUSTRATION. Der laubwerfende Baum ist bis zu 30 m hoch, führt Milchsaft in allen Teilen und besitzt eine zottige, rötlich-braune Rinde. Die Blätter sind gehäuft am jüngsten Blattzuwachs. Die fast sitzenden, fahlweissen Blüten sind in zahlreichen Knäueln in den Blattachseln der abgefallenen Blättern des vorletzten Zuwachses. Die Frucht ist eine grosse (8 bis 20 cm lang, 6 bis 12 cm im Durchmesser), einsamige (selten zweisamige), fast sitzende Beere, kugel- bis spindelförmig, gerundet an der Basis, mehr oder weniger zugespitzt am Ende; Haut derb, zimtbraun, runzelig-spreuartig; Mesokarp dick, fleischig, rötlich oder orangerötlich. Samen gross (ca. 8 cm lang), gestaucht-spindelförmig, glänzend, hell- oder gelbbraun mit Ausnahme des weisslichen runzeligen Nabels, der schmal elliptisch zugespitzt ist und von einem Ende zum andern reicht.

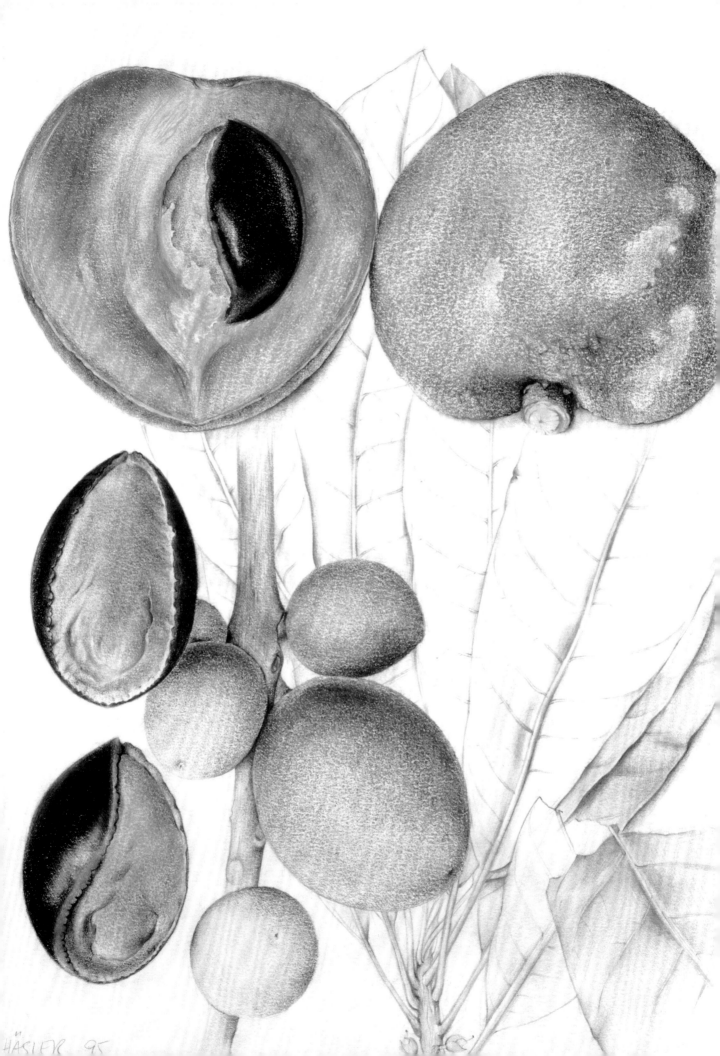

HÄSLER 95

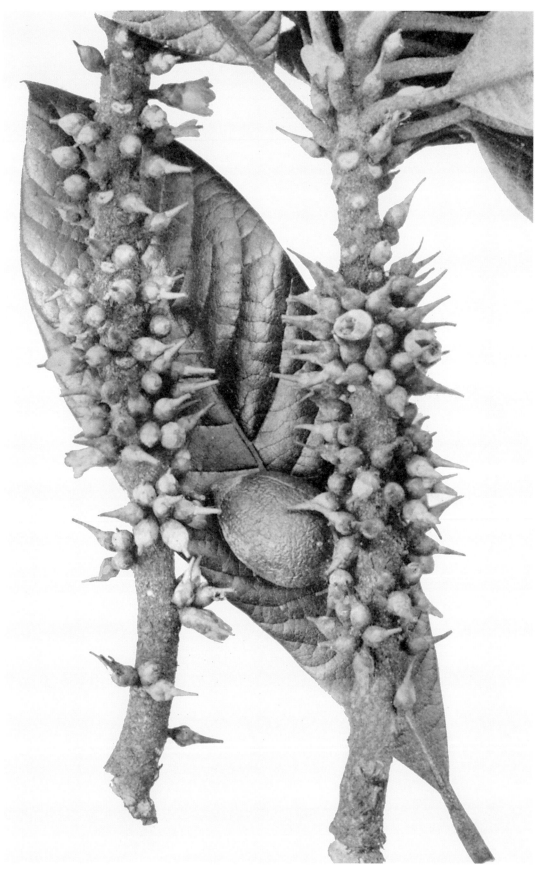

Calocarpum viride Pittier, in Guatemala *ingerto* genannt, wächst im Isthmus an Stelle der Mamey Zapote. Ihr Fleisch hat weniger Fasern und keinen kürbisartigen Geschmack, was sie zur Favoritin der Sapoten in diesen Ländern macht (aus Pittier 1914).

Die ursprüngliche Heimat dieses mächtigen Baums, dessen Stamm bis zu 2 m dick werden kann, ist infolge der frühen Verbreitung durch den Menschen nicht eindeutig auszumachen. Sehr wahrscheinlich erstreckte sich sein natürliches Vorkommen lediglich von Süd-Mexiko (Chiapas) über die Halbinsel Yucatan nach Guatemala, Belize, Nord-Honduras und möglicherweise bis zu den Wäldern an der Atlantischen Küste Nicaraguas. Weiter südlich, das heisst in Costa Rica, treten an seine Stelle zwei Bäume mit sehr ähnlichen Eigenschaften, nämlich *Calocarpum fossicola* (Cronquist) Lundell und *C. viride* Pittier. Sowohl die Fruchtoberfläche als auch das Fleisch der letzteren sind grünlich. Die Zapote blanco, so ihr Name in Costa Rica, soll die Mamey Zapote an Geschmack weit übertreffen (Pittier 1914).

Sapuyul – ein kunstvoll geformter Same von schönstem Glanz und vielseitiger Verwendung.

Heute wird *Pouteria sapota* in ganz Zentralamerika, im nördlichen Südamerika und auf den Karibischen Inseln kultiviert. Die längliche Frucht, von einer derben Haut überzogen, besitzt ein grell orangerotes Fruchtfleisch von süsslichem, kürbisartigem, nicht gerade umwerfendem Geschmack, der mit Limonensaft verbessert werden kann. Dass die Indios diesen Baum nicht nur nutzten, sondern gelegentlich kultivierten, mag in der besonderen Eigenschaft des grossen, harten Samens liegen. Er ist ölhaltig und bitter. Seine Bitterkeit ist höchstwahrscheinlich auf die Anwesenheit von Blausäureglykosiden aus der Phenylalaningruppe zurückzuführen, riecht er doch recht stark nach Benzaldehyd (Bittermandelaroma). Gemäss Pittiers Aufzeichnungen diente das Samenöl zur Behandlung von hartnäckigen Erkältungskrankheiten. Als Ganzes wird er auch fein zerrieben, um daraus – vielleicht nach einem Röstprotess? – eine Süssspeise zuzubereiten. Die Kekchi Indios in Verapaz verwenden den Sapuyul in Verbindung mit Kakao und getrocknetem Mais zur Zubereitung eines Getränks. Hierzu werden die Samen gekocht, geröstet und anschliessend fein geraspelt. Schliesslich muss erwähnt werden, dass die ganzen Samen auch zum Plätten von Stoff verwendet werden können.

Sapuyul – Same von *Pouteria sapota*, der bis zu 8 cm lang sein kann. Nach Kochen und Rösten ist er feingeraspelt ein aromtischer Bestandteil des Kakaogetränks oder von Konfekt (aus Pittier 1914)

CANISTEL *Pouteria campechiana* (Kunth in HBK) Baehni

Synonyme: *Lucuma salicifolia* HBK; *Lucuma campechiana* Kunth in HBK; *Lucuma nervosa* A. DC.

engl. canistel, eggfruit, yellow sapote; fr. canistel, jaune d'oeuf; sp. caca de niño, canistel, fruta huevo, kanixte, zapotillo, zapote amarillo, zapote borracho, ocotillo, siguapa.

Das Gelbe des Eis, oder die Eidotterfrucht

Die Heimat dieses kleinen Baumes erstreckt sich von Süd-Mexiko bis Panama. Heute wird er in begrenztem Masse in Kuba, Florida (USA), Panama und auf den Philippinen angebaut. Die Frucht wird gepflückt, sobald sich das grüne, glatte Perikarp zu gelb verfärbt. Hernach gelangt sie in wenigen Tagen zur vollen Reife, wobei die Fruchthaut spaltig aufspringt und den Blick in das aussergewöhnliche Innere freigibt: Ein Fruchtfleisch von sattem Gelb, das Henri Pittier (1914) als «mealy, sweet, edible, the color and consistence of the yolk of a hard-boiled egg» beschreibt. Die Bezeichnungen ‹Kanixte› bzw. ‹Canistel› leiten sich sehr wahrscheinlich von *canisté* ab, der Maya-Bezeichnung für *Lucuma multiflora* A. DC. (Pittier 1914). Die gelbe Masse ist sehr süss, schmeckt aber gesalzen und gewürzt, z.B. mit Pfeffer, besonders gut. Wird das Fruchtfleisch mit viel Milch gemixt, so ergibt sich ein sämiges, ganz der Beschaffenheit des Eiercognacs entsprechendes, nahrhaftes (38% Frucht-Kohlenhydrate) Getränk, das mit Muskat gewürzt herrlich mundet. Als Pulver ist Canistel ein ‹kaloriger› Nahrungsmittelzusatz. Bemerkenswert sind die geringen Standortanspüche des Baumes. Er ist dort noch produktiv, wo sich andere Bäume nicht einmal entwickeln können. Er erträgt kurze Fröste, lange Trockenzeiten und gedeiht bis auf eine Höhe von 1900 m ü. d. M. und reagiert auf Nährstoffarmut mit der Bildung von vielen, aber kleinen Früchten, wogegen bei reichem Angebot die Früchte wesentlich grösser werden. Möglicherweise ist dies mitunter der Grund dafür, weshalb Canistel mehrmals unter verschiedenen Bezeichnungen beschrieben wurde.

ILLUSTRATION. Der Baum ist für tropische Verhältnisse klein, nämlich nur etwa 8 m hoch und hat einen ca. 25 cm dicken Stamm. Die gestielten, ganzrandigen und vollständig kahlen Blätter sind wechselständig und gehäuft an den Enden junger Äste. Der Blattstiel, 1 bis 1,5 cm lang, hat eine breite Rinne und geht in eine 9 bis 18 cm lange, 3 bis 4 cm breite, lanzettliche Blattspreite mit beidseitig ausgeprägter Nervatur über. Die grünlichweissen bis weissen Blüten stehen einzeln oder paarig in der Blattachsel. Der ca. 1 cm lange Blütenstiel ist behaart. Die fünf Kelchblätter sind ca. einen halben Zentimeter lang, frei, eiförmig und lederig, aussen samtig, innen kahl. Die Krone ist etwa 1 cm lang, 5- oder 6-lappig, aussen behaart, der Rand feinbewimpert oder feingezähnt. Die spindelförmige Frucht ist 1-samig, 10 bis 12 cm lang und 4 bis 5 cm im Durchmesser, rund an der Basis, und trägt dort den persistierenden Kelch. Ihre glatte, gelbe Haut ist dick und lederartig, die Pulpa mehlig und süss und umschliesst den spindelförmigen, 4 bis 5 cm langen und ca. 2 cm dicken Samen. Zudem ist die Bleistift-Skizze eines atypischen Fruchtstandes zu sehen, wobei es sich aber auch um eine nahe Verwandte handeln könnte.

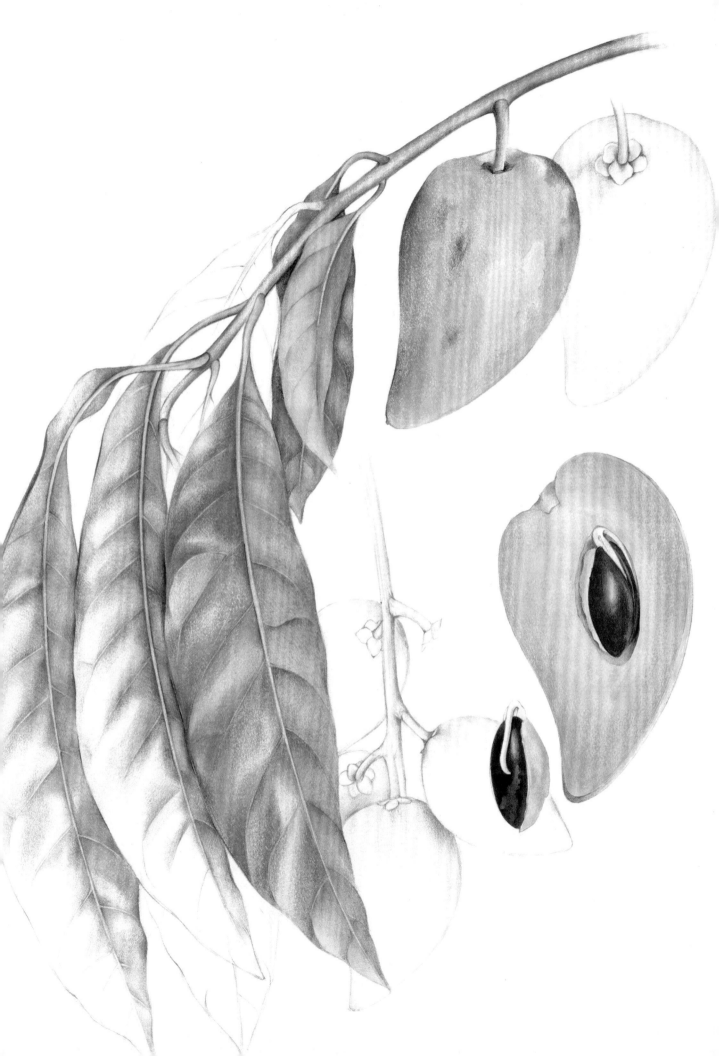

CAIMITO *Chrysophyllum cainito* L.

Synonyme: *Chrysophyllum bicolor* Poiret; *Cainito pomiferum* Tussac;
Cynodendron bicolor (Poiret) Baehni

engl. star apple, golden leaf tree; fr. caïmite, caïnite, pomme surette, pomme de
lait; port. cainito; sp. ablaca, caimito, cauja, maduraverde, pipa.

Eine Pflaume für Lästermäuler

Henri Pittier (1908 SW) vergleicht die Caimito zutreffend mit einer Pflaume:
«La fruta, del tamaño y forma de una ciruela europea, tiene una carne blanca o
morada y un sabor bastante agradable.» Sollte jemand Lust verspüren, herzhaft
in diese Pflaume zu beissen, so können wir nur davon abraten, da der klebrige
Milchsaft den Mund verschliesst, wie dies im **PROLOG** bereits thematisiert wurde.
Diese heute in allen tropischen Gebieten angebaute Art stammt angeblich aus
den Grossen Antillen und ist auf dem Festland vielleicht lediglich in Panama
heimisch. Diese Auffassung wird dadurch unterstützt, dass es keine Nahuatl-
Bezeichnung für Caimito gibt. Nebst der rotblauen ist auch eine anthocyanfreie,
grüne Varietät im Handel. Die Frucht wird meistens roh gegessen, wobei, wie für
Breiäpfel üblich, erst halbiert wird, um dann den Inhalt auszulöffeln. Caimito
eignet sich auch vorzüglich zur Zubereitung von Speiseeis.

ILLUSTRATION. Der Baum kann bis 25 m hoch werden, ist aber meist kleiner und hat eine blassgraue bis
braunschwarze Rinde mit tiefen, schmalen Rissen, oft mit Kork und einem reichlichen, weissen Exsudat. Die
wechselständigen Blätter sind in zwei Zeilen angeordnet und besitzen eine Lamina, die auf ihrer Oberseite
– bis auf wenige Resten des Induments entlang der Mittelrippe – kahl ist und einen starken Glanz
aufweist, während die Unterseite von auffälligen, goldfarbenen Seidenhaaren überzogen ist. Die
zwittrigen, kleinen Blüten mit seidigem Blütenstiel sind in Büscheln von 5 bis zu 30 angeordnet. Die glatte,
4 bis 7 cm grosse Frucht ist ellipsoidisch bis kugelförmig und hat ein fleischiges Perikarp, das von einem
Latex führenden, zur Reife rotblauen Exokarp überzogen ist. Die 3 bis 10 Samen sind 1 bis 2 cm lang,
gewöhnlich seitwärts abgeplattet und von einer glatten, glänzenden Testa überzogen. Die adaxiale Narbe
ist immer länger als die Hälfte des Samens, etwa gleich breit wie der Samen selbst, oft mit einem kleinen,
gerundeten Schnabel nahe der Spitze. Von ganz besonderem Reiz ist die rostrote bis goldene Färbung der
Blattunterseite, welche durch den seidenen-filzigen Belag zustande kommt und den Baum schon von
weitem erkennen lässt. Schliesslich sei auf die intensiv rote ‹Herbstfärbung› einzelner Blätter in der
Seneszenz hingewiesen, was für tropische Gewächse recht ungewöhnlich ist.

Häsler 93/94

SOLANACEAE

Lulo *Solanum quitoense* Lam.
Cocona *Solanum topiro* Humb. & Bonpl. ex Dun.
Lampionblume *Physalis alkekengi* L.
Tomatillo ‹*Physalis ixocarpa*›, *Physalis philadelphica*
Andenbeere *Physalis peruviana* L.

Die Nachtschattengewächse, Solanaceae, bilden zusammen mit den Windengewächsen, Convolvulaceae, sowie drei weiteren, kleinen Familien die Ordnung der Solanales (Bremer *et al.* 2002, APG II 2003) und bestehen ihrerseits aus schätzungsweise 3000 bis 4000 Arten in über 90 Gatttungen. Etwa die Hälfte der Arten fällt auf die Gattung *Solanum*. Die Faszination, die von dieser Familie ausgeht, kann lebensfüllend und -erfüllend sein. Zwei Solanaceen-Forscher, die sich mit traditionellen Methoden (Morphologie und Anatomie) an die grosse Aufgabe heranwagten, müssen in diesem Zusammenhang erwähnt werden. Der Franzose Michel Félix Dunal (1789–1856) publizierte sein Lebenswerk 1852 in De Candolle's Prodromus und beschrieb damals allein für die Gattung *Solanum* um die 900 Arten. Ein Argentinier mit Schweizer Wurzeln, Armando T. Hunziker (1919–2001), veröffentlichte kurz vor seinem Tod die Früchte aus 50 Jahren Forschung mit der Synopsis *The Genera of Solanaceae* (2001). Seine Klassifikation deckt sich im Grossen und Ganzen mit jener, die in jüngster Zeit mittels molekularer Methoden erhalten worden ist (Olmstead et al. 1995, Martins und Barkman 2005) und eine Unterteilung in sieben Unterfamilien vorsieht. Die Solanaceen sind phytochemisch durch das Vorkommen von Alkaloiden (Tropan-, Steroid-, Nikotin-Alkaloide) sowie Steroiden (z.B. Withanolide) charakterisiert und nehmen dessen ungeachtet oder gerade deshalb im täglichen Leben des Menschen eine wichtige Stellung ein. So bestimmen und bereichern Kartoffel (*Solanum tuberosum*), Tomate (*S. lycopersicum*), Aubergine (*S. melongena*) sowie Peperoni und Chilis (*Capsicum annuum*) unseren Speisezettel. Hexenpflanzen wie Tollkirsche, Stechapfel, *Mandragora* und Bilsenkraut aber auch *Duboisia* werden heute als Alkaloidquellen (Scopolamin, Atropin) für pharmazeutisch-medizinische Präparate genutzt. Der Tabak (*Nicotiana tabacum*) ist ein uraltes, stimulierendes Genussmittel und Petunien (*Petunia*), Engelstrompeten (*Brugmansia*) Spaltblumen (*Schizanthus*), Trompetenzungen (*Salpiglossis*) und Zier-Tabake (*Nicotiana*) schmücken Haus und Garten.

Diese weitverbreitete Familie hat ihre grösste Diversität in den Neotropen und zwar vor allem im westlichen Südamerika, wo die Artbildung offenbar durch die Entstehung der Anden begünstigt worden war (Smith und Baum 2006).

Solanum spp.

Diese subkosmopolitische Gattung, die bevorzugt in den warmen Klimata gedeiht und Bäume, Büsche sowie krautige Arten einschliesst, weist eine für Blütenpflanzen ungewöhnliche Hyperdiversität auf. Bis heute sind ca. 1500 Arten bekannt und die Wissenschaft ist noch weit davon entfernt, diese *lege artis* erfasst und beschrieben zu haben, so dass ein Vergleich innerhalb dieser Arten und ein jeweiliger Bezug zu den Weltwirtschaftspflanzen Kartoffel und Tomate möglich wäre. Deshalb ist im Rahmen des *Planetary Biodiversity Inventories Programme* (PBI) das *Solanum Project* begründet worden (Knapp *et al.* 2004), das Abhilfe schaffen und schliesslich die Genomik mit der Biodiversität verknüpfen soll. In eine andere Richtung zielt das SOL genomics network (SGN), das auf internationaler Ebene die Genome der für den Menschen wichtigsten Nachtschattengewächse entschlüsseln und miteinander sowie mit dem vollständig bekannten *Arabidopsis* Genom in Beziehung setzen soll. Darüber hinaus helfen diese Daten, die Funktion der Gene in anderen Arten der Gruppe der Asteriden aufzuspüren (Mueller *et al.* 2005). Eindrücklich ist der Input von SGN auf Projekte zum Kaffee-Genom, dessen Entschlüsselung mit Blick auf die klimatischen Veränderungen von grosser Dringlichkeit ist (Gay *et al.* 2006, Cerri *et al.* 2007).

Die im Folgenden dargestellten zwei *Solanum*-Arten, *S. quitoense* und *S. topiro* aus den Neotropen, sind Beispiele von Nutzpflanzen, deren Bedeutung wegen ihres exzellenten Aromas rasch zunehmen wird. Bei Problemen des Anbaus (z.B. Krankheiten, Ertrag, Salztoleranz) kann auf die Züchtungserfahrungen mit den klassischen *Solanum*-Arten wie z.B. der nahe verwandten Aubergine zurückgegriffen werden.

S. quitoense wächst in den Anden Ekuadors und Kolumbiens auf 1000 bis 2500 m ü. d. M., bildet relativ kleine, kugelige (3 bis 6 cm) orangerote Früchte mit kurzen, harten Haaren überzogen, die bei der Reife abfallen bzw. leicht entfernt werden können. Im Gegensatz dazu finden wir *S. topiro*, die in Lagen über 600 m kaum mehr gedeiht, im Amazonasbecken. Ihre kugeligen bis eiförmigen Früchte sind grösser (bis 8 cm) und mit einem dünnen Flaum überzogen, der leicht abgerieben werden kann. Von beiden Arten sind keine Wildformen bekannt, was besagt, dass sich obige geografische Angaben auf die Verwilderung von kultivierten Arten oder Formen beziehen. Diese Taxa gehören zu den ‹spiny solanums›, die aufgrund molekularer Befunde, der scharfen epidermalen Stacheln und der Sternhaare in der Untergattung *Leptostemonum s.s.* gruppiert sind (Levin *et al.* 2006). Die meisten Glieder dieser Gruppe zeichnen sich, wie es der Name sagt, durch schmal-zugespitzte Antheren aus, die terminale Öffnungen aufweisen. Gottsberger und Silberbauer-Gottsberger (2006 SW) beschreiben die Blütenbiologie am Beispiel der Wolfsfrucht *S. lycocarpum*, die mit 10 cm Durchmesser die grösste natürlich vorkommende *Solanum*-Frucht ist und vom Mähnenwolf, *Chrysocyon brachyurus*, geschätzt wird. Die Samen überstehen den Verdauungsakt und -trakt unbeschadet und keimen dort, wo der Wolf seinen ‹Dünger› gesetzt hat. Bienen unterschiedlicher Grösse platzieren sich an der Spitze der Antheren und versetzen diese durch ein ‹Surren› in Schwingung: Der Pollen gelangt dank elektrostatischer Kräfte an die Unterseite des Insekts, wo er bis zur weiteren elektrostatischen Übertragung auf eine empfangsbereite Narbe haftet.

Die hier im Fokus stehenden Arten *S. quitoense* und *S. topiro* gehören innerhalb der Untergattung *Leptostemonum* zur Sektion *Lasiocarpa*, die aus einem Dutzend Arten mit grossem Potenzial an essbaren Früchten für die menschliche Ernährung besteht (Whalen und Caruso 1983, Heiser 1985 a&b). Sie bildet eine monophyletische Gruppe aus drei Ästen, wobei die manchmal als konspezifisch bezeichneten *S. lasiocarpum* und *S. repandum* aus Asien mit den beiden Neuwelt-Arten *S. candidum* und *S. pseudolulo* einen Cluster bilden (Bohs 2004).

LULO *Solanum quitoense* Lam.

Im lichten Sekundärwald beim Monumento Nacional Guayabo in Costa Rica auf ca. 900 m ü. d. M. wächst als gut etabliertes ‹Unkraut› die Naranjilla. Die Früchte sind mit sehr harten kurzen Haaren so dicht überzogen, dass sie wie samten erscheinen. Doch Vorsicht beim Ernten mit blossen Händen! Die Haare dringen leicht in die Haut ein, weshalb die Frucht – wie uns Kinder dort zeigten – unter Zuhilfenahme eines geeigneten Blattes einer anderen Pflanzenart geerntet und von den Haaren befreit wird. Kommerziell geschieht die Entfernung der Haare durch Schütteln der geernteten Früchte in siebartigen Metallkörben.

engl. Quito orange; fr. morelle de Quito, narangille; ger. Quito-Orange, Lulo; sp. lulo, naranjilla.

Der krautartige, wenig verholzte, bis 2 m hohe Strauch hat kräftige, dicht behaarte und mit Stacheln bewehrte Äste. Der Blattstiel (15 bis 18 cm) wie auch die am Grunde herzförmige, aber abrupt zugespitzte Spreite (bis 50 cm lang), mit markant gebuchtetem Rand, sind dicht und weich behaart. Entlang ihrer Blattnerven auf der violett schimmernden Ober- und Unterseite ist sie mit bis zu 2 cm langen Stacheln eindrücklich bewaffnet, ein Bild, das an Saurier erinnern mag. Die ca. 4 cm grossen Blüten der Trugdolde besitzen einen violettweiss behaarten Kelch, eine weisse Krone und auffällig gelbe, aufrechte, linealische Antheren. Die kugelige (Durchmesser ca. 5 cm), goldgelbe Frucht ist an ihrer Ansatzstelle, die eine grosse Narbe hinterlässt, etwas abgeflacht. Sie ist dicht von hellbraunen harten (!), leicht abfallenden Haaren bedeckt. In der gelblichgrünen, geleeartigen Pulpa befinden sich sehr viele (ca. 1000), abgeflachte gelblichweisse Samen. Die quer aufgeschnittene Frucht zeigt eine Aufteilung in 4 Sektoren. Die erwähnten Stacheln auf der Blattspreite können bei kultivierten Formen sehr klein sein oder ganz fehlen (Heiser 1985b). Ihre Bildung wird jedoch durch Verletzung (z. B. Schneckenfrass) induziert. Die violette Pigmentierung des Haarkleids wird durch Temperaturschwankungen intensiviert.

Die Naranjilla wird vermutlich erst seit dem 17. Jahrhundert kultiviert. Bis heute gibt es keine archäologischen Funde. Der Artname bezieht sich auf das Land ‹Quito›, das heute Ekuador heisst, und nicht auf die gleichnamige Stadt, San Francisco de Quito, die auf 2880 m ü. d. M. liegt – viel zu hoch für eine Entwicklung mit Ertrag. Dem grünlichen Saft der ‹kleinen Orange›, der dank seines Eiweissgehaltes schaumig gerührt werden kann, werden stärkende Eigenschaften zugeschrieben (Olaya 1991): «Este zumo de color verde tierno sabe a piña, fresa y tomate, es exquisitamente ácido y devuelve las energías perdidas casi instantáneamente a quien lo toma.» Das tönt wie ein guter Werbespruch für die in Europa noch etwas zögerliche Vermarktung. Die gleiche Quelle berichtet darüber, dass die Indígenas von Ekuador diese Frucht als einzige Nahrung auf lange Wanderungen mit sich nähmen. Dort wird sie auch *hija del sol* genannt, angeblich wegen der zum guten Gedeihen benötigten Sonnenwärme. Plausibler scheint uns der Bezug auf ihre Ähnlichkeit mit der (untergehenden) Sonne. ‹Lulo› schliesslich leitet sich vom Ketschua *ruru* für Ei oder Frucht ab.

LA POSTÉRITÉ VOUS ADMIRERA,
ELLE VOUS VENGERA, MON PÈRE.

Solanum quitoense wie auch die weiter unten behandelte *Physalis philadelphica* wurden gegen Ende des 18. Jh. von Jean Baptiste (Antoine Pierre Montet) de Lamarck (1744–1829) benannt, der wegen seiner zoologischen Arbeiten und vor allem für seine Abstammungslehre bekannt ist (Lamarckismus), in welcher der Gedanke der Vererbung von erworbenen Eigenschaften postuliert wird, was auf grosses Unverständnis stiess. Aus heutiger Sicht und unter Einbezug der neuesten Erkenntnisse der epigenetischen Forschung kann festgestellt werden, dass der Lamarckismus eine Renaissance erlebt, die durch die Inschrift an der hier dargestellten Rückseite des Lamarck-Denkmals (Vater mit Tochter) im Jardin des Plantes in Paris prophezeit wird: «La postérité vous admirera, elle vous vengera, mon père.» (Bild: Marie-Lan Nguyen/Wikimedia Commons). – Heute realisieren wir, dass die Erscheinungen der Arten trotz ähnlicher Genome mannigfaltig sind. Vereinfacht lässt sich dies mit den Klaviaturen der Tasteninstrumente vergleichen: Sie unterscheiden sich nicht wesentlich, aber was darauf gespielt wird sehr. Die Orchestrierung der Gene macht die Art aus, und es wird unablässig auf und mit ihnen gespielt.

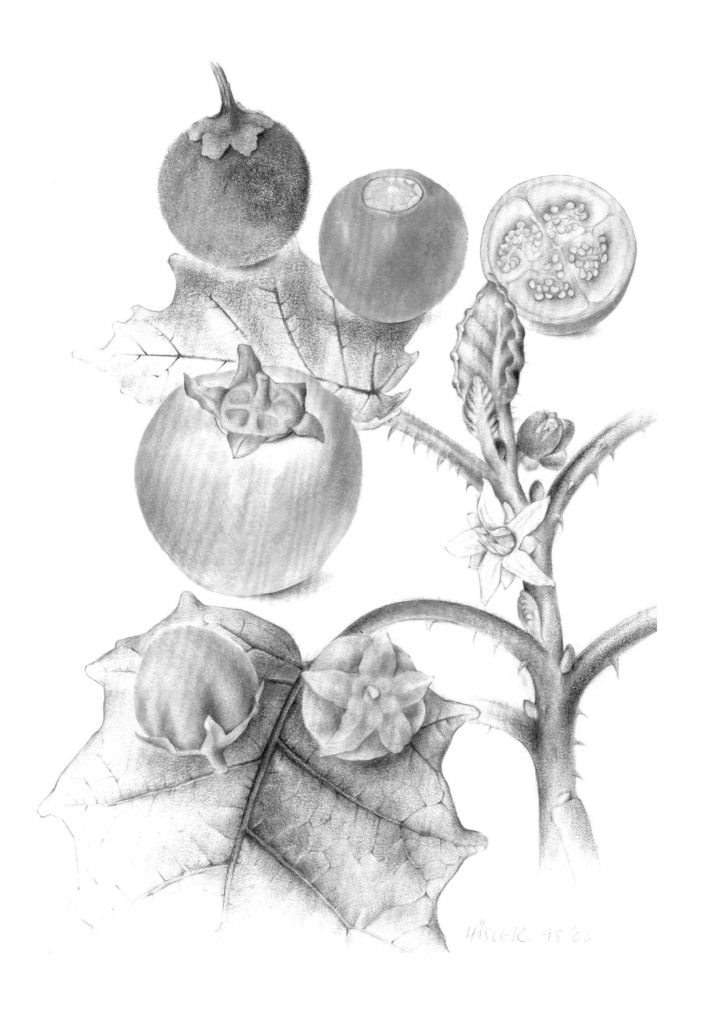

HÄSLER 95 66

Das Fruchtfleisch besitzt einen angenehmen Geschmack, der als eine Mischung aus Banane, Ananas und Erdbeere oder aber auch aus Orange, Ananas und Tomate beschrieben wird (Schultes und Romero-Castañeda 1962, Vivar und Pinchinat 1970). Hauptkomponenten sind verschiedene Ester von Buttersäure oder Äthylazetat, die aber nicht für das typische Naranjilla-Aroma verantwortlich sind (Brunke *et al.* 1989). Brunerie und Maugeais (1992) identifizierten 150 Aroma-Komponenten und bezeichneten Methyl- und Äthylderivate von Acetoxy-Caprylsäuren als typisch. Die Unterschiede im Aroma-Profil der beiden Herkünfte (Costa Rica und Kolumbien) überraschen, wird doch aufgrund der Isoenzymmuster eine relativ schmale, genetische Basis angenommen (Whalen und Caruso 1983), die morphologisch einzig mit dem Grad der Bestachelung von Achse und Blatt zutage tritt (Heiser 1985a). Neuere Untersuchungen zeigen für die nahe verwandten *lulo de la tierra fria* (*S. vestissimum*; vielleicht mit *S. quitoense* verwechselt) und *lulo del Chocó* (*S. sessiliflorum*), dass die Aroma-Komponenten als nicht flüchtige, glykosylierte Vorläufer vorliegen, die während der Reifung gespalten werden (Suarez *et al.* 1991, Wintoch *et al.* 1993, Morales *et al.* 2000). Es ist anzunehmen, dass dies auch für *S. quitoense* gilt, sind doch sogar in deren Blättern an Glukose gebundene Terpene aufgefunden worden (Osorio *et al.* 1999).

Wegen ihrer schlechten Haltbarkeit, sind die Früchte bei uns kaum erhältlich. An Ort und Stelle dienen sie zur Herstellung von Konfitüren, Früchtekuchen und Getränken. Insbesondere letztere sind wegen des köstlichen Aromas und der leichten Säure sehr beliebt. Hingegen entsprach ihre grünliche Pigmentierung vor der Einführung des Grüntees kaum dem europäischen Konsumverlangen.

Bereits 6 Monate nach dem Pflanzen beginnt die übers ganze Jahr regelmässige Bildung von Früchten. Das delikate Aroma des Fruchtsaftes sowie der hohe Ertrag von bis zu 75 t pro Hektare unter optimalen Bedingungen (1000 bis 2000 m ü.d.M., gleichmässige Temperaturen unter 29 °C, Halbschatten, regelmässige Niederschläge bzw. Bewässerung und nährstoffreicher Boden) weckte das Interesse am grossflächigen Anbau dieser Art (Munier 1962). Leider besteht eine grosse Anfälligkeit gegenüber Viren, Pilzen und insbesondere Nematoden, was spätestens nach vier Jahren zu einem Kulturwechsel zwingt. Pfropfungen auf resistente Unterlagen und Kreuzungen mit andern Arten aus der gleichen Sektion (*Lasiocarpa*), Vermehrung mittels Gewebekultur prägen und unterstützen die Züchtungs- und Anbauprogramme der wichtigsten Produktionsländer Ekuador und Kolumbien (Vivar und Pinchinat 1970, Hendrix *et al.* 1987, Heiser 1989). Einen beschränkten Anbau finden wir in Costa Rica.

So dürfen wir uns darauf freuen, dass in absehbarer Zeit unser schweizerisch-grauer Fruchtsaftalltag mit einer neuen Note bereichert werden wird. Bereits sind einige Produkte wie z.B. Yoghurt mit etwas Beigabe von Lulo-Extrakt im Handel. Wünschenswert wäre ein 100 % Lulo-Fruchtsaft. Hoffen wir, dass die Globalisierung über die weltweite Beschaffung von Surrogaten hinausgeht und die Tropenfrüchte den Weg in unsere Stuben und Küchen finden. Den innovativen Importeuren sei's gedankt!

Solanum quitoense, Lulo. Bestachelte Pflanze mit Blüte. Oben reife Früchte: links mit stacheligem Haarfilz, Mitte nach Abreiben, rechts Querschnitt. Darunter gelborange, glatte Cocona-Frucht, *Solanum topiro* syn. *S. sessiliflorum*

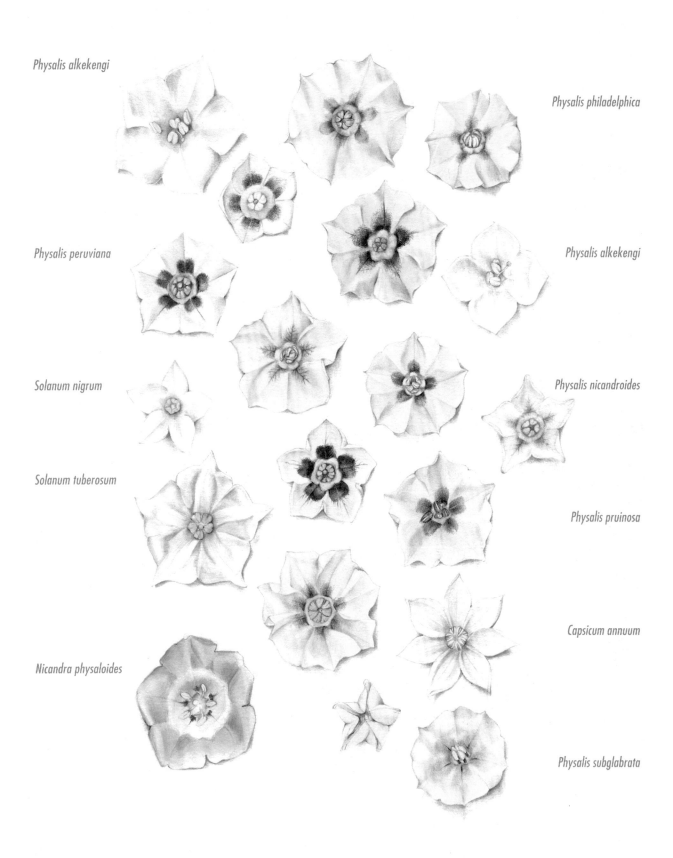

Physalis alkekengi

Physalis philadelphica

Physalis peruviana

Physalis alkekengi

Solanum nigrum

Physalis nicandroides

Solanum tuberosum

Physalis pruinosa

Capsicum annuum

Nicandra physaloides

Physalis subglabrata

COCONA *Solanum topiro* Humb. & Bonpl. ex Dun.

Syn. *Solanum sessiliflorum* Dun.

engl. Orinoco apple, peach tomato; ger. Orinoko-Apfel, Pfirsich-Tomate; port. cubiu; sp. cocona, cubiyú, lulo amazónico, lulo del Chocó, topiro, tupiro.

Die Cocona, deren Früchte (Durchmesser 2,5 bis 9,5 cm) im Gegensatz zur Naranjilla eine grosse Formenvielfalt aufweisen (von der Pahlen 1977), ist in tiefen Lagen im Amazonas- und Orinokobecken von Venezuela bis Peru meist in der Umgebung von Siedlungen zu finden. Schultes und Romero-Castañeda (1962) vermuten, dass die Cocona nur wegen ihrer losen ‹Assoziation› zum Menschen, der sie nie kultiviert hatte, überlebte. Vor rund 50 Jahren wurde sie in Costa Rica zu Versuchszwecken eingeführt. Seither säumt sie mit prächtigen Exemplaren die Strassen- und Abwassergräben in der Umgebung der Forschungsstation CATIE.

Der flaumartige Überzug, der leicht abgerieben werden kann und eine mattglänzende, dunkelgelbe bis orangerote Fruchthaut bedeckt, ist für die deutsche Bezeichnung Pfirsich-Tomate verantwortlich. Das kremgelbe Fleisch ist weniger süss als jenes der Naranjilla und hat ein deutlich verschiedenes Aroma, das als eine Mischung aus fruchtig (Citrus), krautig, medizinisch und phenolisch wahrgenommen wird. Auch hier liegt ein Teil der Komponenten glykosidisch gebunden vor (Morales *et al.* 2000). Wegen ihrer organoleptischen Qualitäten wird die Cocona nicht direkt als solche gegessen, sondern zu Fruchtsaft gepresst und auch entweder roh in Salaten oder gekocht zu Fisch sowie Fleisch verwendet. Sie eignet sich für die Verarbeitung zu Konserven. Der Anbau wird durch das Fehlen der Stacheln begünstigt, leidet aber ebenso wie jener von Lulo unter dem Befall durch Nematoden.

Blasenkirschen *Physalis spp.*

Der Name gr. *physa* ‹Blase› bezieht sich auf den aufgeblasenen Kelch, der die reife Beere umhüllt. Er entsteht als Folge eines Signalaustausches zwischen der sich entwickelnden Beere und den Kelchblättern, wobei ein MADS-box Transkriptionsfaktor im Zusammenspiel mit den Wuchshormonen Cytokinin und Gibberellin die Expansion des Kelches steuert (He und Saedler 2007). Bei *Physalis* handelt es sich um einjährige oder – mit Hilfe einer rhizomartigen Ausbildung – ausdauernde Pflanzen mit krautigen Stängeln (ganz selten um baumartige Gebilde), die eine Grössenskala von wenigen Zentimetern bis ca. 3 m abstecken. Die gestielten Blätter sind wechselständig, die Spreite eiförmig bis länglich, ganzrandig oder auch mehr oder weniger gezähnt. Die gestielten Blüten entwickeln sich meist einzeln in der Blattachsel oder in der Stammverzweigung. Der Blütenkelch ist unregelmässig 5-lappig, die Blütenkrone röhren- bis glockenförmig mit oft zurückgebogenem Rand, in der Regel gelblich mit 5 dunkleren, kontrastierenden Flecken oberhalb des röhrigen Abschnittes und polsterartig behaart oder drüsig ausgekleidet am Grunde der Röhre, wo die Staubfäden entspringen. Die Antheren der 5 Staubblätter sind länglich bis eiförmig, springen der Länge nach auf und sind gelb bis bläulich unterschiedlichster Schattierungen. Der aufrechte Griffel ist fädig und trägt eine kopfförmige bis beinahe gestutzte

Narbe. Der Fruchtknoten besteht aus zwei Fruchtblättern und entwickelt sich zur wenig- bis vielsamigen Beere. Sie sitzt im aufgeblähten Kelch und füllt diesen nur in seltenen Fällen aus. Die Samen sind fast kugelig bis nierenförmig abgeflacht.

Es sind an die 75 bis 90 Arten bekannt, wobei das Zentrum grösster taxonomischer und morphologischer Diversität in Mexiko und den Vereinigten Staaten liegt. Einige wenige sind in Zentralamerika und in Westindien heimisch, während in Südamerika lediglich *Physalis peruviana* und *P. viscosa* endemisch vorkommen. Mit Ausnahme der ursprünglich aus China stammenden *P. alkekengi*, Lampionblume, sind alle Arten der Neuen Welt zuzuordnen. Die Gattung gehört zum Tribus *Physaleae* der Unterfamilie Solanoideae (Martins und Barkman 2005) und wurde anhand morphologischer Merkmale, die jedoch innerhalb einer Spezies sehr variabel sein können, in 4 Untergattungen und 12 Sektionen aufgeteilt (Martinez 1999). Mit molekularen Methoden wird nun versucht, die komplexen Verhältnisse zu entwirren (Whitson und Manos 2005). Der Tribus *Physaleae* steht in Schwesterbeziehung zum Tribus *Capsiceae* und bildet zusammen mit diesem sowie den Triben *Solaneae* und *Nicandreae* eine monophyletische Gruppe (Martins und Barkman 2005).

Physalis ist phytochemisch charakterisiert durch das Vorkommen von Withanoliden, komplexe Steroide, die gegenüber Schadorganismen ein grosses Abwehrpotenzial besitzen und bewirkten, dass sich nach Kolumbus die Neuwelt-Arten in Windeseile ‹globalisierten›. Besonders eindrücklich ist der Einzug der Gattung in die australische Flora (Symon 1981).

Es werden hier einige domestizierte Arten beschrieben, die mit Medizin, Zierde, Süssspeisen oder Salsa zu tun haben. Die organoleptischen Qualitäten reichen demnach von bitter über fruchtig bis zu tomatig. Auf die medizinische Bedeutung dieser Gattung sei bereits hier verwiesen. Eine grosse Zahl der Wirkungen geht auf die Anwesenheit von Withasteroiden (z. B. Withanolide, Withaphysaline, Physaline, Ixocarpalactone; Tomassini *et al.* 2000) zurück. Vielfach werden spezifische zytotoxische Effekte beschrieben, die auf einen möglichen Einsatz in der Tumorbekämpfung hinweisen. Withasteroide sind unter anderem spezifische Inhibitoren des Ubiquitin-Proteasom Systems (Ausseil *et al.* 2007).

Der Tribus *Physaleae* steht in Schwesterbeziehung zum Tribus *Capsiceae*. Diese verwandtschaftlichen Bande kommen in dieser Illustration schon allein durch den Habitus zum Ausdruck:
oben *Physalis philadelphica*
unten *Capsicum annuum*.

Aufgeblasen und bitter: *Physalis alkekengi* L. und *P. peruviana* L.

In Europa ist *Physalis alkekengi* L. die bekannteste Gattungsvertreterin und wird häufig Lampionblume genannt, weil sie mit ihrem roten Kelch die Beere so behütet wie ein Lampion die brennende Kerze. Der Begriff ‹alkekengi› – vom Arabischen aus dem Persischen nach Europa gelangt – hat seinen Ursprung im gr. *halikák(k)abon* ‹Salztiegel›, aus gr. *háls*, Genitiv *hálos* ‹Salz›, und *kákkabos* ‹Tiegel, Pfanne›. Da die distale Öffnung des verwachsenen Kelches relativ eng ist, darf hier die kühne Hypothese aufgestellt werden, dass die reife, getrocknete Einheit gleichsam als Salzstreuer diente. Vielleicht ist die eingetrocknete Beere hygroskopisch und verhindert, wie die Reiskörner im Salzgefäss, das Feuchtwerden bzw. Verklumpen des Salzes. Vielleicht aber erinnerte die Form des Kelches lediglich an einen Salztiegel, was die ausgeklügelte Hypothese zunichte machen würde…

Hieronymus Bock (1498–1554) schreibt in seinem ‹Kreuterbuch› aus dem Jahre 1551 (zitiert in Hegi 1927) das Folgende: «...aus den Blumen wachsen hole grüne gantz verschlossene secklin oder blasen / gegen dem herbst werden sie menigrot / darinn seind runde körner / als rotc kirßen anzusehen / aber am geschmack bitter / dise kirßen werden offt von denen so der stein [Blasenstein] irt [stört] / gessen / und etwann wasser darauß gebrannt.» Diese Beschreibung ist treffend und mit einer Ausnahme heute noch gültig, dass nämlich das ‹secklin› seit eh und je nie ganz verschlossen ist: Es handelt sich, wie oben schon angetönt, um den Kelch, der im Laufe der Fruchtentwicklung an seinem Grunde zu wachsen beginnt. Schliesslich werden die Kelchzipfel zu einer kleinen Öffnung zusammengedrängt, während sich der Rest aufbläht. Die zur Reife rote, für viele Solanaceen typische, zweikammerige Beere füllt ihre Loge bei weitem nicht aus und ist, wie auch der Kelch, von einer Bitterkeit, die an ein gewisses rotes, mit Cochenille gefärbtes Apérogetränk erinnern mag. Obschon die Beere keinesfalls toxischer als jenes ist, bietet sie in der Regel keinen besonderen Genuss. In einem langen, heissen Sommer kann sie jedoch leicht süsslich und damit bedingt geniessbar werden. Wegen der leuchtend orangeroten, nicht ausbleichenden Kelche ist *P. alkekengi* bei uns eine beliebte Zierpflanze in Garten und floristischen Arrangements.

Etwas menschenfreundlicher geht *P. peruviana* – das Synonym *P. edulis* spricht dafür – mit ihren Bitterstoffen um. Ihre ‹Goldbeeren› werden im Zuge der Reifung nicht nur bitterstofffrei sondern ausgesprochen fruchtigsüss. Ursache des bitteren Geschmacks sind die Withanolide, Steroide von komplexer Struktur, die der Pflanze einen vortrefflichen chemischen Schutz gegen viele Schadorganismen und im Besondern phytophage Insekten vermitteln. Sie werden in der reifenden Beere abgebaut, während diese gleichzeitig Saccharose, Fructose sowie Glucose akkumuliert (Baumann und Meier 1993). Jetzt kommt dem Kelch eine wichtige Bedeutung zu: Zum einen hält er Schritt mit dem Wachstum der Beere, die er umhüllt, d.h., es bleibt ein weiter Luftraum zwischen ihm und der Beerenoberfläche bestehen. Zum andern baut er die Withanolide nicht ab, sondern verliert Wasser und erhöht dadurch die wirksame Konzentration der Frass hemmenden Bitterstoffe, während seine Festigkeit zunimmt. Aus Sicht der Pflanze ist die Situation eindeutig: Die Beere wird attraktiv, was der Artausbreitung dient, und gleichzeitig schliesst die Frucht in ihrer Gesamtheit die ungebetenen Gäste, meist phytophage Insekten, vom Festschmaus aus, denn der reife, schützende Kelch ist härter und bitterer denn je (Baumann und Meier 1993). Um zur Beere zu gelangen, müsste das Insekt regelrecht ein Kelchstück herausschneiden, was wir in unseren Breitengraden bis anhin nicht beobachten konnten. Wenn das Insekt genügend klein ist, könnte es die enge Eingangspforte zwischen den Zipfeln der Kelchspitze benutzen. Auch für diese Störenfriede hält *P. peruviana* wie andere ihrer Gattung eine kleine Überraschung bereit: Die Oberfläche der Beere ist klebrig, allfällige Eindringlinge werden auf ihr fixiert. Welches sind die ausbreitenden Tiere, welche die Fähigkeit besitzen, die erwähnten chemischen und mechanischen Barrieren zu beseitigen? Obschon diesbezügliche Angaben in der Literatur fehlen, dürfen wir mit Sicherheit annehmen, dass Vögel und kleine Säuger das Zielpublikum darstellen und den Auftrag erfüllen, indem sie den Kelch aufbrechen, die Beere fressen und die unverdaulichen, harten Samen in ihrem Kot weitab von der Mutterpflanze deponieren. Zu guter Letzt darf vermutet werden, dass dem eigenartig gestalteten, aufgeblasenen Kelch, noch eine weitere Funktion zukommt: Er erlaubt die Etablierung eines Mikroklimas um die Beere herum, was für Wachstum und Reifung besonders bedeutend ist – also die Funktion eines Minitreibhauses! Und noch etwas: Nach der Ernte ist der Kelch die beste Verpackung, dank welcher die Beere über viele Wochen hinweg frisch bleibt.

TOMATILLO ‹*Physalis ixocarpa*› und *Physalis philadelphica* Lam.

engl. husk tomato; sp. tomatillo, tomatito verde, tomate de cáscara, tomate de fresadilla, miltomate.

Die beiden Arten werden in der spanischen Sprache nicht unterschieden und heissen ‹tomatillo›. Hudson (1986) beschreibt als Gegenstück zur grossfrüchtigen, kultivierten *P. philadelphica* var. *domestica* eine kleinfrüchtige, wilde Varietät *P. philadelphica* var. *philadelphica* (Miltomate). Als Folge der Einschätzung durch Waterfall (1967) werden die beiden Arten häufig als synonym bezeichnet (Gleason und Cronquist 1991), obschon Fernandes (1974) aufgrund ihrer cytologischen Untersuchungen (Aneuploidie, Satellitenchromosomen) zu einer anderen Sicht gelangte, die später von Hudson (1983, 1986) anhand von Kompatibilitätsstudien unterstützt wurde. Basierend auf diesen Arbeiten werden neuerdings *P. ixocarpa* und *P. philadelphica* als zwei distinkte Arten behandelt, wobei innerhalb von *P. ixocarpa* zwei Varietäten (*immaculata* und *parviflora*, die den *Philadelphica*-Varietäten von Waterfall entsprechen) unterschieden werden (Kartesz und Gandhi 1994). Das Problem harrt der Klärung durch molekulare Analysen.

Die Tomatillos werden heute in ganz Mexiko und Guatemala meist in Form einer mit Chili gewürzten *salsa de tomatillos* (auch *salsa verde*) zu Reis oder pürierten Bohnen oder in Enchiladas konsumiert. Heiser (1985 c) berichtet, dass die kleinfruchtigen Miltomates für diesen Zweck begehrter wären, da sie über ein intensiveres Aroma verfügten, was plausibel erscheint. Roh sind Tomatillos ungeniessbar. Die grossen Zuchtformen sind für unseren Gaumen auch gekocht und stark gewürzt eine Zumutung.

ANDENBEERE *Physalis peruviana* L.

engl. Peruvian cherry, Cape gooseberry, golden berry; fr. alkékénge du Pérou, coquerelle, coqueret du Pérou; ger. Andenbeere, Goldbeere, Kapstachelbeere; port. batetesta, camapú, camapum, groselha do Perú, herva noiva do Perú, tomate inglês; sp. amor en bolsa, uvilla, bolsa de amor, capulí, cereza del Perú, (c)uchuva, alque quenje, aguaymanto, motojobobo, sacabuche, tomate silvestre, topo-topo, yuyo de ojas.

Physalis peruviana, die Anden- oder Goldbeere, stammt, wie es der Name besagt, aus den Anden Perus und gewinnt zunehmend an Bedeutung auf dem internationalen Markt. Die charakteristischen Unterschiede zum Tomatillo sind die fein-samtige Behaarung aller Pflanzenteile, die helleren Blüten und goldgelben Früchte mit ausgezeichnetem Geschmack. Die Goldbeere war bereits bei den Inkas populär. Sie wurde vor 1807 nach Südafrika eingeführt und angebaut, von wo sie ihren Weg nach New South Wales, Australien, fand, was ihr schliesslich den Namen Cape Gooseberry, Kapstachelbeere (Kap der Guten Hoffnung), eintrug. Seither ist ihr Anbau in aller Welt und nicht zuletzt auch in unseren Breitengraden erprobt worden.

Da es sich bei dieser Frucht um ein vorzügliches Produkt handelt, die im innovativen Anbau zur Goldgrube werden könnte, sei hier kurz die Kultur dieser mehrjährigen Pflanze im gemässigten Klima geschildert (Legge 1974, Klinac 1986): Sie wird aus Samen oder Stecklingen vermehrt. Die Aussaat geschieht im Treibhaus, wenn möglich bereits im Februar, und die Keimlinge sollten, sobald sie erfasst werden können, pikiert werden. Offenbar führt die frühe Vermeidung der Konkurrenz zur erwünschten, buschigen und ertragreichen Ausgestaltung

IILLUSTRATION. Ausser der Giftbeere, *Nicandra physaloides* (unten links), handelt es sich hier um Arten und Varietäten von *Physalis*. Auffällig ist der rot pigmentierte Kelch der Lampionblume, *P. alkekengi*. Die violett gefärbten Früchte sind den Tomatillos (*P. ixocarpa, P. philadelphica*) zuzuordnen, wobei die Zuchtformen den Kelch sprengen. Zuunterst rechts ist die Andenbeere (*P. peruviana*) zu sehen, die mit der noch unreifen Lampionblume oberhalb der Giftbeere verwechselt werden könnte, falls die unterschiedliche Ausgestaltung der Fruchtstiele unbeachtet bliebe. Die kleinsten Früchte (links) sind Exemplare der Ground Cherry, zu Deutsch Erd- oder Ananaskirsche, *P. pruinosa*. Sie wächst im Südosten der USA mit gleicher Nutzung und ähnlichem Aroma wie die Andenbeere. Ihr niedriger, nahezu kriechender Wuchs kann als eine Anpassung an das raue Klima und/oder gegen Abweidung erklärt werden. Ihre Beeren sind wesentlich kleiner, weshalb sie trotz des attraktiven Aromas für den kommerziellen Anbau als wenig geeignet erscheint.

der Pflanze. Wenn die Jungpflanzen ca. 30 cm gross sind und noch keine Blüten angesetzt haben, muss durch Pinzieren die Verzweigung gefördert werden. Ins Freiland wird erst gepflanzt, wenn die Fröste vorbei sind. Am Stecken gezogen kann sie über 2 m hoch werden. Um die Saison möglichst auszudehnen, sollte unter Plastik oder Glas angebaut werden. Aus der Versuchsstation Long Ashton, England, wird berichtet, dass Exemplare, die Ende Februar ausgesät und dann bis Ende Mai im Polyäthylen-Tunnel geschützt wurden, bis zu 300 Früchte oder über 4 Pfund pro Pflanze lieferten! Sobald der Kelch bräunlichgelb und papieren wird, sind die Früchte erntereif. Unter günstigen Bedingungen können sie noch lange am Stock gelassen werden, ohne zu verderben; doch bei zu starken Regenfälle springen die Früchte auf und faulen im Kelch. Nach der Ernte werden die Früchte während 2 Tagen getrocknet, bis der Kelch dürr ist, was eine anschliessende Lagerung von bis zu 5 Monaten erlaubt.

Die Früchte sind angenehm säuerlichsüss mit einem kräftigen, typischen Aroma und eignen sich bestens für Konfitüren, zum Aromatisieren von Speiseeis, oder roh als Zutat zu Fruchtsalaten. Mit zurückgestülptem Kelch geben sie, nachdem sie ‹nackt› in flüssige Schokolade getaucht wurden, einen trendigen Dessertdekor ab, bekannt als ‹Marquise au Chocolat›.

EPILOG

Kaleidoskop Tropenfrucht

Es gibt unzählige Bücher über Tropenfrüchte und es scheint nicht einzuleuchten, weshalb diese schier endlose Reihe hier eine Fortsetzung findet. Dieser Gedanke hat uns beschäftigt. Doch war es von allem Anfang an klar, dass eine Wiederholung des üblichen Musters, wie es in den meisten Büchern dieser Art gestrickt wird, nicht in Frage kommt. Wie soll es denn gelingen, den überwältigenden Eindruck der Tropenpracht festzuhalten, wenn Worte allein nicht ausreichen?

«Any attempt to describe or convey a true conception of tropical flora must be more or less unsatisfactory. Here the botanist meets with such a profusion of natural beauty, and in such endless variety, that he/she feels bewildered; then puzzled at the odd and fantastic freaks of nature, but at last lost in admiration for this wonderful exhibition. (...) While some trees bear fruit but once a year, yet many others are ever-bearing; one may see on one tree the flower and the fruit in all stages of development, from the youngest to the ripe fruit.» (Alexander 1901)

Unseres Erachtens ist es die wissenschaftliche Illustration, mit der das berückend Zauberhafte, blendend Prachtvolle aber auch grazil Anmutige der Tropen eingefangen werden kann. Diese gestalterische Kunst begleitete die Erforschung der Tropen von ihren Anfängen an und verleitet Schaffende wie Schauende, damals und heute, zur gründlichen Auseinandersetzung mit Natur und Ästhetik. Wenn also die Leserschaft beim Betrachten der wissenschaftlichen Zeichnungen für Augenblicke die Zeit vergisst und sogar unvermittelt zu einer kurzen Gedankenreise fortgezogen wird, dann hat sich unser Einsatz mehr als gelohnt. Mögen mit diesem Buch die Freude an den tropischen Erscheinungen und das Verständnis für ihre weltweite Schonung wachsen!

Eine weitere Frage, mit der wir uns schwer getan haben, hiess: «Für wen eigentlich wird dieses Buch geschrieben?» Das ist auch die Frage, die jeder Verlag seinen potenziellen AutorInnen stellt und einen gewaltigen Einfluss auf die Innereien des Buches und die Gesundheit des Verlages hat. Da gälte es, sich zu befleissigen und das Zielpublikum samt seinem Bildungsstand scharf ins Visier zu nehmen, ohne dass es davon wüsste. Den AutorInnen bleibt, falls sie weder aufs eigene Publikum zielen wollen, noch als bestallte Stars für den Verlag schreiben dürfen, nur eine Antwort übrig: «Wir schreiben und gestalten

Eine ‹Hand› roter Bananen, deren lachsfarbiges, wenig-mehliges Fleisch sehr aromatisch ist und auf der Finca La Fortuna besonders geschätzt wird.

Das Deckengemälde des Mailänder Künstlers Aleardo Villa (1865–1906) im Teatro Nacional von San José ziert auch die costaricanische 5-Colones-Note. Die Darstellung aus dem Jahre 1897 symbolisiert ungewollt Costa Ricas Probleme mit der aus Südostasien importierten Banane: Im Fruchtstand ragen die Früchte in die falsche Richtung ...

für uns, weil es Freude macht.» Die Frucht aller Bemühungen ist nun ein Buch in eigener Regie, das in seiner ungezielten Form nicht eingeordnet werden kann und im Publikum kaum jemanden findet, der oder die daran alles oder gar nichts schätzen mag. Einfacher ausgedrückt: Das Buch hat für Alle etwas, für die Einen dies und die Andern das. Der Grund liegt darin, dass wir versuchten wie unten beleuchtet, das Kaleidoskopartige der Tropenfrucht darzustellen, was unweigerlich ins Unendliche führt, aber auch für ständige Zweifel sorgte.

Obschon mehr Illustrationen als hier gezeigt zur Verfügung standen, musste aus zeitlichen und methodischen Gründen eine Auswahl getroffen werden. Es war uns ein Anliegen, jede Frucht in einem möglichst weiten und breiten Kontext und keinesfalls isoliert, wie dies häufig getan wird, zu präsentieren. Es handelt sich also um einen Spagat mit der einen Ferse in der Historie und der andern in der Phytochemie. Entsprechend aufwändig ist die zeitliche und geistige Auseinandersetzung. Irgendwann einmal war das Mass voll und es fand darin sogar die populäre Banane keinen Platz mehr, obschon ihre Bezüge zum Protagonisten dieses Buches auf der Hand lägen: Pittiers Berührungsflächen in Costa Rica mit der United Fruit Company (Häsler und Baumann 2000 SW) oder seine erst später in Venezuela publizierten Aufzeichnungen zur Nahrung und Ernährung der im costaricanischen Süden lebenden Bribri (Pittier 1938), wo die Banane in all ihren ‹Schattierungen› eine Vorrangstellung einnimmt.

Die Präsentation einer Frucht ohne Umschreibung ihrer Stellung im Pflanzenreich dient niemandem. Hier taucht ein Problem allgemeiner Natur auf, die nicht nur für die ordnende Botanik Gültigkeit hat: Was lange einfach und wahr war, wird plötzlich angezweifelt, um nach einem langen, komplexen Prozess etwas wahrer und daher verständlicher zu werden und zwar so lange, bis der Zyklus von neuem beginnt. Die Pflanzensystematik ist vor wenigen Jahren zur molekularen Expedition aufgebrochen – alles ist in Bewegung. Die Konsolidierung der Ergebnisse ist noch nicht sehr weit fortgeschritten und letztere für uns Aussenstehende manchmal verwirrend. Trotzdem fanden wir es nicht nötig, unseren Kolleginnen und Kollegen ihre Zeit, die sie der molekularen Phylogenie verschrieben haben, zu stehlen. Deshalb, wenn Ihr, geschätzte ‹MonophyletikerInnen›, auf Ungereimtes stossen solltet, so möget Ihr angesichts der ersparten Zeit grosszügig darüber hinweg lesen!

Phytochemie

Die Tropenfrucht ist nicht nur eine Quelle von Genuss, Nahrung und Ästhetik sondern auch von sekundären Pflanzenstoffen. Das sind organische Verbindungen, welche die Pflanze bildet, um, vereinfacht und salopp ausgedrückt, in der ‹freien Wildbahn› zu überleben. Die Zahl der Strukturen ist Legion und geht schätzungsweise in die Millionen. Da hat es Signalstoffe, die den Austausch und die Interaktion mit der Umwelt modulieren. Dann gibt es Substanzen, die den Schadorganismen das Leben sauer machen, sei es durch Abschreckung oder deren Vergiftung. Sekundärstoffe sind multifunktionell, das heisst, eine einzelne Substanz kann im Lebenszyklus einer Pflanze verschiedene Funktionen ausüben, z. B. Speicherung wie auch Abwehr. Zudem wirkt sie auf die Hierarchie der Organismen unterschiedlich wie etwa im Fall von Koffein, das in Bakterien die Reparatur der DNS hemmt, in Insekten den Abbau eines Second Messenger beeinflusst und im Säuger an bestimmte Rezeptoren bindet (Baumann 2006).

Es hätte zu weit geführt, auf die Phytochemie jeder im Buch behandelten Spezies einzugehen. Wir beschränken uns auf solche Arten bzw. Verbindungen, die ein medizinisches oder technisches Potenzial aufweisen – eine Auswahl, die von der Vorliebe des einen Autors (twb) geleitet wurde. Die phytochemischen Exposés nennen wir **BLOGS**, weil die Absicht besteht, sie später ins Web als so genannte Weblogs zu stellen und bei Bedarf zu erweitern. Sie sind in sich geschlossen, was bedeutet, dass die zugehörige Literatur jeweils am Schluss des Blog aufgeführt ist.

BLOG 1 – Alkylphenole in Anacardiaceen

Die niedermolekularen Allergene vieler Anacardiaceen sind Alkylphenole, auch phenolische Lipide genannt. Sie haften unverzüglich auf der Haut und bewirken dort schmerzhafte Läsionen vergleichbar einer ernsthaften Verbrennung. Davon betroffen sind in erster Linie Personen, die mit *Poison Ivy* oder *Poison Oak* (*Toxicodendron*-Arten) in Kontakt geraten, wobei Urushiole, Diphenole des Catechol-Typs, aus der Pflanze austreten. Diese sind chemisch mit den Alkylphenolen (Anacardsäuren, Cardole, Cardanole) des Kaschu-Baumes verwandt (Hegnauer 1964), die ähnliche allergische Reaktionen auslösen, was einen langen Schatten auf die Kaschu-Industrie wirft. Die unverzweigten Seitenketten

Toxicodendron spp.

Urushiole

Anacardium occidentale und CNSL

Anacardsäuren

Cardanole = Anacardole

n = 0,2,4,6
(8, 11, 14)　　Cardole

dieser Verbindungen haben 0, 1, 2 oder 3 Doppelbindungen. Eine Erhöhung der Sättigung, d.h. weniger Doppelbindungen, vermindert die Allergenizität, wobei die Kettenverlängerung das Gegenteil bewirkt. Das flüssige Sekret in der Wand der Nussfrucht von *Anacardium occidentale* besteht fast nur aus phenolischen Lipiden, und zwar zu 60 bis 70 % aus Anacardsäuren, zu 15 bis 25 % aus Cardolen und 3 bis 6 % aus Cardanolen – der Rest ist nicht-phenolisches sowie polymerisiertes Material (Tyman *et al.* 1984, Shobha und Ravindranath 1991). Daraus wird technisches CNSL (Cashew Nut Shell Liquid) hergestellt, bestehend zu mehr als 80 % aus Cardanolen, die im heissen Ölbad hauptsächlich aus Anacardsäuren durch Decarboxylierung entstehen (Tyman *et al.* 1978). Lipide vom Typ der Cardole, so genannte ‹resorcinolic lipids›, sind zuerst im Ginkgo-Baum und später in der CNSL entdeckt worden. Sie finden sich in hohen Konzentrationen auch in der Fruchthaut sowie im Latex der Mango. Dank empfindlicher Detektionsmethoden und systematischer Analyse wissen wir heute, dass diese Verbindungen in der Natur weit verbreitet sind. Sie konnten bis anhin in ca. einem Dutzend Pflanzenfamilien der Mono- und Dikotyledonen sowie in Moosen, Algen, Pilzen, Bakterien und sogar in Meeresschwämmen nachgewiesen werden. Angaben zum Vorkommen, zur Chemie und biologischen Aktivität finden sich in der Übersichtsarbeit von Tyman und Kozubek (1999). Die Biosynthese phenolischer Lipide unter Beteiligung der Polyketid-Synthasen vom Typ III wurde kürzlich in Stickstoff fixierenden Bakterien (*Azotobacter*) aufgeklärt (Funa *et al.* 2006).

Literatur

Funa N, Ozawa H, Hirata A, Horinouchi S (2006) Phenolic lipid synthesis by type III polyketide synthases is essential for cyst formation in *Azotobacter vinelandii*. Proceedings of the National Academy of Sciences of the United States of America **103**: 6356–6361

Hegnauer R (1964) 12. Anacardiaceae. *In* Chemotaxonomie der Pflanzen, Vol 3. Birkhäuser, Basel, pp 90–115

Shobha SV, Ravindranath B (1991) Supercritical carbon dioxide and solvent extraction of the phenolic lipids of cashew nut (*Anacardium occidentale*) shells. J. Agric. Food Chem. **39**: 2214–2217

Tyman JHP, Kozubek A (1999) Resorcinolic lipids, the natural non-isoprenoid phenolic amphiphiles and their biological activity. Chemical Reviews **89**: 1–25

Tyman JHP, Tychopolous V, Chan P (1984) Long-chain phenols. XXV. Quantitative analysis of natural cashew nut-shell liquid (*Anacardium occidentale*) by high-performance liquid chromatography. J Chromatogr **303**: 137–150

Tyman JHP, Wilczinski D, Kashani MA (1978) Compositional studies on technical cashew nutshell liquid (CNSL) by chromatography and mass spectroscopy. J. Amer. Oil Chemist's Soc. **55**: 663–668

BIOG2 – Acetogenine in Annonaceen

Es handelt sich bei den Acetogeninen um Substanzen mit 35 bis 38 C-Atomen, welche sich biogenetisch von den Polyketiden herleiten und mit einem bis drei Tetrahydrofuran-Ringen, einem gesättigten oder ungesättigten γ-Lacton sowie meist mit einer C-3-Gruppe ausgerüstet sind, die an die lange aliphatische Kette angehängt ist. Die Strukturen enthalten ausgedehnte, unverzweigte aliphatische Regionen mit unterschiedlich angeordneten Hydroxyl-, Acetoxyl- oder Ketogruppen. Ende 2004 waren 417 Strukturen bekannt, wobei seit 1998 neu 176 hinzugekommen waren (Bermejo *et al.* 2005). Da die Substanzen amorphwachsartig oder mikrokristallin sind, ist eine direkte Röntgenstruktur-Analyse (noch) nicht möglich. Auch die Derivate kristallisieren schlecht. Die Wirkung der Acetogenine ist von ihrer Stereochemie abhängig. Die Region der THF-Ringe ist reich an chiralen Zentren, was die Strukturaufklärung zusätzlich kompliziert.

Es waren bis vor kurzem fünf Strukturklassen bekannt, wobei die Verbindungen ohne THF-Ring der Klasse 4 eher als biogenetische Vorstufen zu werten sind (Rupprecht *et al.* 1990, Fang *et al.* 1993, Alali *et al.* 1999). Die Klassifizierung basierte auf Verbindungen mit

(1) zwei nebeneinanderliegenden THF-Ringen; z. B. Uvaricin, das erste, von Jolad *et al.* (1982) isolierte Annonaceen-Acetogenin aus der Wurzel von *Uvaria acuminata*, oder Asimicin aus Rinde und Samen von *Asimina triloba*.

(2) nur einem THF-Ring; z. B. Annonacin aus den Samen von *A. squamosa*.

(3) zwei nicht nebeneinanderliegenden THF-Ringen; z. B. Squamostatin aus den Samen von *Annona squamosa*.

(4) ohne THF-Ring; z. B. Diepomuricanin aus den Samen von *Annona muricata*.

(5) drei THF-Ringen; z. B. Goniocin aus der Rinde von *Goniothalamus giganteus*.

Mittlerweile sind neue Verbindungstypen mit Tetrahydropyran- und Epoxi-Ringen hinzugekommen, was in der neuesten Übersichtsarbeit von Bermejo *et al.* (2005) mit einer aufgeschlüsselten Einteilung berücksichtigt wird.

Bezüglich der Konzentration dieser Verbindungen in den Pflanzengeweben liegen nur wenige Angaben vor, da es sich meistens um präparative Isolierungen handelt, die in der Regel mit grossen Verlusten einhergehen. Nichtsdestotrotz wurde aus 600 g Samen von *Rollinia mucosa* die relativ grosse Menge von 1,75 g Rolliniastatin 1 isoliert (Pettit *et al.* 1987), was einem Relativgehalt von 0,29 % entspricht. Vielfach sind die publizierten Werte tiefer, ohne dass diese viel über die Konzentrationen *in situ* aussagen würden: Beispielsweise wurden bei der präparativen Reinigung aus Samen der Schuppenannone 0,01 % Annonin 1 gefunden (Born *et al.* 1990). Die Isolierung beginnt im Allgemeinen mit der Extraktion des entfetteten Pflanzenmaterials mit 95 % EtOH. Hernach werden die Substanzen durch Verteilung in eine apolare (Chloroform) Phase überführt. Eine anschliessende Ausschüttelung mit einem Gemisch aus Hexan und 90 % MeOH führt dann zu deren Anreicherung in der MeOH-Phase. Abschliessend sei hier noch die Arbeit von Leboeuf *et al.* (1982) zitiert, die einen gesamthaften Überblick über die Phytochemie der Annonaceen vor der Entdeckung ihrer Acetogenine gibt.

Literatur

Alali FQ, Liu XX, McLaughlin JL (1999) Annonaceous acetogenins: Recent progress. Journal of Natural Products **62**: 504–540

Bermejo A, Figadere B, Zafra-Polo MC, Barrachina I, Estornell E, Cortes D (2005) Acetogenins from Annonaceae: recent progress in isolation, synthesis and mechanisms of action. Natural Product Reports **22**: 269–303

Born L, Lieb F, Lorentzen J, Moeschler H, Nonfon M, Sollner R, Wendisch D (1990) The relative configuration of acetogenins isolated from *Annona squamosa* – annonin 1 (squamocin) and annonin 6. Planta Medica **56**: 312–316

Fang X-P, Rieser MJ, Gu Z-M, Thao G-X, McLaughlin JL (1993) Annonaceous acetogenins: an updated review. Phytochemical Analysis **4**: 27–48

Jolad SD, Hoffmann JJ, Schram KH, Cole JR, Tempesta MS, Kriek GR, Bates RB (1982) Uvaricin, a new antitumor agent from *Uvaria accuminata* (Annonaceae). Journal Organic Chemistry **47**: 3151–3153

Leboeuf M, Cavé A, Bhaumik PK, Mukherjee B, Mukherjee R (1982) The phytochemistry of the Annonaceae. Phytochemistry **21**: 2783–2813

Pettit GR, Cragg GM, Polonsky J, Herald DL, Goswami A, Smith CR, Moretti C, Schmidt JM, Weisleder D (1987) Antineoplastic Agents. 132. Isolation and Structure of Rolliniastatin-1 from the South-American tree *Rollinia mucosa*. Canadian Journal of Chemistry – Revue Canadienne de Chimie **65**: 1433–1435

Rupprecht JK, Hui Y-H, McLaughlin JL (1990) Annonaceous acetogenins: a review. Journal of Natural Products **53**: 237–278

BLOG3 – Bixin & Co.

Der Farbstoff ist in der äussersten Zellschicht des Samens von *Bixa orellana* lokalisiert und überzieht den reifen Samen schliesslich als harzartige, ölige Schicht. Das Pigment ist eine Mischung aus *cis*- und *trans*-Bixin mit Spuren von Norbixin, Bixindimethylester und anderen Apokarotinoiden. Apokarotinoide sind Karotinoid-Derivate, die durch Abspaltung von Teilen an einem oder beiden Enden der C40-Verbindung entstehen. In der Biosynthese des Apokarotinoids

Bixin ist das Karotinoid Lycopen die Ausgangsverbindung. Das erste Enzym, die hochspezifische ‹lycopene cleavage dioxygenase› BoLCD, spaltet oxidativ die Doppelbindungen 5–6 und 5'–6', wobei Bixindialdehyd entsteht. Was mit den abgespaltenen Fragmenten passiert, ist nicht bekannt, im Gegensatz zur absolut vergleichbaren Biosynthese des Crocetins, bzw. seines Glykosids im Stempel von *Crocus sativus*. Es entsteht unter Mitwirkung der Dioxygenase CsZCD aus Zeaxanthin, wobei aus den beiden abgespaltenen Ringen die für Safran typischen Aromakomponenten Picrocrocin und Safranal gebildet werden. Diese zwei Dioxygenasen, BoLCD und CsZCD, haben eine zu 97 % identische Sequenz (Bouvier *et al.* 2003a). Aus dem Bixindialdehyd entsteht durch die Aktionen der Bixinaldehyd-Dehydrogenase, BiADH, und Norbixin-Methyltransferase das Bixin. Die Gene für alle drei Enzyme wurden kloniert und in für die Lycopen-Synthese transformierten *E. coli* exprimiert. Die Bakterien akkumulierten 0,5 % Bixin (Bouvier *et al.* 2003b). Eine allgemeine Übersicht über die pflanzlichen, Karotenoid spaltenden Oxygenasen findet sich bei Auldridge *et al.* (2006).

Literatur

Auldridge ME, McCarty DR, Klee HJ (2006) Plant carotenoid cleavage oxygenases and their apocarotenoid products. Current Opinion in Plant Biology **9**: 315–321

Bouvier F, Dogbo O, Camara B (2003a) Biosynthesis of the food and cosmetic plant pigment bixin (annatto). Science **300**: 2089–2091

Bouvier F, Suire C, Mutterer J, Camara B (2003b) Oxidative remodeling of chromoplast carotenoids: Identification of the carotenoid dioxygenase CsCCD and CsZCD genes involved in crocus secondary metabolite biogenesis. Plant Cell **15**: 47–62

BLOG4 – Bromelain

Bromelain ist ein Rohextrakt aus Ananas, der entweder aus der Achse oder unreifen Frucht stammt. Der entsprechende Presssaft wird zentrifugiert, filtriert und schliesslich lyophilisiert. Es resultiert ein gelbliches Pulver, dessen proteolytische Aktivität mit Substraten wie Kasein, Gelatine, synthetischen Peptiden bestimmt und in entsprechenden Einheiten (DMC, GDU, TIP) angegeben wird. Bei Bromelain handelt sich um ein komplexes Gemisch, einerseits aus nahe miteinander verwandten Cystein-Proteinasen mit einer molekularen Masse zwischen 20 und 31 kDa und andrerseits aus vielen anderen Enzymen, Proteinase-Inhibitoren und Kohlehydraten. Viele der therapeutischen Wirkungen von Bromelain können auf die proteolytische Aktivität des Extraktes zurückgeführt werden, weshalb die Sequenzierung dieser Proteine im Vordergrund steht. Obschon bereits einige Sequenzen und Angriffspunkte im Stoffwechsel bekannt sind, ist die Wissenschaft noch weit davon entfernt, ein Bild der Struktur-Wirkungsbeziehungen dieser komplexen Matrix zu entwerfen. Den Proteinasen werden abschwellende, die Entzündung und Thrombose hemmende sowie fibrinolytische Aktivitäten zugeschrieben. Bromelain-Präparate werden aus diesem Grunde weltweit alternativ oder ergänzend zu Glukokortikoiden, nicht-steroidalen Antirheumatika (NSAR) und Immunmodulatoren eingesetzt. Wegen ihrer sehr geringen Toxizität eignen sie sich besonders, chronische Entzündungen unter Kontrolle zu halten. In der Praxis sind sie ein wichtiges ‹Adjuvans› bei der Chemo- (Verminderung von medikamentösen Nebenwirkungen) und Radiotherapie (Reduktion von Entzündung und Ödembildung) sowie in der Chirurgie (Einschränkung von Schwellungen und Verbesserung der Wundheilung). Die pharmakologischen Angriffspunkte bzw. physiologschen Effekte von Bromelain sind vielfältig: Reduktion des Spiegels von Fibrinogen im Blut; Aktivierung von Plasmin; Verhinderung der Aggregation oder Anheftung (ans Endothel) der Blutplättchen; Verkleinerung der Konzentration von Plasmakininen im Blut; Verminderung des Spiegels von Prostaglandin E_2 und Thromboxan A_2 in Exsudaten während akuter Entzündungen; Induktion der Interleukine IL-1, 6 und 8 sowie des Tumornekrosefaktors-α; Unterstützung der Bildung reaktiver Sauerstoffspezies (oxidativer Burst) und der Zytotoxizität der Granulozyten gegen Tumorzellen; Erhöhung der Gewebedurchlässigkeit für Antibiotika; Verbesserung des Debridement nach Verbrennungen.

Bromelain wird auch als ein potenzielles Mittel gegen Thromboembolie bei Krebs und gegen Metastasen ‹gehandelt›: Bekanntlich kann ein maligner Tumor, klinisch manifest oder unerkannt, das Risiko einer Embolie stark erhöhen, weil die Tumorzellen verschiedene Faktoren nach Kontakt mit Blutplättchen freisetzen, die das Zusammenklumpen der letzteren vorantreiben. Aggregate der Blutplättchen mit Tumorzellen, die sich ans Endothelium heften können, begünstigen den Beginn der Metastasierung. Einen zusammenfassenden Überblick über die erst teilweise erforschten Wirkungen von Bromelain auf die komplexen Vorgänge im menschlichen Stoffwechsel gibt die Publikation von Maurer (2001). Neuere Arbeiten zum Thema finden sich bei Hou *et al.* (2006) zitiert.

Die uralte Skepsis, die wirksamen proteolytischen Bestandteile der Ananas würden durch den gastrointestinalen Trakt gar nicht resorbiert, ist ungerechtfertigt. Hingegen hat der Extrakt eine Tendenz, sich selbst zu verdauen, bevor seine Bestandteile resorbiert sind. Aus diesem Grund muss bei der Aufarbeitung und während der anschliessenden Aufbewahrung gekühlt werden. Die im Handel erhältlichen Tabletten sind mit einem magensaftresistenten Film überzogen, z. B. Phlogenzym®. Es besteht auch die Möglichkeit, Bromelain durch Cross-Linking an einer Matrix zu stabilisieren und vor dem Abbau im Magen zu schützen (Hou *et al.* 2006).

Papain aus dem Milchsaft der unreifen Papaya wird ebenso wie Bromelain peroral zur Linderung von Entzündungssymptomen bei Sportverletzungen, Infektionen, rheumatischen oder autoimmunologischen Störungen, Blutvergiftung und zur Wundheilung verwendet. Die zusätzlich angefügte Literatur soll Interessierten einem schnellen Einstieg in die medizinische Bedeutung der Proteinasen erlauben.

Literatur

Dissemond J, Goos M (2003) Proteolytic enzymes in wound-bed preparation of chronic wounds. Hautarzt **54:** 1073–1079

Hou RCW, Chen YS, Huang JR, Jeng KCG (2006) Cross-linked bromelain inhibits lipopolysaccharide-induced cytokine production involving cellular signaling suppression in rats. Journal of Agricultural and Food Chemistry **54:** 2193–2198

Maurer HR (2001) Bromelain: biochemistry, pharmacology and medical use. Cellular and Molecular Life Sciences **58:** 1234–1245

Targoni OS, Tary-Lehmann M, Lehmann PV (1999) Prevention of murine EAE by oral hydrolytic enzyme treatment. Journal of Autoimmunity **12:** 191–198

Taussig SJ, Batkin S (1988) Bromelain, the enzyme complex of pineapple (*Ananas comosus*) and its clinical application - an update. Journal of Ethnopharmacology **22:** 191–203

BLOG5 – *Erythrina*-Alkaloide

Die meisten der *Erythrina*-Arten, das heisst in erster Linie ihre Samen, sind auf Alkaloide hin untersucht worden, wobei regelmässig zwei Strukturen nebeneinander vorkommen: Isochinolin-Alkaloide, die gesamthaft als *Erythrina*-Alkaloide bezeichnet werden, und Hypaphorin, ein Indolderivat. Eine Ausnahme bilden die fleischigen Samen von *E. edulis*, die keine *Erythrina*-Alkaloide enthalten und wie der Name sagt, essbar sind und gekocht gegessen werden. Das Alkaloidmuster hat – obschon artspezifisch – keine chemotaxonomische Relevanz (Hargreaves *et al.* 1947). Zahl und Menge an Alkaloiden in den Arten der Alten Welt sind wesentlich höher sind als in jenen aus Amerika.

Diese fast lückenlose Präsenz von Alkaloiden in den Samen weist auf eine ökologische Bedeutung hin, wobei der chemische Schutz vor Fressfeinden plausibel erscheint. In der Tat haben nur wenige Insekten die chemische Barriere überwunden. Zu ihnen gehören die Bruchiden-Käfer der Gattung *Specularius* der Alten Welt, die sich an den Samen gütlich tun (Decelle 1987). Weshalb diese Anpassung durch Bruchiden der Neuen Welt nicht zustande gekommen ist, wäre eine Untersuchung wert (Raven 1974).

Hypaphorin, das Betain des Tryptophans, wird unter anderem auch von Mykorrhiza-Pilzen gebildet und dient der Kolonisierung der Wirtspflanze. Das durch den Pilz ausgeschiedenen Hypaphorin, ein Auxin-Antagonist, beeinflusst die Organisation des Zyto-Skeletts im wachsenden Wurzelhaar und begünstigt die Mykorrhizierung durch wurzelmorphologische Veränderungen (Dauphin *et*

Hypaphorin

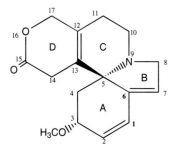

α-Erythroidin

β-Erythroidin

al. 2006, Martin *et al.* 2007). Ob Hypaphorin allein oder in Verbindung mit den *Erythrina*-Alkaloiden einen wesentlichen chemischen Schutz für die *Erythrina*-Arten bietet, ist nicht bekannt.

Im Jahre 1876 hatte Altamirano (zit. in Lehman 1937) die dem Curare ähnliche Wirkung des Samenextraktes von *E. americana* entdeckt. Erst ca. 60 Jahre später wurde diese Erkenntnis wieder aufgegriffen und bestätigt (Ramirez und Rivero 1936, Lehman 1937), indem es gelang, das von Altimirano postulierte Prinzip ‹Erythroidin› zu isolieren (Folkers und Major 1937). Aber es dauerte nochmals 20 Jahre, bis die Struktur von Erythroidin aufgeklärt werden konnte (Boekelheide und Morrison 1958). Es handelt sich um ein Isomeren-Gemisch aus α- und β-Erythroidin. Aufgrund der Doppelbindungen in den Ringen A und B können zwei Alkaloid-Typen unterschieden werden: Dienoid- und Alkenoid-Typus. Das Interesse an den *Erythrina*-Alkaloiden, das ursprünglich von ihrer curarisierenden Wirkung ausging, hält bis heute an und fokussiert sich nun auf die chemische Synthese ‹metabolisch stabiler› Strukturanaloga, die an bestimmte Rezeptoren des Zentralnervensystems binden (Sano *et al.* 1994, Ganguly *et al.* 2006). Die Zahl der in der Natur aufgefundenen tetrazyklischen *Erythrina*-Alkaloide (inklusive jene aus der Gattung *Cocculus*, Menispermaceen) beträgt über 100 (Amer *et al.* 1991).

Da die *Erythrina*-Alkaloide mit α- und β-Erythroidin als Hauptkomponenten auch in Blättern der Futterpflanzen *E. berteroana* und *E. poeppigiana* vorkommen (Jackson und Chawla 1982, Soto-Hernandez und Jackson 1994), stellt sich unter anderem auch die Frage ihres Übertritts in die Milch. Wiederkäuer vertragen im Gegensatz zu monogastrischen Tieren die *Erythina*-Diät gut. An Ziegen konnte für β-Erythroidin gezeigt werden, dass die mikrobielle Rumenflora das Alkaloid grösstenteils abbaut (Payne und Foley 1992) und weniger als 0,2 % in der Milch erscheint (Soto-Hernandez und Jackson 1993). Die extraktive Behandlung des Samenmehls mit organischen Lösungsmitteln, um eine problemlose, nahrhafte Eiweissquelle für die Tierzucht zur Verfügung zu haben, wird diskutiert (Sotelo *et al.* 1993).

Wir dürfen also annehmen, dass die Milch unserer wiederkäuenden Haustiere ein komplexes Spurenmuster an Phytochemikalen aufweist. Eine Qualitätskontrolle der Milch wäre für die Einschätzung des umweltbedingten Krebsrisikos erwünscht (Daughton 2005). Vorsorglich wurde in den USA eine Methode entwickelt, mit der zuverlässig eine terroristische ‹Brunnenvergiftung der Milch› mit Nikotin, Strychnin und Aconitin nachgewiesen werden könnte (Jablonski *et al.* 2006). Intensiv hat sich die Wissenschaft mit der Analyse von Muttermilch auseinandergesetzt, die ein Spiegelbild des maternalen Konsums ist und erhebliche Konzentrationen an Koffein, Theobromin, Nikotin, Kokain etc. enthalten kann (Winecker *et al.* 2001, Aresta *et al.* 2005, Baumann 2005). Da viele Pflanzeninhaltsstoffe bereits in sehr geringen Konzentrationen wirksam sind und/oder modulierend in das Stoffwechselgeschehen des Menschen eingreifen, wäre es von grösstem Interesse, das phytochemische Spektrum, das sich als Folge der pflanzlichen Diät in der Mutter- oder Tiermilch präsentiert, zu erfassen und zwar in der Erkenntnis, dass die Befindlichkeit des Menschen unter anderem das Resultat seiner stofflichen Vernetzung mit der Umwelt ist.

Literatur

Amer ME, Shamma M, Freyer AJ (1991) The tetracyclic *Erythrina* alkaloids. Journal of Natural Products **54**: 329–363

Aresta A, Palmisano F, Zambonin CG (2005) Simultaneous determination of caffeine, theobromine, theophylline, paraxanthine and nicotine in human milk by liquid chromatography with diode array UV detection. Food Chemistry **93**: 177–181

Baumann TW (2005) Physiologische und pharmakologische Eigenschaften von Röstkaffee. *In* B Rothfos, H Lange, eds, Kaffee – Die Zukunft. Behr's Verlag, Hamburg, pp 206–223

Boekelheide V, Morrison GC (1958) Synthetic support for the α–erythroidine structure. The conversion of α- to β-erythroidine. Journal American Chemical Society **80**: 3905

Daughton CG (2005) Overlooked in Fallon? Environmental Health Perspectives **113**: A224–A225

Dauphin A, De Ruijter NCA, Emons AMC, Legue V (2006) Actin organization during *Eucalyptus* root hair development and its response to fungal hypaphorine. Plant Biology **8**: 204–211

Decelle JD (1987) Les Bruchidae (Coleoptera) afrotropicaux inféodés aux *Erythrina* (Fabaceae). Revue Zool. Afr. **101**: 507–511

Dimetry NZ, Elgengaihi S, Reda AS, Amer SAA (1992) Biological effects of some isolated *Abrus precatorius* L alkaloids towards *Tetranychus urticae* Koch. Anzeiger für Schädlingskunde Pflanzenschutz Umweltschutz **65**: 99–101

Folkers K, Major RT (1937) Isolation of erythroidine, an alkaloid of curare action, from *E. americana*. Journal American Chemical Society **59**: 1580

Ganguly AK, Wang CH, Biswas D, Misiaszek J, Micula A (2006) Synthesis of novel heterocycles based on the structures of *Erythrina* alkaloids. Tetrahedron Letters **47**: 5539–5542

Hargreaves RT, Johnson RD, Millington DS, Mondal MH, Beavers W, Becker L, Young C, Rinehart KLJ (1974) Alkaloids of American species of *Erythrina*. Lloydia **37**: 569–580

Jablonski JE, Schlesser JE, Mariappagoudar P (2006) HPLC-UV method for nicotine, strychnine, and aconitine in dairy products. Journal of Agricultural and Food Chemistry **54**: 7460–7465

Jackson AH, Chawla AS (1982) Studies of *Erythrina* alkaloids. Part IV. Allertonia **3**: 39–45

Janzen DH, Lynn DG, Fellows LE, Hallwachs W (1982) The indole alkaloid, hypaphorine and *Pterocarpus* seed protection. Phytochemistry **21**: 1035–1037

Lehman AJ (1937) Actions of *Erythrina americana*, a possible curare substitute. J Pharmacol and Experimental Therapeutics **60**: 69–81

Martin F, Kohler A, Duplessis S (2007) Living in harmony in the wood underground: ectomycorrhizal genomics. Current Opinion in Plant Biology **10**: 204–210

Payne LD, Foley JP (1992) The presence of dihydroerythroidines in the milk of goats fed *Erythrina poeppigiana* and *E. berteroana* foliage. *In* VK Agarwal, ed, Analysis of antibiotic/drug residues in food products of animal origin. Plenum Press, New York, pp 211–223

Ramirez E, Rivero MD (1936) Contribucion al estudio de la accion farmacodinamica de la *Erythrina americana*. Anales del Instituto de Biologia, Mexico. Serie Biologia Experimental **7**: 301–305

Raven PH (1974) *Erythrina* (Fabaceae): Achievements and opportunities. Lloydia **37**: 321–331

Sano T, Kamiko M, Toda J, Hosoi S, Tsuda Y (1994) Asymmetric [2+2] photocylcoaddition reaction of a chiral dioxopyrroline to 2-(trimethylsilyloxy)butadiene: chiral synthesis of *Erythrina* alkaloids. Chem Pharm Bull **42**: 1373–1375

Sotelo A, Soto M, Lucas B, Giral F (1993) Comparative studis of the alkaloidal composition of two Mexican *Erythrina* species and nutritive value of the detoxified seeds. Journal Agric. Food Chem. **41**: 2340–2343

Soto-Hernandez M, Jackson AH (1993) Studies of alkaloids in foliage of *Erythrina berteroana* and *E. poeppigiana*: Detection of β-erythroidin in goats milk. Phytochemical Analysis **4**: 97–99

Soto-Hernandez M, Jackson AH (1994) *Erythrina* alkaloids: isolation and characterisation of alkaloids from seven *Erythrina* species. Planta **60**: 175–177

Winecker RE, Goldberger BA, Tebbett IR, Behnke M, Eyler FD, Karlix JL, Wobie K, Conlon M, Phillips D, Bertholf RL (2001) Detection of cocaine and its metabolites in breast milk. Journal of Forensic Sciences **46**: 1221–1223

BLOG6 – Hypoglycin A

Die Hypoglycine, Aminosäuren mit einem C3-Ring, wurden von verschiedenen Autoren (Hassall, Jöhl, Renner, Stoll, VonHolt, Wilkinson) in den späten 50er Jahren mehr oder weniger gleichzeitig aus der Ackee (*Blighia sapida* L.) isoliert, chemisch identifiziert und synthetisiert. Hypoglycin A ist L-Methylencyclopropyl-Alanin und Hypoglycin B ist das γ-Glutamyl-Konjugat von Hypoglycin A. Es handelt sich also nicht um Polypeptide, wie in den frühen Publikationen noch

Hypoglycin A

Hypoglycin B

an genommen worden war. Sie kommen beide im Samengewebe der Ackee vor und sind stark toxisch. Hypoglycin A ist für die schweren Vergiftungserscheinungen (Jamaican Vomiting Sickness) verantwortlich, die beim Verzehr der Arilli aus der unreifen Frucht auftreten und meist zum Tod führen. Hypoglycin A wird erst ganz am Schluss der Reifung im Samenarillus abgebaut (Chase *et al.* 1990, Brown *et al.* 1992). Äusserlich wird dies dadurch sichtbar, dass sich die Frucht öffnet, was als Lächeln oder Gähnen bezeichnet wird: «Those who do not smile, will kill you.» Es kommt schon wenige Stunden nach dem Verzehr von unreifen Arilli zu einer schweren Hypoglykämie mit Erbrechen, einem vollständigen Abbau des Leberglykogens, einer Fettanhäufung in der Leber, einem Anstieg der freien Fettsäuren im Blutplasma, einer Azidurie und in den meisten Fällen nach totaler Erschöpfung zum Exitus. Die sofortige Verabreichung von Glukose kann das Schlimmste verhindern. In Jamaica sind zwischen 1886 und 1950 etwa 5000 Todesfälle auf diese Vergiftung zurückzuführen. Heute, wo der Zusammenhang zwischen Phytochemie und Symptomatik bekannt ist, sind Intoxikationen seltener geworden, aber fordern nach wie vor das Leben von Menschen in der Karibik und in Afrika. Es sind vor allem Kinder wegen ihres geringeren Körpergewichtes betroffen.

Hypoglycin wird im Körper über Methylencyclopropyl-Pyruvat (MCPP) zu Methylencyclopropyl-Azetat (MCPA) umgewandelt und dann in einer verhängnisvollen Reaktion zu MCPA-CoA aktiviert. Die Flavin haltige Acyldehydrogenase, das erste Enzym in der β-Oxidation der Fettsäuren, ‹verbeisst› sich in einer Suizidreaktion in dieses Substrat (Baldwin und Parker 1987), wobei es – vermutlich durch Radikalreaktion – zur Ringöffnung und kovalenten Bindung an FAD kommt (Lai *et al.* 1991). Die physiologische Chemie der Vergiftung durch Hypoglycine ist bei Sherratt (1986) beschrieben.

Die beiden Aminosäuren kommen soweit untersucht auch in den Samen von Rosskastanien- und Ahornarten vor, was die nahe Verwandtschaft der Hippostanaceen und Aceraceen mit den Sapindaceen unterstreicht (Fowden *et al.* 1969, Velísek *et al.* 2006). Ihre Biosynthese ist bei Velísek *et al.* 2006 zusammengefasst.

Literatur

Baldwin JE, Parker DW (1987) Stereospecific (methylenecyclopropyl)acetyl-CoA inactivation of general acyl-CoA dehaydrogenase from pig kidney. Journal of Organic Chemistry **52**: 1475–1477

Brown M, Bates RP, McGowan C, Cornell JA (1992) Influence of fruit maturity on the hypoglycin A level in ackee (*Blighia sapida*). Journal of Food Safety **12**: 167–177

Chase GWJ, Landen WOJ, Soliman A-GM (1990) Hypoglycin A content in the aril, seeds, and husks of ackee fruit at various stages of ripeness. J. Assoc. Off. Anal. Chem. **73**: 318–319

Ellington EV, Hassall CH, Plimmer JR (1958) Constitution of hypoglycin A. Chemistry & Industry: 329–330

Fowden L, Smith A, Millington DS, Sheppard RC (1969) Cyclopropane amino acids from *Aesculus* and *Blighia*. Phytochemistry **8**: 437–443

Hassall CH, John DI (1959) The constitution of hypoglycin B. Tetrahedron Letters: 7–8

Hassall CH, Reyle K (1955) Hypoglycin A and hypoglycin B: Two biologically active polypeptides from *Blighia sapida*. Biochemical Journal **60**: 334–339

Hassall CH, Reyle K, Feng P (1954) Hypoglycin A, B: Biologically active polypeptides from *Blighia sapida*. Nature **173**: 356–357

Lai M, Liu L, Liu H (1991) Mechanistic study of the inactivation of general acyl-CoA dehydrogenase by a metabolite of hypoglycin A. Journal American Chemical Society **113**: 7388–7397

Sherratt HSA (1986) Hypogycin, the famous toxin of the unripe Jamaican ackee fruit. TIPS: 186–191

Velisek J, Kubec R, Cejpek K (2006) Biosynthesis of food constituents: Amino acids: 4. Non-protein amino acids - A review. Czech Journal of Food Sciences **24**: 93–109

Literatur

Standardwerke SW

Brücher H (1989) Useful plants of neotropical origin. Springer-Verlag, Berlin

Endress PK (1994) Diversity and evolutionary biology of tropical flowers. Cambridge University Press, Cambridge

Franke W (1997) Nutzpflanzenkunde. Thieme, Stuttgart

Genaust H (1996) Etymologisches Wörterbuch der botanischen Pflanzennamen. Birkhäuser Verlag, Basel

Gottsberger G, Silberbauer-Gottsberger I (2006) Life in the Cerrado, Vol 1, Origin, Structure, Dynamics and Plant Use. Reta Verlag, Ulm

Gottsberger G, Silberbauer-Gottsberger I (2006) Life in the Cerrado, Vol 2, Pollination and Seed Dispersal. Reta Verlag, Ulm

Gysin HR (1984) Tropenfrüchte. AT Verlag, Aarau

Häsler B, Baumann TW (2000) Henri Pittier (1857-1950) – Leben und Werk eines Schweizer Naturforschers in der Neotropen. urspünglich Friedrich Reinhardt Verlag Basel; jetzt www.villacoffea.com

Janzen DH (1983) Costa Rican natural history. University of Chicago Press, Chicago

Judd WS, Campbell CS, Kellog EA, Stevens PF (1999) Plant Systematics: A Phylogenetic Approach. Sinauer Associates, Inc., Sunderland USA

Mabberley DJ (1997) The Plant-Book. Cambridge University Press, Cambridge

Neuwinger HD (1994) Afrikanische Arzneipflanzen und Jagdgifte. Wissenschaftliche Verlagsgesellschaft, Stuttgart

Pittier H (1908) Ensayo sobre las plantas usuales de Costa Rica. H.L. & J.B. McQueen, Inc., Washington, D.C., USA

Pittier H (1926) Manual de las plantas usuales de Venezuela, Ed 1. Litografía del Comercio, Caracas

Rehm S, Espig G (1991) The cultivated plants of the tropics and subtropics. Margraf, Weikersheim

Rohweder O, Endress PK (1983) Samenpflanzen – Morphologie und Systematik der Angiospermen und Gymnospermen. Georg Thieme Verlag, Stuttgart

Uphof JCT (1968) Dictionary of economic plants. J. Cramer, Lehre

Verheij EWM, Coronel RE (1991) Edible fruits and nuts, Vol 2. Pudoc, Wageningen

Wehner R, Gehring W (1995) Zoologie. Georg Thieme Verlag, Stuttgart

Originalliteratur

Aichholz R, Spitzer V, Lorbeer E (1997) Analysis of cyanolipids and triacylglycerols from Sapindaceae seed oils with high-temperature gas chromatography and high-temperature gas chromatography chemical ionization mass spectrometry. Journal of Chromatography A 787: 181–194

Alali FQ, Liu XX, McLaughlin JL (1999) Annonaceous acetogenins: Recent progress. Journal of Natural Products 62: 504–540

Alexander WH (1901) The flora of St. Christopher. Bulletin of the American Geographical Society 33: 207–219

Aluja M (1994) Bionomics and management of *Anastrepha*. Annual Review of Entomology **39**: 155–178

Alverson WS (1989) *Matisia* and *Quararibea* (Bombacaceae) should be retained as separate genera. Taxon **38**: 377–388

Alves GL, Franco MRB (2003) Headspace gas chromatography-mass spectrometry of volatile compounds in murici (*Byrsonima crassifolia* L. Rich). Journal of Chromatography A **985**: 297–301

Alves RW, de Souza AAU, de Souza SMDGU, Jauregi P (2006) Recovery of norbixin from a raw extraction solution of annatto pigments using colloidal gas aphrons (CGAs). Separation and Purification Technology **48**: 208–213

Amarquaye A, Che CT, Bejar E, Malone MH, Fong HHS (1994) A new glycolipid from *Byrsonima crassifolia*. Planta Medica **60**: 85–86

Amer ME, Shamma M, Freyer AJ (1991) The tetracyclic *Erythrina* alkaloids. Journal of Natural Products **54**: 329–363

Andrade I, Morias HC, Diniz IR, van den Berg C (1999) Richness and abundance of caterpillars on *Byrsonima* (Malpighiaceae) species in an area of cerrado vegetation in central Brazil. Revista De Biologia Tropical **47**: 691–695

Anft B (1937) Friedlieb Ferdinand Runge sein Leben und sein Werk. *In* P Diepgen, J Ruska, J Schuster, W Artelt, eds, Abhandlungen zur Geschichte der Medizin und der Naturwissenschaften, Heft 23. Dr. Emil Ebering, Berlin, p 207

Angibaud G, Gaultier C, Rascol O (2004) Atypical parkinsonism and Annonaceae consumption in New Caledonia. Movement Disorders **19**: 603–604

APG II (2003) An update of the Angiosperm Phylogeny Group classification for the orders and families of flowering plants. Botanical Journal of the Linnean Society **141**: 399–436; Autoren siehe Bremer *et al.* (2003)

Arellano-Gomez LA, Saucedo-Veloz C, Arevalo-Galarza L (2005) Biochemical and physiological changes during ripening of black sapote fruit (*Diospyros digyna* Jacq.). Agrociencia **39**: 173–181

Aresta A, Palmisano F, Zambonin CG (2005) Simultaneous determination of caffeine, theobromine, theophylline, paraxanthine and nicotine in human milk by liquid chromatography with diode array UV detection. Food Chemistry **93**: 177–181

Arnal L, Del Rio MA (2003) Removing astringency by carbon dioxide and nitrogen-enriched atmospheres in persimmon fruit cv. ‹Rojo brillante›. Journal of Food Science **68**: 1516–1518

Arnold G (2001) Früh- und Differentialdiagnose von Parkinson-Syndromen unter besonderer Berücksichtigung des Steele-Richardson-Olszewski-Syndroms. Habilitationsschrift. Humboldt-Universität Berlin, Berlin

Aubréville A (1964) Les Sapotacées: taxonomie et phytogéographie. Adansonia **1**: 1–157

Auldridge ME, McCarty DR, Klee HJ (2006) Plant carotenoid cleavage oxygenases and their apocarotenoid products. Current Opinion in Plant Biology **9**: 315–321

Auricchio MT, Bacchi EM (2003) *Eugenia uniflora* L. ‹brazilian cherry› leaves: pharmacobotanical, chemical and pharmacological properties. Rev.Inst. Adolfo Lutz **62**: 55–61

Ausseil F, Samson A, Aussagues Y, Vandenberghe I, Creancier L, Pouny I, Kruczynski A, Massiot G, Bailly CA (2007) High-throughput bioluminescence screening of ubiquitin-proteasome pathway inhibitors from chemical and natural sources. Journal of Biomolecular Screening **12**: 106–116

Avato P, Pesante MA, Fanizzi FP, Santos CAD (2003) Seed oil composition of *Paullinia cupana* var. *sorbilis* (Mart.) Ducke. Lipids **38:** 773–780

Avato P, Rosito I, Papadia P, Fanizzi FP (2005) Cyanolipid-rich seed oils from *Allophylus natalensis* and *A. dregeanus*. Lipids **40:** 1051–1056

Azarkan M, Wintjens R, Looze Y, Baeyens-Volant D (2004) Detection of three wound-induced proteins in papaya latex. Phytochemistry **65:** 525–534

Azevedo DCS, Rodrigues A (2000) Obtainment of high-fructose solutions from cashew (*Anacardium occidentale*) apple juice by simulated moving-bed chromatography. Sep. Sci. Technol. **35:** 2561–2581

Badillo VM (1971) Monografía de la familia Caricaceae. Asociación de profesores UCV, Maracay

Badillo VM (2000) *Carica* L. vs. *Vasconcellea* St. Hil. (Caricaceae) con la rehabilitación de este último. Ernstia **10:** 74–79

Baehni C (1965) Mémoires sur les Sapotacées 3. Inventaire des Genres. Boissiera **11:** 1–262

Baker I, Baker HG (1982) Some chemical constituents od floral nectars of *Erythrina* in relation to pollinators and systematics. Allertonia **3:** 25–37

Balasubramanian D (2001) Physical properties of raw cashew nut. Journal of Agricultural Engineering Research **78:** 291–297

Baldwin JE, Parker DW (1987) Stereospecific (methylenecyclopropyl)acetyl–CoA inactivation of general acyl–CoA dehydrogenase from pig kidney. Journal of Organic Chemistry **52:** 1475–1477

Barennes H, Valea I, Boudat AM, Idle JR, Nagot N (2004) Early glucose and methylene blue are effective against unripe ackee apple (*Blighia sapida*) poisoning in mice. Food and Chemical Toxicology **42:** 809–815

Barrio AG, Grueiro MMM, Montero D, Nogal JJ, Escario JA, Muelas S, Fernandez C, Vega C, Rolon M, Fernandez ARM, Solis PN, Gupta MP (2004) In vitro antiparasitic activity of plant extracts from Panama. Pharmaceutical Biology **42:** 332–337

Baum DA, Smith SD, Yen A, Alverson WS, Nyffeler R, Whitlock BA, Oldham RL (2004) Phylogenetic relationships of Malvatheca (Bombacoideae and Malvoideae; Malvaceae Sensu Lato) as inferred from plastid DNA sequences. American Journal of Botany **91:** 1863–1871

Baumann TW (2005) Botanik des Kaffees. *In* B Rothfos, H Lange, eds, Kaffee – Die Zukunft. Behr's Verlag, Hamburg, p 56–85

Baumann TW (2005) Physiologische und pharmakologische Eigenschaften von Röstkaffee. *In* B Rothfos, H Lange, eds, Kaffee – Die Zukunft. Behr's Verlag, Hamburg, p 206–223

Baumann TW (2006) Some thoughts on the physiology of caffeine in coffee – and a glimpse of metabolite profiling. Brazilian Journal of Plant Physiology **18:** 243–251

Baumann TW, Meier CM (1993) Chemical defense by withanolides during fruit development in *Physalis peruviana*. Phytochemistry **33:** 317–321

Baumann TW, Schulthess BH, Hänni K (1995) Guaraná *(Paullinia cupana)* rewards seed dispersers without intoxicating them by caffeine. Phytochemistry **39:** 1063–1070

Baumann TW, Seitz R (1994) *Theobroma*. *In* S Greiner, G Heubl, E Stahl-Biskup, eds, Drogen P-Z, Ed 5 Vol 6. Springer Verlag, p 941–954

Bayer C, Fay MF, De Bruijn AY, Savolainen V, Morton CM, Kubitzki K, Alverson WS, Chase MW (1999) Support for an expanded family concept of Malvaceae within a recircumscribed order Malvales; a combined analysis of plastid *atp*B and *rbc*L DNA sequences. Botanical Journal of the Linnean Society **129:** 267–303

Beck HT (1990) A survey of the useful species of *Paullinia* L. (Sapindaceae). Adv. Econ. Bot. **8**: 41–56

Bekkouche K, Daali Y, Cherkaoui S, Veuthey JL, Christen P (2001) Calystegine distribution in some solanaceous species. Phytochemistry **58**: 455–462

Benzing DH (1990) Vascular epiphytes. Cambridge University Press, Cambridge

Benzing DH (2000) Bromeliaceae - Profile of an adaptive radiation. Cambridge University Press, Cambridge

Benzing DH, Givnish TJ, Bermudes D (1985) Absorptive trichomes in *Brocchinia reducta* (Bromeliaceae) and their evolutionary and systematic significance. Systematic Botany **10**: 81–91

Berg A, Peters M, Deibert P, König D, Birnesser H (2005) Bromelain – Overview and discussion of therapeutic application and its importance in sports medicine and sports traumatology. Deutsche Zeitschrift fur Sportmedizin **56**: 12–19

Bermejo A, Figadere B, Zafra-Polo MC, Barrachina I, Estornell E, Cortes D (2005) Acetogenins from Annonaceae: recent progress in isolation, synthesis and mechanisms of action. Natural Product Reports **22**: 269–303

Bermejo JE, Léon J (1994) Neglected crops. 1492 from a different perspective. *In* FAO Plant Production and Protection Series, no. 26, Rome

Bernoulli G (1869) Übersicht der bis jetzt bekannten Arten von *Theobroma*. Neue Denkschriften der Allgemeinen Schweizerischen Gesellschaft für die gesammten Naturwissenschaften **24**: 1–15, VII Tafeln

Bittencourt C, Felicissimo MP, Pireaux JJ, Houssiau L (2005) ToF-SIMS characterization of thermal modifications of bixin from *Bixa orellana* fruit. Journal of Agricultural and Food Chemistry **53**: 6195–6200

Blake OA, Jackson JC, Jackson MA, Gordon CLA (2004) Assessment of dietary exposure to the natural toxin hypoglycin in ackee (*Blighia sapida*) by Jamaican consumers. Food Research International **37**: 833–838

Blazdell P (2000) The mighty cashew. Interdisciplinary Science Reviews **25**: 220–226

Bleichmar D (2006) Painting as exploration: Visualizing nature in eighteenth-century colonial science. Colonial Latin American Review **15**: 81–104

Blom F (1932) The Maya ballgame *pok–ta–pok* (called *tlachtli* by the Aztec). Zitiert in Eggebrecht (1992)

Bohs L (2004) A chloroplast DNA phylogeny of *Solanum* section *Lasiocarpa*. Systematic Botany **29**: 177–187

Bonavia D, Ochoa CM, Tovar O, Palomino RC (2004) Archaeological evidence of cherimoya (*Annona cherimola* Mill.) and guanabana (*Annona muricata* L.) in ancient Peru. Economic Botany **58**: 509–522

Born L, Lieb F, Lorentzen J, Moeschler H, Nonfon M, Sollner R, Wendisch D (1990) The relative configuration of acetogenins isolated from *Annona squamosa* – annonin-I (squamocin) and annonin-VI. Planta Medica **56**: 312–316

Bouvier F, Dogbo O, Camara B (2003a) Biosynthesis of the food and cosmetic plant pigment bixin (annatto). Science **300**: 2089–2091

Bouvier F, Suire C, Mutterer J, Camara B (2003b) Oxidative remodeling of chromoplast carotenoids: Identification of the carotenoid dioxygenase CsCCD and CsZCD genes involved in crocus secondary metabolite biogenesis. Plant Cell **15**: 47–62

Bremer B, Bremer K, Chase MW, Reveal JL, Soltis DE, Soltis PS, Stevens PF, Anderberg AA, Fay MF, Goldblatt P, Judd WS, Kallersjo M, Karehed J, Kron KA, Lundberg J, Nickrent DL, Olmstead RG, Oxelman B, Pires JC, Rodman JE, Rudall PJ, Savolainen

V, Sytsma KJ, van der Bank M, Wurdack K, Xiang JQY, Zmarzty S (2003) An update of the Angiosperm Phylogeny Group classification for the orders and families of flowering plants: APG II. Botanical Journal of the Linnean Society **141**: 399–436

Bremer B, Bremer K, Heidari N, Erixon P, Olmstead RG, Anderberg AA, Kallersjo M, Barkhordarian E (2002) Phylogenetics of asterids based on 3 coding and 3 non-coding chloroplast DNA markers and the utility of non-coding DNA at higher taxonomic levels. Molecular Phylogenetics and Evolution **24**: 274–301

Briechle-Mäck MH (1994) Beiträge zur Histogenese der Blüten und Früchte pseudosynkarper Annonaceen-Arten, Vol 1028. Verlag Dr. Markus Hänsel-Hohenhausen, Egelsbach, Frankfurt, Washington

Brown KS (1981) The biology of *Heliconius* and related genera. Annual Review of Entomology **26**: 427–456

Brown M, Bates RP, McGowan C, Cornell JA (1992) Influence of fruit maturity on the hypoglycin A level in ackee (*Blighia sapida*). Journal of Food Safety **12**: 167–177

Bruneau A (1996) Phylogenetic and biogeographical patterns in *Erythrina* (Leguminosae: Phaseoleae) as inferred from morphological and chloroplast DNA characters. Systematic Botany **21**: 587–605

Bruneau A (1997) Evolution and homology of bird pollination syndromes in *Erythrina* (Leguminosae). American Journal of Botany **84**: 54–71

Bruneau A, Doyle JJ (1993) Cladistic analysis of chloroplast DNA restriction site characters in *Erythrina* (Leguminosae, Phaseoleae). Systematic Botany **18**: 229–247

Brunerie P, Maugeais P (1992) Comparison of volatile components in two naranjilla fruit (*Solanum quitoense* Lam.) pulp from different origin. *In* G Charalambous, ed, Food, Science and Human Nutrition. Elsevier Science Publisher

Brunke E-J, Mair P, Hammerschmidt F-J (1989) Volatiles from naranjilla fruit (*Solanum quitoense* Lam.). GC/MS analysis and sensory evaluation using sniffling GC. Journal Agric. Food Chem. **37**: 746–748

Brücher H (1989) Useful plants of neotropical origin. Springer-Verl, Berlin

Buck L, Axel R (1991) A novel multigene family may encode odorant receptors – A molecular basis for fdor recognition. Cell **65**: 175–187

Buck LB (2000) The molecular architecture of odor and pheromone sensing in mammals. Cell **100**: 611–618

Butterfield RP (1996) Early species selection for tropical reforestation: A consideration of stability. Forest Ecology and Management **81**: 161–168

Cameron KM, Chase MW, Anderson WR, Hills HG (2001) Molecular systematics of Malpighiaceae: Evidence from plastid rbcL and matK sequences. American Journal of Botany **88**: 1847–1862

Campos MG, Webby RE, Markham KR (2002) The unique occurrence of the flavone aglycone tricetin in Myrtaceae pollen. Zeitschrift für Naturforschung C-A Journal of Biosciences **57**: 944–946

Caparros-Lefebvre D (2004) Atypical parkinsonism in New Caledonia: Comparison with Guadeloupe and association with Annonaceae consumption. Movement Disorders **19**: 604–604

Cardoso IM, Kuyper TW (2006) Mycorrhizas and tropical soil fertility. Agriculture Ecosystems & Environment **116**: 72–84

Carlier JD, Reis A, Duval MF, d'Eeckenbrugge GC, Leitao JM (2004) Genetic maps of RAPD, AFLP and ISSR markers in *Ananas bracteatus* and *A. comosus* using the pseudo-testcross strategy. Plant Breeding **123**: 186–192

Castro MA, Vega AS, Mulgura ME (2001) Structure and ultrastructure of leaf and calyx glands in *Galphimia brasiliensis* (Malpighiaceae). American Journal of Botany **88:** 1935–1944

Causton CE, Markin GP, Friesen R (2000) Exploratory survey in Venezuela for biological control agents of *Passiflora mollissima* in Hawaii. Biological Control **18:** 110–119

Cautin R, Agusti M (2005) Phenological growth stages of the cherimoya tree (*Annona cherimola* Mill.). Scientia Horticulturae **105:** 491–497

Caygill JC (1979) Sulfhydryl plant proteases. Enzyme and Microbial Technology **1:** 233–242

Cerri CEP, Sparovek G, Bernoux M, Easterling WE, Melillo JM, Cerri CC (2007) Tropical agriculture and global warming: Impacts and mitigation options. Scientia Agricola **64:** 83–99

Champy P, Höglinger GU, Feger J, Gleye C, Hocquemiller R, Laurens A, Guerineau V, Laprevote O, Medja F, Lombes A, Michel PP, Lannuzel A, Hirsch EC, Ruberg M (2004) Annonacin, a lipophilic inhibitor of mitochondrial complex I, induces nigral and striatal neurodegeneration in rats: possible relevance for atypical parkinsonism in Guadeloupe. Journal of Neurochemistry **88:** 63–69

Champy P, Melot A, Guerineau V, Gleye C, Fall D, Hoglinger GU, Ruberg M, Lannuzel A, Laprevote O, Laurens A, Hocquemiller R (2005) Quantification of acetogenins in *Annona muricata* linked to atypical parkinsonism in Guadeloupe. Movement Disorders **20:** 1629–1633

Chase GWJ, Landen WOJ, Soliman A-GM (1990) Hypoglycin A content in the aril, seeds, and husks of ackee fruit at various stages of ripeness. J. Assoc. Off. Anal. Chem. **73:** 318–319

Chaudhuri KR, Hu MTM, Brooks DJ (2000) Atypical parkinsonism in Afro-Caribbean and Indian origin immigrants to the UK. Movement Disorders **15:** 18–23

Clement RC (1990) Araza. *In* S Nagy, PE Shaw, WF Wardowski, eds, Fruits of tropical and subtropical origin. Florida Science Source, Inc., Lake Alfred, Florida, p 260–265

Coburn RA, Long L (1966) Gynocardin. Journal of Organic Chemistry **31:** 4312–4315

Condit R, Hubbell SP, Foster RB (1993) Identifying fast-growing native trees from the neotropics using data from a large, permanent census plot. Forest Ecology and Management **62:** 123–143

Conejo GA (1975) Henri Pittier. Ministerio de Cultura, Juventud y Deportes, San José, Costa Rica

Conti E, Litt A, Sytsma KJ (1996) Circumscription of Myrtales and their relationships to other rosids: Evidence from rbcL sequence data. American Journal of Botany **83:** 221–233

Conti E, Litt A, Wilson PG, Graham SA, Briggs BG, Johnson LAS, Sytsma KJ (1997) Interfamilial relationships in Myrtales: Molecular phylogeny and patterns of morphological evolution. Systematic Botany **22:** 629–647

Corriveau JL, Coleman AW (1988) Rapid screening method to detect potential biparental inheritance of plastid DNA and results for over 200 angiosperm species. American Journal of Botany **75:** 1443–1458

Corti O, Hampe C, Darios F, Ibanez P, Ruberg A, Brice A (2005) Parkinson's disease: from causes to mechanisms. Comptes Rendus Biologies **328:** 131–142

Crayn DM, Winter K, Smith JAC (2004) Multiple origins of crassulacean acid metabolism and the epiphytic habit in the neotropical family Bromeliaceae. Proceedings of the National Academy of Sciences of the United States of America **101:** 3703–3708

Cronquist A (1981) An integrated system of classification of flowering plants. Columbia University Press, New York

Cuatrecasas J (1964) Cacao and its allies. A taxonomic revision of the genus *Theobroma*. Contrib. U.S. National Herb. **35**: 379–614

Dakora FD (2003) Defining new roles for plant and rhizobial molecules in sole and mixed plant cultures involving symbiotic legumes. New Phytologist **158**: 39–49

Daughton CG (2005) Overlooked in Fallon? Environmental Health Perspectives **113**: A224–A225

Dauphin A, De Ruijter NCA, Emons AMC, Legue V (2006) Actin organization during *Eucalyptus* root hair development and its response to fungal hypaphorine. Plant Biology **8**: 204–211

Davis CC, Anderson WR, Donoghue MJ (2001) Phylogeny of Malpighiaceae: Evidence from chloroplast NDHF and TRNL-F nucleotide sequences. American Journal of Botany **88**: 1830–1846

Davis CC, Chase MW (2004) Elatinaceae are sister to Malpighiaceae; Peridiscaceae belong to Saxifragales. American Journal of Botany **91**: 262–273

de la Cruz M, Whitkus R, Gomezpompa A, Motabravo L (1995) Origins of cacao cultivation. Nature **375**: 542–543

De Ley P (2000) Lost in worm space: phylogeny and morphology as road maps to nematode diversity. Nematology **2**: 9–16

de Léry J (1578) Histoire d'un voyage faict en la terre du Brésil,

de Rochefort C (1681) Histoire naturelle et morale des îles Antilles de l'Amérique. Reinier Leers, Rotterdam

de Souza AH (1948) Bromelina. Revista de Sociedade Brasiliera de Quimica **14**: 67–80

Dearias AR, Schmedahirschmann G, Falcao A (1992) Feeding deterrency and insecticidal effects of plant extracts on *Lutzomyia longipalpis*. Phytotherapy Research **6**: 64–67

Decelle JD (1987) Les Bruchidae (Coleoptera) afrotropicaux inféodés aux *Erythrina* (Fabaceae). Revue Zool. Afr. **101**: 507–511

Deszcz L, Kozubek A (2000) Higher cardol homologs (5-alkylresorcinols) in rye seedlings. Biochimica Biophysica Acta-Molecular and Cell Biology of Lipids **1483**: 241–250

Dhawan K, Dhawan S, Sharma A (2004) *Passiflora*: a review update. Journal of Ethnopharmacology **94**: 1–23

Dimetry NZ, Elgengaihi S, Reda AS, Amer SAA (1992) Biological effects of some isolated *Abrus precatorius* L. alkaloids towards *Tetranychus urticae* Koch. Anzeiger für Schädlingskunde Pflanzenschutz Umweltschutz **65**: 99–101

Dissemond J, Goos M (2003) Proteolytic enzymes in wound-bed preparation of chronic wounds. Hautarzt **54**: 1073–1079

Dixon DM (1972) Masticatories in ancient Egypt. Journal of Human Evolution **1**: 433–448

Dominguez de María P, Sinisterra JV, Tsai SW, Alcantara AR (2006) *Carica papaya* lipase (CPL): An emerging and versatile biocatalyst. Biotechnology Advances **24**: 493–499

Donkin RA (1977) Spanish Red - Ethnogeographical study of cochineal and *Opuntia* cactus. Transactions of the American Philosophical Society **67**: 5–84

Duangjai S, Wallnofer B, Samuel R, Munzinger J, Chase MW (2006) Generic delimitation and relationships in Ebenaceae sensu lato: Evidence from six plastid DNA regions. American Journal of Botany **93**: 1808–1827

Dunal MF (1852) Solanaceae. A. de Candolle (ed.) Prodromus Systematis Naturalis Regni Vegetabilis 13: 1–690

Dupaigne P (1979) Masticatories and tropical fruit. Fruits 34: 353–358

Durand T, Pittier H (1882–1887) Catalogue de la Flore vaudoise, Vol 1–3. Librairie rouge, Lausanne

Duval MF, Buso GSC, Ferreira FR, Noyer JL, d'Eeckenbrugge GC, Hamon P, Ferreira ME (2003) Relationships in *Ananas* and other related genera using chloroplast DNA restriction site variation. Genome 46: 990–1004

Edwards EJ, Nyffeler R, Donoghue MJ (2005) Basal cactus phylogeny: Implications of *Pereskia* (Cactaceae) paraphyly for the transition to the cactus life form. American Journal of Botany 92: 1177–1188

Eggebrecht E, und A. (1992) Die Welt der Maya: archäologische Schätze aus drei Jahrtausenden. Verlag Philipp von Zabern, Mainz

Egler FE (1947) The role of botanical research in the chicle industry. Economic Botany 1: 188–209

Ehrlich PK, Raven PH (1964) Butterflies and plants: a study in coevolution. Evolution 18: 586–608

Eisner T, Nowicki S, Goetz M, Meinwald J (1980) Red cochineal dye (carminic acid) - Its role in nature. Science 208: 1039–1042

Elias M, Schroth G, Macedo J, Mota M, D'Angelo S (2002) Mineral nutrition, growth and yields of annatto trees (*Bixa orellana*) in agroforestry on an Amazonian ferralsol. Experimental Agriculture 38: 277–289

Ellington EV, Hassall CH, Plimmer JR (1958) Constitution of Hypoglycin A. Chemistry & Industry: 329–330

Elss S, Preston C, Hertzig C, Heckel F, Richling E, Schreier P (2005) Aroma profiles of pineapple fruit (*Ananas comosus* [L.] Merr.) and pineapple products. Food Science and Technology 38: 263–274

Endres L, Mercier H (2003) Amino acid uptake and profile in bromeliads with different habits cultivated in vitro. Plant Physiology and Biochemistry 41: 181–187

Endress PK (1994) Diversity and evolutionary biology of tropical flowers. Cambridge University Press, Cambridge

Engler-Chaouat HS, Gilbert LE (2007) De novo synthesis vs. sequestration: Negatively correlated metabolic traits and the evolution of host plant specialization in cyanogenic butterflies. Journal of Chemical Ecology 33: 25–42

Escobar L (1988) Passifloraceae. *In* P Pinto, G Lozano, eds, Flora de Colombia, Vol 10. Universidad Nacional de Colombia, Bogota, p 1–138

Falcão MA, Chavez Flores WB, Ferreira SAN, Clement CR, Barros MJB, de Brito JMC, dos Santos TCT (1988) Aspectos fenológicos e ecológicos do ‹Araça-boi› (*Eugenia stiptata* McVaugh) na Amazônia central. I. Plantas juvenis. Acta Amazonica 18: 27–38

Falcão MA, Galvão RMS, Clement CR, Ferreira SAN, Sampaio SG (2000) Phenology and yield of Araçá-boi (*Eugenia stipitata*, Myrtaceae) in Central Amazonia. Acta Amazonica 30: 9–21

Fang X-P, Rieser MJ, Gu Z-M, Thao G-X, McLaughlin JL (1993) Annonaceous acetogenins: an updated review. Phytochemical Analysis 4: 27-48

FAO (FAO – Food and Agriculture Organization of the United Nations 1995) Natural colourants and dyestuffs, Vol 4. Publications Division, FAO, Rome

Feinsinger P, Linhart YB, Swarm LA, Wolfe JA (1979) Aspects of the pollination biology of three *Erythrina* species on Trinidad and Tobago. Ann. Missouri Bot. Gard. **66:** 451–471

Felicissimo MP, Bittencourt C, Houssiau L, Pireaux JJ (2004) Time-of-flight secondary ion mass spectrometry and x-ray photoelectron spectroscopy analyses of *Bixa orellana* seeds. Journal of Agricultural and Food Chemistry **52:** 1810–1814

Fernandes RB (1974) Sur l'identification d'une espèce de *Physalis* souspontanée au Portugal. Boletim Sociedade Broteriana **44:** 343–367

Ferreira SAN (1992) Biometria de frutos de araçá-boi (*Eugenia stipitata* McVaugh). Acta Amazonica **22:** 295–302

Ferro E, Schinini A, Maldonado M, Rosner J, Hirschmann GS (1988) *Eugenia uniflora* leaf extract and lipid metabolism in *Cebus apella* monkeys. Journal of Ethnopharmacology **24:** 321–325

Feugang JM, Konarski P, Zou DM, Stintzing FC, Zou CP (2006) Nutritional and medicinal use of Cactus pear (*Opuntia spp.*) cladodes and fruits. Frontiers in Bioscience **11:** 2574–2589

Feuillet C, MacDougal JM (2004) A new infrageneric classification of *Passiflora* L. (Passifloraceae). Passiflora **13:** 34–38

Flinte V, Araujo CO, de Macedo MV, Monteiro RF (2006) Phytophagous insects associated with *Byrsonima sericea* (Malpighiaceae) at restinga de Jurubatiba (Rio de Janeiro State). Revista Brasileira de Entomologia **50:** 512–523

Foissner W, Struder-Kypke M, van der Staay GWM, Moon-van der Staay SY, Hackstein JHP (2003) Endemic ciliates (Protozoa, Ciliophora) from tank bromeliads (Bromeliaceae): a combined morphological, molecular, and ecological study. European Journal of Protistology **39:** 365–372

Folkers K, Major RT (1937) Isolation of erythroidine, an alkaloid of curare action, from *E. americana*. Journal American Chemical Society **59:** 1580

Fowden L, Smith A, Millington DS, Sheppard RC (1969) Cyclopropane amino acids from *Aesculus* and *Blighia*. Phytochemistry **8:** 437–443

Franco MRB, Janzantti NS (2005) Aroma of minor tropical fruits. Flavour and Fragrance Journal **20:** 358–371

Franco MRB, Shibamoto T (2000) Volatile composition of some Brazilian fruits: Umbu-caja (*Spondias citherea*), Camu-camu (*Myrciaria dubia*), Araça-boi (*Eugenia stipitata*), and Cupuaçu (*Theobroma grandiflorum*). J. Agric. Food Chem. **48:** 1263–1265

Franke W (1997) Nutzpflanzenkunde. Thieme, Stuttgart

Frey-Wyssling A (1935) Die Stoffausscheidung der Höheren Pflanzen. Julius Springer, Berlin

Fries RE (1939) Revision der Arten einiger Annonaceen-Gattungen V. Acta Horti Berg. **12:** 289–577

Fries RE (1959) Annonaceae. *In* A Engler, K Prantl, eds, Die natürlichen Pflanzenfamilien, Ed 2 Vol 17a II. Dunckler & Humblot, Berlin, p 1–171

Frodin DG (2004) History and concepts of big plant genera. Taxon **53:** 753–776

Funa N, Ozawa H, Hirata A, Horinouchi S (2006) Phenolic lipid synthesis by type III polyketide synthases is essential for cyst formation in Azotobacter vinelandii. Proceedings of the National Academy of Sciences of the United States of America **103:** 6356–6361

Fölster-Holst R, Hausen BM, Brasch J, Christophers E (2001) Kontaktallergie auf Poison ivy (*Toxicodendron spp.*). Hautarzt **52:** 136–142

Galindo-Cuspinera V, Rankin SA (2005) Bioautography and chemical characterization of antimicrobial compound(s) in commercial water-soluble annatto extracts. Journal of Agricultural and Food Chemistry **53**: 2524–2529

Ganguly AK, Wang CH, Biswas D, Misiaszek J, Micula A (2006) Synthesis of novel heterocycles based on the structures of *Erythrina* alkaloids. Tetrahedron Letters **47**: 5539–5542

Gay C, Estrada F, Conde C, Eakin H, Villers L (2006) Potential impacts of climate change on agriculture: A case of study of coffee production in Veracruz, Mexico. Climatic Change **79**: 259–288

Geiss F, Heinrich M, Hunkler D, Rimpler H (1995) Proanthocyanidins with (+)-epicatechin units from *Byrsonima crassifolia* bark. Phytochemistry **39**: 635–643

Genaust H (1996) Etymologisches Wörterbuch der botanischen Pflanzennamen. Birkhäuser Verlag, Basel

Gillis W (1971) The systematics and ecology of poison-ivy and the poison-oaks (*Toxicodendron*, Anacardiaceae). Rhodora **73**: 72–159

Giordani R, Siepaio M, Moulintraffort J, Regli P (1991) Antifungal action of *Carica papaya* latex - Isolation of fungal cell-wall hydrolyzing enzymes. Mycoses **34**: 469–477

Gleason HA, Cronquist A (1991) Manual of vascular plants of northeastern United States and adjacent Canada, Ed 2nd. NY Botanical Garden, Bronx

Goodrich KR, Zjhra ML, Ley CA, Raguso RA (2006) When flowers smell fermented: The chemistry and ontogeny of yeasty floral scent in pawpaw (*Asimina triloba*: Annonaceae). International Journal of Plant Sciences **167**: 33–46

Gottsberger G (1989a) Beetle pollination and flowering rhythm of *Annona spp* (Annonaceae) In Brazil. Plant Systematics and Evolution **167**: 165–187

Gottsberger G (1989b) Comments on flower evolution and beetle pollination in the genera *Annona* and *Rollinia* (Annonaceae). Plant Systematics and Evolution **167**: 189–194

Gottsberger G (1999) Pollination and evolution in neotropical Annonaceae. Plant Species Biology **14**: 143–152

Gottsberger G, Silberbauer-Gottsberger I (2006) Life in the Cerrado, Vol 2, Pollination and Seed Dispersal. Reta Verlag, Ulm

Gottsberger G, Silberbauer-Gottsberger I (2006) Life in the Cerrado, Vol 1, Origin, Structure, Dynamics and Plant Use. Reta Verlag, Ulm

Green PS (1994) 258. *Passiflora mollissima*. The Kew Magazine **11**: 183–186

Griffith MP (2004a) What did the first cactus look like? An attempt to reconcile the morphological and molecular evidence. Taxon **53**: 493–499

Griffith MP (2004b) The origins of an important cactus crop, *Opuntia ficus-indica* (Cactaceae): New molecular evidence. American Journal of Botany **91**: 1915–1921

Griffith MP (2004c) Early cactus evolution: The postmodern view. Haseltonia: 3–11

Griffiths D (1914) Reversion in prickly pears. Journal of Heredity **5**: 222–225

Guin J, Beaman J (1986) Toxicodendrons of the United States. Clin Dermatol **4**: 137–148

Gupta MP, Correa MD, Solis PN, Jones A, Galdames C, Guionneausinclair F (1993) Medicinal plant inventory of Kuna Indians.1. Journal of Ethnopharmacology **40**: 77–109

Gysin HR (1984) Tropenfrüchte. AT Verlag, Aarau

Hansen AK, Escobar LK, Gilbert LE, Jansen RK (2007) Paternal, maternal, and biparental inheritance of the chloroplast genome in *Passiflora* (Passifloraceae): Implications for phylogenetic studies. American Journal of Botany **94**: 42–46

Hansen AK, Gilbert LE, Simpson BB, Downie SR, Cervi AC, Jansen RK (2006) Phylogenetic relationships and chromosome number evolution in *Passiflora*. Systematic Botany **31**: 138–150

Hargreaves RT, Johnson RD, Millington DS, Mondal MH, Beavers W, Becker L, Young C, Rinehart KLJ (1974) Alkaloids of American species of *Erythrina*. Lloydia **37**: 569–580

Harms H (1957) Zur Chemie des Karmins und seiner in der Mikroskopie verwendeten Lösungen. Naturwissenschaften **44**: 327

Harrington MG, Edwards KJ, Johnson SA, Chase MW, Gadek PA (2005) Phylogenetic inference in Sapindaceae sensu lato using plastid matK and rbcL DNA sequences. Systematic Botany **30**: 366–382

Hassall CH, John DI (1959) The constitution of hypoglycin B. Tetrahedron Letters: 7–8

Hassall CH, Reyle K (1955) Hypoglycin A and hypoglycin B: Two biologically active polypeptides from *Blighia sapida*. Biochemical Journal **60**: 334–339

Hassall CH, Reyle K, Feng P (1954) Hypoglycin A, B: Biologically active polypeptides from *Blighia sapida*. Nature **173**: 356–357

He CY, Saedler H (2007) Hormonal control of the inflated calyx syndrome, a morphological novelty, in *Physalis*. Plant Journal **49**: 935–946

Hedström I (1988) Una sustancia natural en la captura de moscas de la fruta del género *Anastrepha* Schiner (Diptera: Tephritidae). Revista de Biologia Tropical **36**: 269–272

Hegi G (1927) Illustrierte Floa von Mitteleuropa, Vol 5(4). Lehmann Verlag, München

Hegnauer R (1964) 12. Anacardiaceae. *In* Chemotaxonomie der Pflanzen, Vol 3. Birkhäuser, Basel, pp 90-115

Hegnauer R (1973) 226. Sapindaceae. *In* Dicotyledonae; Rafflesiaceae – Zygophylloaceae, Vol 6. Birkhäuser, Basel, p 271–287

Hegnauer R (1990) Sapindaceae. *In* Nachträge zu Band 5 und Band 6: (Magnoliaceae – Zygophyllaceae), Vol 9. Birkhäuser, Basel, p 486–496

Heiser Jr. CB (1985a) Little oranges of Quito. *In* Of plants and people. University of Oklahoma Press, Norman, Oklahoma, p 60–81

Heiser Jr. CB (1985b) Ethnobotany of the naranjilla (*Solanum quitoense*) and its relatives. Economic Botany **39**: 4–11

Heiser Jr. CB (1985c) Green ‹tomatoes› and purple ‹cucumbers›. *In* Of plants and people. University of Oklahoma Press, Norman, Oklahoma, p 128–141

Heiser Jr. CB (1989) Artificial hybrids In *Solanum* sect *Lasiocarpa*. Systematic Botany **14**: 3–6

Heller WE, Theiler-Hedtrich R (1994) Antagonism of *Chaetomium globosum*, *Gliocladium virens* and *Trichoderma viride* to four soil-borne *Phytophthora* species. Journal of Phytopathology **141**: 390–394

Henchoz D (1979) Brief vom 5.März (Pompaples VD) an H. Moreillon.

Hendrix RC, Litz RE, Kirchoff BK (1987) In vitro organogenesis and plant regeneration from leaves of *Solanum candidum* Lindl, *Solanum quitoense* Lam (Naranjilla) and *Solanum sessiliflorum* Dunal. Plant Cell Tissue and Organ Culture **11**: 67–73

Henry SH, Page SW, Bolger PM (1998) Hazard assessment of ackee fruit (*Blighia sapida*). Human and Ecological Risk Assessment **4**: 1175–1187

Hernandez-Hernandez FDC, de Munoz FGG, Rojas-Martinez A, Hernandez-Martinez S, Lanz-Mendoza H (2003) Carminic acid dye from the homopteran *Dactylopius coccus* hemolymph is consumed during treatment with different microbial elicitors. Archives of Insect Biochemistry and Physiology **54**: 37–45

Hess HD, Beuret RA, Lotscher M, Hindrichsen IK, Machmuller A, Carulla JE, Lascano CE, Kreuzer M (2004) Ruminal fermentation, methanogenesis and nitrogen utilization of sheep receiving tropical grass hay-concentrate diets offered with *Sapindus saponaria* fruits and *Cratylia argentea* foliage. Animal Science **79**: 177–189

Hilker M, Eschbach U, Dettner K (1992) Occurrence of anthraquinones in eggs and larvae of several *Galerucinae* (Coleoptera: Chrysomelidae). Naturwissenschaften **79**: 271–274

Hirschmann GS (1988) Ethnobotanical observations on Paraguayan Myrtaceae. I. Journal of Ethnopharmacology **22**: 73–79

Hopper KR (2003) USDA – Agricultural Research Service research on biological control of arthropods. Pest Manag. Sci. **59**: 643–653

Hou RCW, Chen YS, Huang JR, Jeng KCG (2006) Cross-linked bromelain inhibits lipopolysaccharide-induced cytokine production involving cellular signaling suppression in rats. Journal of Agricultural and Food Chemistry **54**: 2193–2198

Howard RA (1961) The correct names for ‹Diospyros ebenaster›. Journal of the Arnold Arboretum **42**: 430–435

Hu Y, Cecil A, Frank X, Gleye C, Figadère B, Brown R (2006) Natural *cis*-solamin is a mixture of two tetra-epimeric diastereoisomers: biosynthetic implications for Annonaceous acetogenins. Organic & Biomolecular Chemistry **4**: 1217–1219

Huber O (2006) Herbaceous ecosystems on the Guayana Shield, a regional overview. J. Biogeogr. **33**: 464–475

Hudson WDJ (1983) The relationship of wild and domesticated tomate, *Physalis philadelphica* Lamarck (Solanaceae). Ph. D. Dissertation. Indiana University, Bloomington

Hudson WDJ (1986) Relationships of domesticated and wild *P. philadelphica*. *In* D'Arcy W.G., ed, Solananceae – Biology and Systematics. Columbia University Press, New York, p 416–432

Humboldt A, von, Bonpland A (1805) Plantae aequinoctiales, Vol 1, Paris

Hunziker AT (2001) The genera of Solanaceae. A.R.G. Gantner Verlag K.G, Ruggell, Liechtenstein

Häsler B, Baumann TW (2000) Henri Pittier (1857-1950) – Leben und Werk eines Schweizer Naturforschers in der Neotropen. urspünglich Friedrich Reinhardt Verlag Basel; jetzt www.villacoffea.ch

Höglinger GU, Michel PP, Champy P, Feger J, Hirsch EC, Ruberg M, Lannuzel A (2005) Experimental evidence for a toxic etiology of tropical parkinsonism. Movement Disorders **20**: 118–119

Idstein H, Herres W, Schreier P (1984) High-resolution gas chromatography-mass spectrometry and -Fourier transform infrared analysis of Cherimoya (*Annona cherimolia* Mill.) volatiles. Journal of Agricultural and Food Chemistry **32**: 383–389

Ingram JS, Francis BJ (1969) The Annatto tree (*Bixa orellana*L.) – a guide to its occurrence, cultivation, preparation and uses. Tropical Science **11**: 97–102

Jablonski JE, Schlesser JE, Mariappagoudar P (2006) HPLC-UV method for nicotine, strychnine, and aconitine in dairy products. Journal of Agricultural and Food Chemistry **54**: 7460–7465

Jahn A (1937) Prof. Dr. Henry Pittier, Esbozo Biográfico. Boletín de la Sociedad Venezolana de Ciencias Naturales **4**: 1–43

Janzen DH (1983) Costa Rican natural history. University of Chicago Press, Chicago

Janzen DH, Lynn DG, Fellows LE, Hallwachs W (1982) The indole alkaloid hypaphorine and *Pterocarpus* seed protection. Phytochemistry **21**: 1035–1037

Jirovetz L, Buchbauer G, Ngassoum MB (1998) Essential oil compounds of the *Annona muricata* fresh fruit pulp from cameroon. Journal of Agricultural and Food Chemistry **46**: 3719–3720

Jolad SD, Hoffmann JJ, Schram KH, Cole JR, Tempesta MS, Kriek GR, Bates RB (1982) Uvaricin, a new antitumor agent from *Uvaria accuminata* (Annonaceae). Journal Organic Chemistry **47**: 3151–3153

Jordan MJ, Margaria CA, Shaw PE, Goodner KL (2003) Volatile components and aroma active compounds in aqueous essence and fresh pink guava fruit puree (*Psidium guajava* L.) by GC-MS and multidimensional GC/GC-O. Journal of Agricultural and Food Chemistry **51**: 1421–1426

Judd WS, Campbell CS, Kellog EA, Stevens PF (1999) Plant Systematics: A Phylogenetic Approach. Sinauer Associates, Inc., Sunderland USA

Kapp GR, Bamforth CW (2002) The foaming properties of proteins isolated from barley. Journal of the Science of Food and Agriculture **82**: 1276–1281

Kartesz JT, Ghandi KN (1994) Nomenclatural notes for the North American flora. XII. Phytologia **76**: 441–457

Khoshbakht K, Hammer K (2006) Savadkouh (Iran) - an evolutionary centre for fruit trees and shrubs. Genetic Resources and Crop Evolution **53**: 641–651

Killip EP (1938) The American species of *Passiflora*. Publications of Field Museum of Natural History, Botanical Series **19**: 1–613

Kitching RL (2001) Food webs in phytotelmata: ‹Bottom-up› and ‹top-down› explanations for community structure. Annual Review of Entomology **46**: 729–760

Klinac DJ (1986) Cape gooseberry (*Physalis peruviana*) production systems. New Zealand Journal of Experimental Agriculture **14**: 425–430

Knapp S, Bohs L, Nee M, Spooner DM (2004) Solanaceae – a model for linking genomics with biodiversity. Comparative and Functional Genomics **5**: 285–291

Konno K, Hirayama C, Nakamura M, Tateishi K, Tamura Y, Hattori M, Kohno K (2004) Papain protects papaya trees from herbivorous insects: role of cysteine proteases in latex. Plant Journal **37**: 370–378

Kostermans AJGH, Bompard JM (1993) The mangoes: Their botany, nomenclature, horticulture and utilization. Academic Press, London

Kral R (1960) A revision of *Asimina* and *Deeringothamnus* (Annonaceae). Brittonia **12**: 233–278

Krukoff BA (1939) The American species of *Erythrina*. Brittonia **3**: 205–337

Krukoff BA (1982) Notes on species of *Erythrina*. XVIII. Allertonia **3**: 121–138

Krukoff BA, Barneby RC (1974) Conspectus of species of the genus *Erythrina*. Lloydia **37**: 332–459

Kubo I, Komatsu S, Ochi M (1986) Molluscicides from the cashew *Anacardium occidentale* and their large-scale isolation. J. Agric. Food Chem. **34**: 970–973

Kubo J, Lee JR, Kubo I (1999) Anti-*Heliobacter pylori* agents from the cashew apple. J. Agric. Food Chem. **47:** 533–537

Kyndt T, Van Damme EJM, Van Beeumen J, Gheysen G (2007) Purification and characterization of the cysteine proteinases in the latex of *Vasconcellea spp.* Febs Journal **274:** 451–462

Kyndt T, Van Droogenbroeck B, Romeijn-Peeters E, Romero-Motochi JP, Scheldeman X, Goetghebeur P, Van Damme P, Gheysen G (2005) Molecular phylogeny and evolution of Caricaceae based on rDNA internal transcribed spacers and chloroplast sequence data. Molecular Phylogenetics and Evolution **37:** 442–459

Labra M, Grassi F, Bardini M, Imazio S, Guiggi A, Citterio S, Banfi E, Sgorbati S (2003) Genetic relationships in *Opuntia* Mill. genus (Cactaceae) detected by molecular marker. Plant Science **165:** 1129–1136

Lai M, Liu L, Liu H (1991) Mechanistic study of the inactivation of general acyl-CoA dehydrogenase by a metabolite of hypoglycin A. Journal American Chemical Society **113:** 7388–7397

Lambers H, Colmer TD (2005) Root physiology - from gene to function - Preface. Plant and Soil **274:** VII–XV

Lannuzel A, Michel PP, Caparros-Lefebvre D, Abaul J, Hocquemiller R, Ruberg M (2002) Toxicity of Annonaceae for dopaminergic neurons: Potential role in atypical parkinsonism in Guadeloupe. Movement Disorders **17:** 84–90

Leal F (1990) Sugar apple. *In* S Nagy, PE Shaw, WF Wardowski, eds, Fruits of tropical and subtropical origin. Florida Science Source, Inc., Lake Alfred, Florida, p 149–158

Leboeuf M, Cavé A, Bhaumik PK, Mukherjee B, Mukherjee R (1982) The phytochemistry of the Annonaceae. Phytochemistry **21:** 2783–2813

Legge AP (1974) Notes on the history, cultivation and uses of *Physalis peruviana* L. Journal of the Royal Horticultural Society **99:** 310–314

Lehane MJ (1997) Peritrophic matrix structure and function. Annual Review of Entomology **42:** 525–550

Lehman AJ (1937) Actions of *Erythrina americana*, a possible curare substitute. J Pharmacol and Experimental Therapeutics **60:** 69–81

Leipner J, Iten F, Saller R (2001) Therapy with proteolytic enzymes in rheumatic disorders. Biodrugs **15:** 779–789

Leipner J, Saller R (2000) Systemic enzyme therapy in oncology - Effect and mode of action. Drugs **59:** 769–780

Leonti M, Vibrans H, Sticher O, Heinrich M (2001) Ethnopharmacology of the Popoluca, Mexico: an evaluation. Journal of Pharmacy and Pharmacology **53:** 1653–1669

Lestringant F (1997) Le Brésil d'André Thevet – Les Singularités de la France Antarctique (1557). Éditions Chandeigne – Librairie Portugaise, Paris

Levin RA, Myers NR, Bohs L (2006) Phylogenetic relationships among the ‹spiny solanums› (*Solanum* subgenus *Leptostemonum*, Solanaceae). American Journal of Botany **93:** 157–169

Ley A (2000) Lost in worm space: phylogeny and morphology as road maps to nematode diversity. Nematology **2:** 9–16

Lindberg A (2001) Class, caste, and gender among cashew workers in the south Indian state of Kerala 1930–2000. International Review of Social History **46:** 155–184

Linder H, Rudall P (2005) Evolutionary history of Poales. Annu. Rev. Ecol. Evol. Syst. **36:** 107–124

Linko AM, Adlercreutz H (2005) Whole-grain rye and wheat alkylresorcinols are incorporated into human erythrocyte membranes. British Journal of Nutrition **93**: 10–13

Lizada C (1993) Mango. *In* GB Seymour, JE Taylor, GA Tucker, eds, Biochemistry of fruit ripening. Chapman & Hall, London, p 255–271

Lizana LA, Reginato G (1990) Cherimoya. *In* S Nagy, PE Shaw, WF Wardowski, eds, Fruits of tropical and subtropical origin. Florida Science Source, Inc., Lake Alfred, Florida, p 131–148

Lobo JA, Quesada M, Stoner KE (2005) Effects of pollination by bats on the mating system of *Ceiba pentandra* (Bombacaceae) populations in two tropical life zones in Costa Rica. American Journal of Botany **92**: 370–376

Lopez LCS, Filizola B, Deiss I, Rios RI (2005) Phoretic behaviour of bromeliad annelids (*Dero*) and ostracods (*Elpidium*) using frogs and lizards as dispersal vectors. Hydrobiologia **549**: 15–22

Lopez LCS, Goncalves DA, Mantovani A, Rios RI (2002) Bromeliad ostracods pass through amphibian (*Scinaxax perpusillus*) and mammalian guts alive. Hydrobiologia **485**: 209–211

Lopez LCS, Rodrigues P, Rios RI (1999) Frogs and snakes as phoretic dispersal agents of bromeliad ostracods (Limnocytheridae: *Elpidium*) and annelids (Naididae: *Dero*). Biotropica **31**: 705–708

Lucas EJ, Belsham SR, Lughadha EMN, Orlovich DA, Sakuragui CM, Chase MW, Wilson PG (2005) Phylogenetic patterns in the fleshy-fruited Myrtaceae - preliminary molecular evidence. Plant Systematics and Evolution **251**: 35–51

Mabberley DJ (1997) The Plant-Book. Cambridge University Press, Cambridge

Maezaki N, Kojima N, Tanak T (2006) Systematic synthesis of diastereomeric THF ring cores and total synthesis of anti-tumor Annonaceous acetogenins. SYNLETT **7**: 993–1003

Maier I, Jurenitsch J, Heresch F, Haslinger E, Schulz G, Pohm M, Jentzsch K (1981) Fluorodaturatin and Homofluorodaturatin. Two new ß-carboline derivatives in seeds of *Datura stramonium* L. var. stramonium. Monatshefte für Chemie **112**: 1425–1439

Mallavadhani UV, Panda AK, Rao YR (1998) Pharmacology and chemotaxonomy of *Diospyros*. Phytochemistry **49**: 901–951

Martin F, Kohler A, Duplessis S (2007) Living in harmony in the wood underground: ectomycorrhizal genomics. Current Opinion in Plant Biology **10**: 204–210

Martin FW, Nakasone HY (1970) The edible species of *Passiflora*. Economic Botany **24**: 333–345

Martins TR, Barkman TJ (2005) Reconstruction of Solanaceae phylogeny using the nuclear gene SAMT. Systematic Botany **30**: 435–447

Martínez M (1999) Infrageneric taxonomy of *Physalis. In* M Nee, DE Symon, RN Lester, JP Jessop, eds, Solanaceae IV: Advances in Biology and Utilization. Royal Botanical Gardens, Kew, p 275–283

Massarani G, Passos M, Barreto D (1992) Production of annatto concentrates in spouted beds. Can. J. Chem. Eng. **70**: 954–959

Matsuo T, Itoo S (1982) A model experiment for de-astringency of persimmon fruit with high-carbon dioxide treatment - In vitro gelation of Kaki-tannin by reacting with acetaldehyde. Agricultural and Biological Chemistry **46**: 683–689

Mattila P, Pihlava JM, Hellstrom J (2005) Contents of phenolic acids, alkyl- and alkenylresorcinols, and avenanthramides in commercial grain products. Journal of Agricultural and Food Chemistry **53**: 8290–8295

Maudslay AP (1883) Explorations in Guatemala, and examination of the newly-discovered Indian ruins of Quirigá, Tikal and the Usumacinta. Proceedings of the Royal Geographical Society and Monthly Record of Geography, New Monthly Series **5**: 185–204

Maurer HR (2001) Bromelain: biochemistry, pharmacology and medical use. Cellular and Molecular Life Sciences **58**: 1234–1245

Mauseth JD (2006) Structure-function relationships in highly modified shoots of Cactaceae. Annals of Botany **98**: 901–926

McCage CM, Ward SM, Paling CA, Fisher DA, Flynn PJ, McLaughlin JL (2002) Development of a paw paw herbal shampoo for the removal of head lice. Phytomedicine **9**: 743–748

McCook S (1999) Creole Science: Botanical Surveys of Costa Rica, 1880-1940. Endeavour **23**: 118–120

McCook S (2002a) States of nature: Science, agriculture, and environment in the Spanish Caribbean, 1760–1940. University of Texas Press, Austin

McCook S (2002b) Giving plants a civil status: Scientific representations of nature and nation in Costa Rica and Venezuela, 1885–1935. The Americas **58**: 513–536

McVaugh (1956) Tropical American Myrtaceae. Notes on generic conceprs and descriptions of previously unrecognized species. Fieldiana: Botany **29**: 143–228

McVaugh R (1968) The genera of American Myrtaceae – an interim report. Taxon **17**: 354–418

Meier B (1995a) Passiflorae herba – pharmazeutische Qualität. Zeitschrift für Phytotherapie **16**: 90–96

Meier B (1995b) *Passiflora incarnata* L. - Passionsblume. Portrait einer Arzneipflanze. Zeitschrift für Phytotherapie **16**: 115–126

Mestre LAM, Aranha JMR, Esper MDP (2001) Macroinvertebrate fauna associated to the bromeliad *Vriesea inflata* of the Atlantic Forest (Parana State, southern Brazil). Brazilian Archives of Biology and Technology **44**: 89–94

Meyer-Holdampf V (1985) Carl Gustav Bernoulli und Tikal. Ein Universalgelehrter des 19. Jahrhunderts in Guatemala. Verh. Naturforsch. Ges. Basel **95**: 17–96

Milliken W (1998) Structure and composition of one hectare of central Amazonian terra firme forest. Biotropica **30**: 530–537

Mitchell JD (1992) Additions to *Anacardium* (Anacardiaceae). *Anacardium amapaënse*, a new species from French Guiana and Eastern Amazonian Brazil. Brittonia **44**: 331–338

Mitchell JD, Mori SA (1987) The cashew and its relatives (*Anacardium:* Anacardiaceae). Memoirs of the New York Botanical Garden **42**: 1–76

Mohan S, Ma PWK, Pechan T, Bassford ER, Williams WP, Luthe DS (2006) Degradation of the *Spodoptera frugiperda* peritrophic matrix by an inducible maize cysteine protease. Journal of Insect Physiology **52**: 21–28

Morales AL, Duque C, Bautista E (2000) Identification of free and glycosidically bound volatiles and glycosides by capillary GC and capillary GC-MS in ‹lulo del Choco‹ (*Solanum topiro*). Journal of High Resolution Chromatography **23**: 379–385

Morton SE (1979) Effective pollination of *Erythrina fusca* by the orchard oriole (*Icterus spurius*): coevolved behavioral manipulation? Annals of the Missouri Botanical Garden **66**: 482–489

Motamayor JC, Risterucci AM, Lopez PA, Ortiz CF, Moreno A, Lanaud C (2002) Cacao domestication I: the origin of the cacao cultivated by the Mayas. Heredity **89**: 380–386

Mueller LA, Solow TH, Taylor N, Skwarecki B, Buels R, Binns J, Lin CW, Wright MH, Ahrens R, Wang Y, Herbst EV, Keyder ER, Menda N, Zamir D, Tanksley SD (2005) The SOL Genomics Network. A comparative resource for Solanaceae biology and beyond. Plant Physiology **138**: 1310–1317

Munier R (1962) La culture du lulo en Colombie. Fruits **17**: 91–92

Muschner VC, Lorenz AP, Cervi AC, Bonatto SL, Souza-Chies TI, Salzano FM, Freitas LB (2003) A first molecular phylogenetic analysis of *Passiflora* (Passifloraceae). American Journal of Botany **90**: 1229–1238

Muschner VC, Lorenz-Lemke AP, Vecchia M, Bonatto SL, Salzano FM, Freitas LB (2006) Differential organellar inheritance in *Passiflora*'s (Passifloraceae) subgenera. Genetica **128**: 449–453

Nair PKR, Muschler RG (1993) Agroforestry. *In* L Pancel, ed, Tropical Forestry Handbook, Vol 2. Springer-Verlag, Berlin, p 983–1057

Nandi OI (1998) Ovule and seed anatomy of *Cistaceae* and related *Malvanae*. Plant Systematics and Evolution **209**: 239–264

Neuwinger HD (1994) Afrikanische Arzneipflanzen und Jagdgifte. Wissenschaftliche Verlagsgesellschaft, Stuttgart

Ni W, Hua Y, Liu HY, Teng RW, Kong YC, Hu XY, Chen CX (2006) Tirucallane-type triterpenoid saponins from the roots of *Sapindus mukorossi*. Chemical & Pharmaceutical Bulletin **54**: 1443–1446

Nyffeler R (2002) Phylogenetic relationships in the cactus family (Cactaceae) based on evidence from trnK/matK and trnL-trnF sequences. American Journal of Botany **89**: 312–326

Nyffeler R (2007) The closest relatives of cacti: Insights from phylogenetic analyses of chloroplast and mitochondrial sequences with special emphasis on relationships in the tribe Anacampseroteae. American Journal of Botany **94**: 89–101

Nyffeler R, Bayer C, Alverson WS, Yen A, Whitlock BA, Chase MW, Baum DA (2005) Phylogenetic analysis of the Malvadendrina clade (Malvaceae s.l.) based on plastid DNA sequences. Organisms Diversity & Evolution **5**: 109–123

Obermeier F (2003) THEVET, André OFM, später säkularisiert. *In* Biographisch-Bibliographisches Kirchenlexikon, BBKL, Vol 22. Verlag Traugott Bautz, Spalten 1348–1358

Ohler JG (1979) Cashew. Koninklijk Instituut voor de Tropen, Amsterdam

Oka K, Saito F, Yasuhara T, Sugimoto A (2004) A study of cross-reactions between mango contact allergens and urushiol. Contact Dermatitis **51**: 292–296

Olaya CI (1991) Frutas de América tropical y tubtropical. Historia y usos. Grupo Editorial Norma, Barcelona

Oliveira AL, Lopes RB, Cabral FA, Eberlin MN (2006) Volatile compounds from pitanga fruit (*Eugenia uniflora* L.). Food Chemistry **99**: 1–5

Olmstead RG, Sweere JA, Spangler RE, Bohs L, Palmer JD (1995) Phylogeny and provisional classification of the Solanaceae based on chloroplast DNA. *In* M Nee, D

Symon, J Jessop, JG Hawkes, eds, Solanaceae IV, Advances in biology and utilization. Royal Botanic Gardens, Kew, p 111–137

Orebamjo TO, Porteous G, Stewart GR (1982) Nitrate reductase in the genus *Erythrina*. Allertonia **3**: 11–18

Osorio C, Duque C, Fujimoto Y (1999) C-13-norisoprenoid glucoconjugates from lulo (*Solanum quitoense* L.) leaves. Journal of Agricultural and Food Chemistry **47**: 1641–1645

Passos M, Oliveira L, Franca A, Massarani G (1998) Bixin powder production in conical spouted bed units. Drying Technology **16**: 1855–1879

Payne LD, Foley JP (1992) The presence of dihydroerythroidines in the milk of goats fed *Erythrina poeppigiana* and *E. berteroana* foliage. *In* VK Agarwal, ed, Analysis of antibiotic/drug residues in food products of animal origin. Plenum Press, New York, p 211–223

Pennington TD (1990) Flora Neotropica, Monograph 52, Sapotaceae. The New York Botanical Garden, New York

Pennington TD (1991) The Genera of the Sapotaceae. Royal Botanic Gardens, Kew

Perfectti F, Pascual L (2005) Genetic diversity in a worldwide collection of cherimoya cultivars. Genetic Resources and Crop Evolution **52**: 959–966

Pettit GR, Cragg GM, Polonsky J, Herald DL, Goswami A, Smith CR, Moretti C, Schmidt JM, Weisleder D (1987) Antineoplastic agents. 132. Isolation and structure of rolliniastatin-1 from the South-American tree *Rollinia mucosa*. Canadian Journal of Chemistry-Revue Canadienne de Chimie **65**: 1433–1435

Pierce S, Maxwell K, Griffiths H, Winter K (2001) Hydrophobic trichome layers and epicuticular wax powders in Bromeliaceae. American Journal of Botany **88**: 1371–1389

Pilger R (1925) Bixaceae. *In* A Engler, ed, Die natürlichen Pflanzenfamilien, Ed 2. Vol 21. Wilhelm Engelmann, Leipzig, p 313–315

Pino JA, Marbot R, Vasquez C (2002) Characterization of volatiles in Costa Rican guava [*Psidium friedrichsthalianum* (Berg) Niedenzu] fruit. Journal of Agricultural and Food Chemistry **50**: 6023–6026

Pino JA, Bello A, Urquiola A, Aguero J, Marbot R (2003) Fruit volatiles of Cayena cherry (*Eugenia uniflora* L.) from Cuba. Journal of Essential Oil Research **15**: 70–71

Pino JA, Marbot R, Rosado A, Vázquez C (2004) Volatile constituents of Maly rose apple (*Syzygium malaccense* (L.) Merr. & Perry). Flavour and Fragrance Journal **19**: 32–35

Pittier H (1880) Notes sur quelques phénomènes électriques constatés pendant un orage au sommet du Wildhorn (3264 m). Bulletin de la Société vaudoise des Sciences naturelles **16**: 543–546

Pittier H (1889) Sobre los fenómenos seísmicos y volcánicos ocurridos en la Meseta Central en diciembre de 1888. Informe: Extracto de la ‹Gaceta, Diario Oficial› No. 12 del 17 de enero de 1889. pp 1881–1884

Pittier H (1891) Viaje de exploración al valle del Río Grande de Térraba. Tip. Nacional, San José

Pittier H (1908) Ensayo sobre las plantas usuales de Costa Rica. H.L. & J.B. McQueen, Inc., Washington, D.C., USA

Pittier H (1914) New or noteworthy plants from Colombia and Central America-4. Contr. US Nat. Herb. **18**: 69–86

Pittier H (1919) On the origin of chicle with descriptions of two new species of *Achras*. Journal of the Washington Academy of Sciences 9: 431–438

Pittier H (1925) L'origine hybride des cacayoyers cultivés. Rev. Bot. Appl. 5: 908–915

Pittier H (1926) Manual de las plantas usuales de Venezuela, Ed 1. Litografía del Comercio, Caracas

Pittier H (1938) Apuntaciones etnológicas sobre los Indios Bribri. Serie Etnológica, Museo Nacional, San José 1: 11–28

Plotze RD, Falvo M, Padua JG, Bernacci LC, Vieira MLC, Oliveira GCX, Bruno OM (2005) Leaf shape analysis using the multiscale Minkowski fractal dimension, a new morphometric method: a study with *Passiflora* (Passifloraceae). Canadian Journal of Botany-Revue Canadienne de Botanique 83: 287–301

Popenoe W (1952) Central American fruit culture. Ceiba 1/5: 269–367

Pott I, Breithaupt DE, Carle R (2003a) Detection of unusual carotenoid esters in fresh mango (*Mangifera indica* L. cv. ‹Kent›). Phytochemistry 64: 825–829

Pott I, Marx M, Neidhart S, Muhlbauer W, Carle R (2003b) Quantitative determination of beta-carotene stereoisomers in fresh, dried, and solar-dried mangoes (*Mangifera indica* L.). Journal of Agricultural and Food Chemistry 51: 4527–4531

Queiroz EF, Ahua KM, Hostettmann K (2005) Investigation of medicinal plants for the treatment of neglected diseases. Chimia 59: 299–302

Ramirez E, Rivero MD (1936) Contribucion al estudio de la accion farmacodinamica de la *Erythrina americana*. Anales del Instituto de Biologia, Mexico. Serie Biologia Experimental 7: 301–305

Rashford J (2001) Those that do not smile will kill me: The ethnobotany of the ackee in Jamaica. Economic Botany 55: 190–211

Rastrelli L, DeTommasi N, Berger I, Caceres A, Saravia A, DeSimone F (1997) Glycolipids from *Byrsonima crassifolia*. Phytochemistry 45: 647–650

Raubenheimer D (1989) Cyanoglycoside gynocardin from *Acraea horta* (L) (Lepidoptera, Acraeinae). Possible implications for evolution of Acraeine host Choice. Journal of Chemical Ecology 15: 2177–2189

Raven PH (1974) *Erythrina* (Fabaceae): Achievements and opportunities. Lloydia 37: 321–331

Rehm S, Espig G (1991) The cultivated plants of the tropics and subtropics. Margraf, Weikersheim

Rezende CM, Fraga SRG (2003) Chemical and aroma determination of the pulp and seeds of murici (*Byrsonima crassifolia* L.). Journal of the Brazilian Chemical Society 14: 425–428

Rochefort C (1681) Histoire naturelle et morale des îles Antilles de l'Amérique. Arnould Leers, Rotterdam

Rohweder O, Endress PK (1983) Samenpflanzen – Morphologie und Systematik der Angiospermen und Gymnospermen. Georg Thieme Verlag, Stuttgart

Romero GQ, Mazzafera P, Vasconcellos-Neto J, Trivelin PCO (2006) Bromeliad-living spiders improve host plant nutrition and growth. Ecology 87: 803–808

Ronse De Craene LP, Haston E (2006) The systematic relationships of glucosinolate-producing plants and related families: a cladistic investigation based on morphological and molecular characters. Botanical Journal of the Linnean Society 151: 453–494

Runyoro DKB, Ngassapa OD, Matee MIN, Joseph CC, Moshi MJ (2006) Medicinal plants used by Tanzanian traditional healers in the management of *Candida* infections. Journal of Ethnopharmacology 106: 158–165

Rupprecht JK, Hui Y-H, McLaughlin JL (1990) Annonaceous acetogenins: a review. Journal of Natural Products **53**: 237–278

Salgueiro F, Felix D, Caldas JF, Margis-Pinheiro M, Margis R (2004) Even population differentiation for maternal and biparental gene markers in *Eugenia uniflora*, a widely distributed species from the Brazilian coastal Atlantic rain forest. Diversity and Distributions **10**: 201–210

Sandermann W, Funke H (1970) Resistance of old Maya temple woods to termites due to saponins. Naturwissenschaften **57**: 407–414

Sano T, Kamiko M, Toda J, Hosoi S, Tsuda Y (1994) Asymmetric [2+2] photocylcoaddition reaction of a chiral dioxopyrroline to 2-(trimethylsilyloxy)butadiene: chiral synthesis of *Erythrina* alkaloids. Chem Pharm Bull **42**: 1373–1375

Sathe SK, Kshirsagar HH, Roux KH (2005) Advances in seed protein research: A perspective on seed allergens. Journal of Food Science **70**: R93–R120

Schieber A, Carle R (2005) Occurrence of carotenoid *cis*-isomers in food: Technological, analytical, and nutritional implications. Trends in Food Science & Technology **16**: 416–422

Schimper AFW (1888) Die epiphytische Vegetation Amerikas. Gustav Fischer Verlag, Jena

Schultes RE (1958) A synopsis of the genus *Herrania*. Journal Arnold Arboretum **39**: 216–295

Schultes RE, Hofmann A (1980) Pflanzen der Götter. Hallwag Verlag, Bern und Stuttgart

Schultes RE, Romero-Castañeda R (1962) Edible fruits of *Solanum* in Colombia. Bot. Mus. Leafl. (Harvard) **19**: 235–286

Schwarzenbach AM (1992) *Manilkara zapodilla* und sein Gummi – Dem Kaugummi auf der Spur. Der Gartenbau **27**: 1126–1128

Schönenberger J, Anderberg AA, Sytsma KJ (2005) Molecular phylogenetics and patterns of floral evolution in the Ericales. International Journal of Plant Sciences **166**: 265–288

Sherratt HSA (1986) Hypogycin, the famous toxin of the unripe Jamaican ackee fruit. TIPS: 186–191

Shilpi JA, Taufiq-Ur-Rahman M, Uddin SJ, Alam MS, Sadhu SK, Seidel V (2006) Preliminary pharmacological screening of *Bixa orellana* L. leaves. Journal of Ethnopharmacology **108**: 264–271

Shiota H (1991) Volatile components of pawpaw fruit (*Asimina triloba* Dunal). J. Agric. Food Chem. **39**: 1631–1635

Shobha SV, Ravindranath B (1991) Supercritical carbon dioxide and solvent extraction of the phenolic lipids of cashew nut (*Anacardium occidentale*) shells. J. Agric. Food Chem. **39**: 2214–2217

Silberbauer-Gottsberger I, Gottsberger G, Webber AC (2003) Morphological and functional flower characteristics of New and Old World Annonaceae with respect to their mode of pollination. Taxon **52**: 701–718

Silva CRS, Figueira A (2005) Phylogenetic analysis of *Theobroma* (Sterculiaceae) based on Kunitz-like trypsin inhibitor sequences. Plant Systematics and Evolution **250**: 93–104

Sivinski J, Aluja M, Holler T (1999) The distributions of the Caribbean fruit fly, *Anastrepha suspensa* (Tephritidae) and its parasitoids (Hymenoptera: Braconidae) within the canopies of host trees. Florida Entomologist **82**: 72–81

Smith RF, Field A (2001) Aspectos de la ecología de *Gyranthera caribensis* Pittier (Bombacaceae) y su implicación en la conservación de algunos bosques del norte de Venezuela. **24:** 143–202

Smith SD, Baum DA (2006) Phylogenetics of the florally diverse Andean clade Iochrominae (Solanaceae). American Journal of Botany **93:** 1140–1153

Sokal RR, Sneath PHA, eds (1963) Principles of numerical taxonomy. Freeman, San Francisco

Sotelo A, Soto M, Lucas B, Giral F (1993) Comparative studis of the alkaloidal composition of two Mexican *Erythrina* species and nutritive value of the detoxified seeds. Journal Agric. Food Chem. **41:** 2340–2343

Soto-Hernandez M, Jackson AH (1993) Studies of alkaloids in foliage of *Erythrina berteroana* and *E. poeppigiana*: Detection of b-Erythroidin in goats milk. Phytochemical Analysis **4:** 97–99

Soto-Hernandez M, Jackson AH (1994) *Erythrina* alkaloids: isolation and characterisation of alkaloids from seven *Erythrina* species. Planta **60:** 175–177

Sparg SG, Light ME, van Staden J (2004) Biological activities and distribution of plant saponins. Journal of Ethnopharmacology **94:** 219–243

Spencer KC, Seigler DS (1983) Cyanogenesis of *Passiflora edulis*. J. Agric. Food Chem. **31:** 794–796

Spencer KC, Seigler DS (1985) Co-occurrence of valine/isoleucine-derived and cyclopentenoid cyanogens in a *Passiflora* species. Biochemical Systematics and Ecology **13:** 303–304

Standley PC (1919) The Mexican and Central American species of *Erythrina*. Studies of tropical phanerogams. No. 3. Contr. US Natl. Herb. **20:** 175–182

Standley PC (1922) *Erythrina*. Trees and shrubs of Mexico (Fagaceae-Fabaceae). Contr. US Natl. Herb. **23:** 498–502

Steele JC (2005) Parkinsonism-dementia complex of Guam. Movement Disorders **20:** S99–S107

Sterling T (1992) Der Amazonas. Time-Life

Stintzing FC, Carle R (2005) Cactus stems *(Opuntia spp.)*: A review on their chemistry, technology, and uses. Molecular Nutrition & Food Research **49:** 175–194

Stoll D (1999) I, Rigoberta Menchu and the story of all poor Guatemalans. Westview Press, Boulder

Stoll O (1886) Guatemala, Reisen und Schilderungen aus den Jahren 1878–1883. F.A. Brockhaus, Leipzig

Suarez M, Duque C, Wintoch H, Schreier P (1991) Glycosidically bound aroma compounds from the pulp and the peelings of fulo Fruit (*Solanum vestissimum* D). Journal of Agricultural and Food Chemistry **39:** 1643–1645

Swenson U, Anderberg AA (2005) Phylogeny, character evolution, and classification of Sapotaceae (Ericales). Cladistics **21:** 101–130

Symon DE (1981) The solanaceous genera, *Browallia, Capsicum, Cestrum, Cyphomandra, Hyoscyamus, Lycopersicon, Nierembergia, Physalis, Petunia, Salpichroa* and *Whitania*, naturalised in Australia. J. Adelaide Bot. Gard. **3:** 133–166

Sytsma KJ, Litt A, Zjhra ML, Pires JC, Nepokroeff M, Conti E, Walker J, Wilson PG (2004) Clades, clocks, and continents: Historical and biogeographical analysis of Myrtaceae, Vochysiaceae, and relatives in the Southern Hemisphere. International Journal of Plant Sciences **165:** S85–S105

Taira S, Ono M, Matsumoto N (1997) Reduction of persimmon astringency by complex formation between pectin and tannins. Postharvest Biology and Technology **12**: 265–271

Tamayo F (1985) Imagen y Huella de Henri François Pittier, 1853 [1857!]–1950. Publicaciones Intervep, Centro de Investigación y Desarrollo de Petróleos de Venezuela, Caracas

Targoni OS, Tary-Lehmann M, Lehmann PV (1999) Prevention of murine EAE by oral hydrolytic enzyme treatment. Journal of Autoimmunity **12**: 191–198

Taussig SJ, Batkin S (1988) Bromelain, the enzyme complex of pineapple (*Ananas comosus*) and its clinical application - an update. Journal of Ethnopharmacology **22**: 191–203

Teixeira JRM, Lapa AJ, Souccar C, Valle JR (1984) Timbós – Ichthyotoxic plants used by Brazilian Indians. Journal of Ethnopharmacology **10**: 311–318

ter Steege H, Pitman NCA, Phillips OL, Chave J, Sabatier D, Duque A, Molino JF, Prevost MF, Spichiger R, Castellanos H, von Hildebrand P, Vasquez R (2006) Continental-scale patterns of canopy tree composition and function across Amazonia. Nature **443**: 444–447

Tessier AM, Nolot P, Hoffelt J, Gaugain B, Delaveau P (1977) Chemical pharmacological and clinical studies about ancestral and new chewing materials. 3. Elastomers of Apocynaceae and Sapotaceae. Annales Pharmaceutiques Francaises **35**: 37–43

Texera Y (1998) La modernización difícil. Henri Pittier en Venezuela, 1920–1950. Fundación Polar, Caracas

Thompson J, Proctor J, Viana V, Milliken W, Ratter JA, Scott DA (1992) Ecological studies on a lowland evergreen rain forest on Maraca Island, Roraima, Brazil.1. Physical environment, forest structure and leaf chemistry. Journal of Ecology **80**: 689–703

Tokitomo Y, Steinhaus M, Buttner A, Schieberle P (2005) Odor-active constituents in fresh pineapple (*Ananas comosus* [L.] Merr.) by quantitative and sensory evaluation. Bioscience Biotechnology and Biochemistry **69**: 1323–1330

Tomassini TCB, Barbi NS, Ribeiro IM, Xavier DCD (2000) Genus *Physalis* - A revision of withasteroids. Quimica Nova **23**: 47–57

Trujillo EE, Kadooka C, Tanimoto V, Bergfeld S, Shishido G, Kawakami G (2001) Effective biomass reduction of the invasive weed species banana poka by *Septoria* leaf spot. Plant Disease **85**: 357–361

Tschapka M, Dressler S (2002) Chiropterophily: On bat flowers and flower bats. Curtis's Botanical Magazine (ser. 6) **19**: 114–125

Tsukada M, Asai M, Higuchi H (2005) Developmental period and adult size of *Haptoncus ocularis* (Coleoptera: Nitidulidae) at four temperature conditions. Applied Entomology and Zoology **40**: 489–495

Tyman JHP, Kozubek A (1999) Resorcinolic lipids, the natural non-isoprenoid phenolic amphiphiles and their biological activity. Chemical Reviews **89**: 1–25

Tyman JHP, Tychopolous V, Chan P (1984) Long-chain phenols. XXV. Quantitative analysis of natural cashew nut-shell liquid (*Anacardium occidentale*) by high-performance liquid chromatography. J Chromatogr **303**: 137–150

Tyman JHP, Wilczinski D, Kashani MA (1978) Compositional studies on technical cashew nutshell liquid (CNSL) by chromatography and mass spectroscopy. J. Amer. Oil Chemist's Soc. **55**: 663–668

Uldry JP (1987) Guerrard-Samuel Perrottet, naturaliste fribourgeois au service de la France. *In* Les Fribourgeois sur la planète. Bibliothèque cantonale et universitaire, Fribourg, p 40–46

Uphof JCT (1968) Dictionary of economic plants. J. Cramer, Lehre

van der Pijl L (1982) Principles of dispersal in higher plants. Springer-Verlag, Berlin

Van Droogenbroeck B, Kyndt T, Maertens I, Romeijn-Peeters E, Scheldeman X, Romero-Motochi JP, Van Damme P, Goetghebeur P, Gheysen G (2004) Phylogenetic analysis of the highland papayas (*Vasconcellea*) and allied genera (Caricaceae) using PCR-RFLP. Theoretical and Applied Genetics **108**: 1473–1486

Van Droogenbroeck B, Kyndt T, Romeijn-Peeters E, Van Thuyne W, Goetghebeur P, Romero-Motochi JP, Gheysen G (2006) Evidence of natural hybridization and introgression between *Vasconcellea* species (Caricaceae) from southern Ecuador revealed by chloroplast, mitochondrial and nuclear DNA markers. Annals of Botany **97**: 793–805

Van Droogenbroeck B, Maertens I, Haegeman A, Kyndt T, O'Brien C, Drew RA, Gheysen G (2005) Maternal inheritance of cytoplasmic organelles in intergeneric hybrids of *Carica papaya* L. and *Vasconcellea spp.* (Caricaceae Dumort., Brassicales). Euphytica **143**: 161–168

van Kanten R, Beer J (2005) Production and phenology of the fruit shrub *Eugenia stipitata* in agroforestry systems in Costa Rica. Agroforestry Systems **64**: 203–209

van Kanten RF (1994) Productividad y fenología del arazá (*Eugenia stipitata* McVaugh) bajo tres sistemas agroforestales en Baja Talamanca, Costa Rica. Mag. Sc. CATIE, Turrialba

Vanderplanck J (1991) Passion Flowers. Cassell Publishers Limited, London

Velisek J, Kubec R, Cejpek K (2006) Biosynthesis of food constituents: Amino acids: 4. Non-protein amino acids - A review. Czech Journal of Food Sciences **24**: 93–109

Verheij EWM (1991) Mangifera indica L. *In* EWM Verheij, RE Coronel, eds, Edible fruits and nuts, Vol 2. Pudoc, Wageningen, pp 211-216

Verheij EWM, Coronel RE (1991) Edible fruits and nuts, Vol 2. Pudoc, Wageningen

Vessey JK, Pawlowski K, Bergman B (2005) Root-based N_2-fixing symbioses: Legumes, actinorhizal plants, *Parasponia sp.* and cycads. Plant and Soil **274**: 51–78

Vinson SB, Williams HJ, Frankie GW, Shrum G (1997) Floral lipid chemistry of *Byrsonima crassifolia* (Malpigheaceae) and a use of floral lipids by *Centris* bees (Hymenoptera: Apidae). Biotropica **29**: 76–83

Vivar HE, Pinchinat AM (1970) Viability of seed from interspecific crosses with naranjilla (*Solanum quitoense)*. Crop Science **10**: 450–452

Vogel S (1974) Ölblumen und ölsammelnde Bienen, Vol 7. Akademie der Wissenschaften und der Literatur, Mainz

von der Pahlen A (1977) Cubiu (*Solanum topiro* Humbl. & Bonpl.), uma fruteira da Amazônia. Acta Amazonica **7**: 301–307

von Humboldt A, Bonpland A (1805) Plantae aequinoctiales, Vol 1, Paris

Waage JK, Smiley JT, Gilbert LE (1981) The *Passiflora* problem in Hawaii - prospects and problems of controlling the forest weed *Passiflora mollissima* [Passifloraceae] with Heliconiine butterflies. Entomophaga **26**: 275–284

Warburg O (1895) Bixaceae. *In* A Engler, K Prantl, eds, Die natürlichen Pflanzenfamilien, Vol III. Teil, Abt. 6 und 6a. Wilhelm Engelmann, Leipzig, p 307–314

Ward M, Dick CW, Gribel R, Lowe AJ (2005) To self, or not to self. A review of outcrossing and pollen-mediated gene flow in neotropical trees. Heredity **95**: 246–254

Wardrop AB, Ingle HD, Davies GW (1963) Nature of vestured pits in Angiosperms. Nature **197**: 202–203

Waterfall UT (1967) *Physalis* in Mexico, Central America, and the West Indies. Rhodora **69**: 88–120; 203–239; 319–329

Weckerle CS, Stutz MA, Baumann TW (2003) Purine alkaloids in *Paullinia*. Phytochemistry **64**: 735–742

Wehner R, Gehring W (1995) Zoologie. Georg Thieme Verlag, Stuttgart

Weyerstahl P, Marschall-Weyerstahl H, Christiansen C, Oguntimein BO, Adeoye AO (1988) Volatile constituents of *Eugenia uniflora* leaf oil. Planta medica **54**: 546–549

Whalen MD, Caruso EE (1983) Phylogeny in *Solanum* sect. *Lasiocarpa* (Solananceae): congruence of morphological and molecular data. Systematic Botany **8**: 369–380

Whitlock BA, Baum DA (1999) Phylogenetic relationships of *Theobroma* and *Herrania* (Sterculiaceae) based on sequences of the nuclear gene Vicilin. Systematic Botany **24**: 128–138

Whitson M, Manos PS (2005) Untangling *Physalis* (Solanaceae) from the physaloids: A two-gene phylogeny of the physalinae. Systematic Botany **30**: 216–230

Wiersum KF (1982) Tree gardening and taungya on Java: examples of agroforestry techniques in the humid tropics. Agroforest. Syst. **1**: 53–70

Wiersum KF (2004) Forest gardens as an ‹intermediate› land-use system in the nature-culture continuum: Characteristics and future potential. Agroforestry Systems **61**: 123–134

Willems A (2006) The taxonomy of rhizobia: an overview. Plant and Soil **287**: 3–14

Williams KS, Gilbert LE (1981) Insects as selective agents on plant vegetative morphology – egg mimicry reduces egg-laying by butterflies. Science **212**: 467–469

Wilson PG, O'Brien MM, Gadek PA, Quinn CJ (2001) Myrtaceae revisited: A reassessment of infrafamilial groups. American Journal of Botany **88**: 2013–2025

Wina E, Muetzel S, Becker K (2005) The impact of saponins or saponin-containing plant materials on ruminant production - A review. Journal of Agricultural and Food Chemistry **53**: 8093–8105

Wina E, Muetzel S, Becker K (2006) Effects of daily and interval feeding of *Sapindus rarak* saponins on protozoa, rumen fermentation parameters and digestibility in sheep. Asian-Australasian Journal of Animal Sciences **19**: 1580–1587

Winecker RE, Goldberger BA, Tebbett IR, Behnke M, Eyler FD, Karlix JL, Wobie K, Conlon M, Phillips D, Bertholf RL (2001) Detection of cocaine and its metabolites in breast milk. Journal of Forensic Sciences **46**: 1221–1223

Wintoch H, Morales A, Duque C, Schreier P (1993) (R)-(-)-(E)-2,6-Dimethyl-3,7-octadiene-2,6-diol 6-O-beta-D-glucopyranoside – Natural precursor of hotrienol from lulo fruit (*Solanum vestissimum* D) peelings. Journal of Agricultural and Food Chemistry **41**: 1311–1314

Wolfman C, Viola H, Paladini A, Dajas F, Medina JH (1994) Possible anxiolytic effects of chrysin, a central benzodiazepine receptor ligand isolated from *Passiflora coerulea*. Pharmacology Biochemistry and Behaviour **47**: 1–4

Wolters B (1996) Kakao – Geld und köstliches Getränk bei den Azteken. *In* B Wolters, ed, Agave bis Zaubernuss. Urs Freund Verlag, Greifenberg, p 96–110

Wray V, Davis RH, Nahrstedt A (1983) The biosynthesis of cyanogenic glycosides in butterflies and moths– incorporation of valine and isoleucine into linamarin and lotaustralin by *Zygaena* and *Heliconius* species (Lepidoptera). Journal of Biosciences **38**: 583–588

Wu P, Kuo MC, Hartman TG, Rosen RT, Ho CT (1991) Free and glycosidically bound aroma compounds in pineapple (*Ananas comosus* (L.) Merr.). Journal of Agricultural and Food Chemistry **39**: 170–172

Yacher LI (1998) Henri François Pittier: Geographer, natural scientist and the development of geography in Costa Rica. Syracuse University

Yockteng R, Nadot S (2004) Phylogenetic relationships among *Passiflora* species based on the glutamine synthetase nuclear gene expressed in chloroplast (ncpGS). Molecular Phylogenetics and Evolution **31**: 379–396

Zotz G, Richter A (2006) Changes in carbohydrate and nutrient contents throughout a reproductive cycle indicate that phosphorus is a limiting nutrient in the epiphytic bromeliad, *Werauhia sanguinolenta*. Annals of Botany **97**: 745–754

Zotz G, Thomas V (1999) How much water is in the tank? Model calculations for two epiphytic bromeliads. Annals of Botany **83**: 183–192

Index

Oben der Text-Autor am populären
Katarakt seiner Heimat.
Unten stellvertretend der Arbeitsplatz
der Illustratorin, die beim Aufblicken
den costaricanischen Dschugel vor
ihren Augen hatte (Mitte).

ILLUSTRATION Buchdeckel Rückseite. Gelbes Totenkopfäffchen, *Saimiri oerstedii*
Sein lateinischer Artname bezieht sich auf den dänischen Naturforscher Anders Sandoe Oersted
(1816–1872), der 1846 die damals noch intakte Tier- und Pflanzenwelt Costa Ricas erkundete.
Dieser kleine Affe ist heute vom Aussterben bedroht, weil sein Lebensraum immer enger
wird. Aber bereits zu Pittiers Zeiten war die Zerstörung weit fortgeschritten: «No podomos leer
sus (jene von Oersted) referencias a los hermosos bosques de la Candelaria sin que nos
duela el corazón al recordar las despojadas ...» (Pittier 1908 SW)